西北大学学术著作出版基金资助

第三人撤销之诉的程序构建研究

DI-SAN REN CHEXIAO ZHI SU DE CHENGXU GOUJIAN YANJIU

崔玲玲 著

法律出版社
LAW PRESS·CHINA
北京

图书在版编目(CIP)数据

第三人撤销之诉的程序构建研究 / 崔玲玲著. -- 北京 : 法律出版社, 2021
ISBN 978-7-5197-4446-5

Ⅰ. ①第… Ⅱ. ①崔… Ⅲ. ①民事诉讼-诉讼程序-研究-中国 Ⅳ. ①D925.118.04

中国版本图书馆CIP数据核字(2020)第272624号

第三人撤销之诉的程序构建研究
DI-SAN REN CHEXIAO ZHI SU DE CHENGXU GOUJIAN YANJIU

崔玲玲 著

策划编辑 沈小英
责任编辑 沈小英 毛镜澄
装帧设计 李 瞻

出版发行 法律出版社
编辑统筹 法治与经济出版分社
责任校对 杨锦华 王沁陶
责任印制 吕亚莉
经 销 新华书店

开本 710毫米×1000毫米 1/16
印张 17.25 字数 297千
版本 2021年12月第1版
印次 2021年12月第1次印刷
印刷 北京虎彩文化传播有限公司

地址:北京市丰台区莲花池西里7号(100073)
网址:www.lawpress.com.cn
投稿邮箱:info@lawpress.com.cn
举报盗版邮箱:jbwq@lawpress.com.cn
销售电话:010-83938349
客服电话:010-83938350
咨询电话:010-63939796

书号:ISBN 978-7-5197-4446-5
定价:88.00元
凡购买本社图书,如有印装错误,我社负责退换。电话:010-83938349

自　序

（一）

2012 年《民事诉讼法》修改之时，在第 56 条第 1 款、第 2 款的基础上新增加一款，设置了第三人撤销之诉，自此，可以认为我国在民事诉讼中建构了形式上完整的第三人利益保护体系。只是，由于对第三人撤销之诉的立法略显仓促，第三人撤销之诉自身的程序构建简略问题及其运行的外部制度环境欠佳问题较明显，第三人撤销之诉成为整个第三人利益保护利益体系中亟待完善的关键一环。

我国学术界在 2012 年之前尚缺乏对第三人撤销之诉的研究，研究文献匮乏，研究深度不够，导致对第三人撤销之诉的性质和目的定位不明，立法时只能采取“略式”规定，有关第三人撤销之诉程序事项的规定尚不健全。且，创建该诉之时，未融合与相关制度之间的关系，导致该诉的运行环境较差，运行受阻。如果客观地评价这一立法举动，试探性立法的定位或许更准确。2012 年我国《民事诉讼法》修改之时，学术界和实务界并没有直接将第三人撤销之诉作为唯一的案外第三人利益事后保护的方式，而是提出了包括设置第三人撤销之诉在内的 3 种建议方案。对比 3 种方案，不难看出，设置第三人撤销之诉是一种大胆选择，完全剥离了与之前诸多制度之间的联系，独立设置了一项我国学术界和实务界都不够熟悉的新制度。这样的选择令人喜忧参半。所喜，第三人撤销之诉具有案外人再审之诉及其他救济制度所不具有的独特价值，单独设置更有利于对第三人的利益进行事后保护。所忧，学术界和实务界对第三人撤销之诉的认识不够深入，对第三人撤销之诉的立法和程序设置尚处于探索阶段。果然，2012 年第三人撤销之诉设置之后，问题开始凸显，程序事项简略,可操作性较差,并直接导致在很长一段时间的司法实践中存在第三人撤销之诉程序事项不明的操作困难。

第三人撤销之诉的立法问题以及在司法实践中出现的操作难题,激发了学术界对第三人撤销之诉的研究热情。学术界对第三人撤销之诉的理论研究不断深入,开始抛开对第三人撤销之诉理论的宏观研究,而着力对第三人撤销之诉的原告、提起事由、裁判方式以及第三人撤销之诉与案外人再审之诉的矛盾解决等具体程序问题的研究。最终,在司法实践的呼唤和理论研究的推动下,2015 年最高人民法院发布了《关于适用〈中华人民共和国民事诉讼法〉的解释》(以下简称 2015 年《司法解释》)。2015 年《司法解释》的第 292 条至第 303 条对第三人撤销之诉的程序事项进行了较全面的规定,在司法实践中迫切需要解决的一些程序性问题暂时得以解决,有关第三人撤销之诉的立法和司法解释暂告一段落。然而,这并非第三人撤销之诉程序立法的终结,第三人撤销之诉的程序亟待系统性构建,司法实践依然呼唤深层次和具体化的程序完善性立法。究其原因,在于自 2012 年《民事诉讼法》最初设置第三人撤销之诉至 2015 年《司法解释》的出台,无论学术界的研究还是实务界的实践,皆未有对第三人撤销之诉的程序构建深入的系统性认知,而往往局限于我国《民事诉讼法》规定的第三人撤销之诉的既有制度框架,着力于程序的局部完善,一对一解决局部矛盾,最终反映在 2015 年《司法解释》之中。此外,学术界的研究深度和实务界的实践深度欠缺的问题依旧明显。2012 年我国《民事诉讼法》设置第三人撤销之诉之后,学术界对该诉的研究不断增多,但多对第三人撤销之诉设置的理论基础、我国第三人撤销之诉的立法现状、我国第三人撤销之诉与其他国家和地区的第三人撤销之诉的差异,以及我国第三人撤销之诉的立法问题及完善方案进行研究,单纯研究第三人撤销之诉具体程序构建的论著依然缺乏,对第三人撤销之诉的本质认识不够深入的问题持续存在。而在 2015 年《司法解释》出台时,司法实践亦未能为司法解释提供有力的数据支撑和有效的程序构建建议,导致 2015 年《司法解释》对第三人撤销之诉程序构建的规定依然不到位,既不够系统又不够深入,因此有关第三人撤销之诉的程序立法依然需要继续。

(二)

当前,我国第三人撤销之诉的程序构建依然存在问题:

第一,第三人撤销之诉程序构建的理论基础薄弱。目前,我们对第三人撤销之诉程序构建的理论基础尚缺乏深层次认知甚至存在错误认识,导致对该诉的程序定位不准确,并进一步导致具体程序构建的诸多问题。第三人撤销之诉程序构建的理论基础包括第三人撤销之诉的性质、诉权理论和诉讼标的理论等,最终落脚点在于对该第三人撤销之诉的程序定性,并进一步作为该诉程序构建的理论支撑。目前,我国第三人撤销之诉具体程序构建的各项问题产生的根源皆在于对该诉的程序定性不明。在对第三人撤销之诉的程序性质进行定位时,之所以会出现立法上的不清晰、学术界的争论和司法实践中的操作困难,根源在于对该诉之本质的认识发生了偏差,集中体现为对第三人撤销之诉的性质的定位不明、对第三人撤销之诉的诉权认识的浅显和对第三人撤销之诉的诉讼标的内涵揭示的不完整,最终妨碍甚至误导了具体程序的构建。

第二,第三人撤销之诉的具体程序事项有待完善。从立法现状来看,即便经过 2015 年《司法解释》对第三人撤销之诉的程序事项进行了较全面的规定,在司法实践中迫切需要解决的一些程序性问题暂时得以解决,但第三人撤销之诉的具体程序事项有待完善的问题并没有彻底解决,尤其是第三人撤销之诉的程序亟待系统性构建的问题依然突出。

首先,第三人撤销之诉的适格原告范围过窄与适格条件泛化。具体而言,《民事诉讼法》第 56 条对"第三人"内涵与外延的界定,限定了该诉的适用范围;对第三人撤销之诉的原告适格条件的简单规定,难以满足丰富的司法实践的需要;对第三人撤销之诉提起条件的模糊规定,加剧了原告适格的判断困难。整体而言,在现有法律规定之下,第三人撤销之诉的适格原告范围狭窄和适格条件泛化的问题十分明显,导致了第三人撤销之诉适用的困难。

其次,第三人撤销之诉的适用对象范围狭窄和笼统。《民事诉讼法》第 56 条第 3 款只是原则性地规定了第三人撤销之诉的适用对象为发生效力的判决、裁定、调解书,由此导致的第三人撤销之诉的适用对象范围过于狭窄和笼统的问题十分明显。尽管随着 2015 年《司法解释》的出台,第三人撤销之诉的适用对象范围在一定程度上得以明确,但并未从根本上解决第三人撤销之诉的适用对象范围不明确的问题,且适用对象范围过于狭窄的问题始终没有被重视。目前,第三人撤销之诉的适用对象范围过于狭窄和笼统的立法现状影响了司法实践,限制了第三人撤销之诉功能的发挥。

最后,第三人撤销之诉的具体程序构建不够明确与细化。第三人撤销之诉的程序构建存在的过于原则和模糊的问题,不仅体现在该诉的主体要件和客体要件等方面,更体现在具体的程序事项之中。目前,与第三人撤销之诉的主体要件和客体要件息息相关的立案制度、与第三人撤销之诉的诉权理论相关的管辖制度、与第三人撤销之诉的诉讼标的理论相关的裁判方式和重复诉讼等问题,亟待立法的明确和具体化。

第三,第三人撤销之诉运行的外部环境亟待优化。从形式上来看,目前,我国民事诉讼中以第三人制度为事前保护制度、第三人撤销之诉和限定性的案外人再审之诉为事后保护制度及案外人异议制度为执行阶段保护制度,业已形成环环相连的第三人利益保护体系。作为最后设置的第三人撤销之诉,在其之前,该诉的外部运行环境按照事前保护阶段、事后保护阶段(案外人再审之诉)和执行保护阶段的顺序已经形成。从立法过程来看,3 种制度循序渐进、根据诉讼实践的需要而逐渐被设置,并最终在形式上形成了完整的第三人利益保护体系。但由于各阶段所设置的第三人利益保护制度的来源各不相同,交织在一起形成的第三人利益保护体系无论在整体上还是在具体制度设置上皆存在问题。

首先,第三人撤销之诉的运行环境整体状况错综复杂。对第三人撤销之诉来说,第三人利益保护体系无论在整体上存在的问题还是具体制度存在的问题皆可能成为其程序运行的外部障碍。整体来看,尽管在第三人利益保护体系形成的过程中不断平衡当事人利益保护与第三人利益保护之间的关系,但在具体制度设置上却出现了时而偏重对当事人利益保护、时而偏重对第三人利益保护的情况,并未形成稳定的平衡点以支撑整个第三人利益保护体系。具体而言,第三人利益保护体系存在的最大问题在于,对第三人利益的保护出现了事前保护阶段与事后保护阶段的脱节,在利益平衡方面偏向对当事人利益的保护,缺失对第三人的程序保障,造成了对第三人利益保护的不全面。同时,由于立法上的问题,我国的第三人利益保护体系中存在多种第三人利益救济途径竞合的情况,在利益平衡上又偏向对第三人利益的保护,造成当事人之间生效判决稳定性被动摇的问题,纠纷解决的实际效果难以达到。

其次,第三人撤销之诉运行环境中的具体制度存在缺陷。我国第三人撤销之诉运行的外部环境问题,尽管在形式上凸显为各阶段的第三人利益保护制度脱节以及保护制度重置等情况,但从实质来看,集中体现为各阶段第三人利益保护制度在构建过程中存在的欠缺。具体而言,第一,我国的无独立请求权第三人制度的异化导致该制度缺失对第三人的程序保障;第二,为应对诉讼欺诈、虚假诉讼等情况设置的第三人撤销之诉不但与之前的案外人再审之诉竞合,更深层次的问题是立法时对该诉研究的不够深入,导致对该诉的性质定位不当和程序事项定位不明,进一步演化为立法体例安排的失当和程序事项规定的不明确;第三,案外人异议之诉以案外人异议为前置程序,尽管提高了执行效率,但同时也造成了立法不足,最终不得不设置新的诉讼来应对案外人异议成立时形成的执行中止局面,并在一定程度上在第三人撤销之诉与执行程序和案外人异议之诉之间搭建了桥梁,造成了诸多难解之处。

可见,第三人撤销之诉程序构建的理论基础、制度自身构建及制度运行外部环境等方面依然存在问题,而第三人撤销之诉程序构建的立法问题必然会导致司法实践难题,进而影响第三人撤销之诉功能的发挥。因此,亟待系统性解决第三人撤销之诉的程序构建问题。

(三)

目前,第三人撤销之诉的诸多问题出现的根源在于立法欠缺,在司法实践中出现的问题将立法欠缺放大,将立法问题具体化。自 2012 年设置第三人撤销之诉至今,司法实践经验日益丰富,为立法完善提供了经得起实践检验的经验,加之有关第三人撤销之诉的理论研究不断深入,第三人撤销之诉的程序完善的基础已经具备。整体而言,第三人撤销之诉的程序完善可以从制度自身的完善和制度运行的外部环境优化两个方面展开:

一方面,第三人撤销之诉程序构建之制度自身的完善。就第三人撤销之诉的程序构建而言,需要在对第三人撤销之诉的程序性质准确定位的前提下,重点解决第三人撤销之诉在主体要件和客体要件两个方面存在的问题,并以此为基础完善第三人撤销之诉的立案制度、管辖制度、裁判方式以及解决重复诉讼问题。我们需要认识到,第三人撤销之诉是一种保护实体权利的次生之诉,第三人撤销之诉的诉权根源在于对实体权利的保护,第三人撤销之诉的诉讼标的应包含第三人的实体权利主张。在此认识基础上,具体对第三人撤销之诉的程序进行完善。

首先,欲全面发挥第三人撤销之诉的功能,需要进一步扩大原告范围和明确适格原告的条件。为了解决第三人撤销之诉原告范围过窄的问题,可供选择的方案有两种:一是在尊重目前第三人撤销之诉立法安排的前提下,通过增加第三人制度中第三人类型来扩大第三人撤销之诉的原告范围。具体而言,吸收德国、日本等国家的诉讼参加制度的分类规定,将防止诈害诉讼参加人作为一种类型规定在第三人制度之中，保障该类型的第三人可以作为第三人撤销之诉的原告提起诉讼，对自身合法权益进行事后保障。二是打破原来的立法模式，直接将原告界定为"与当事人之间的生效判决有法律上利害关系之第三人"，脱离与第三人制度的联系。如此，在我国第三人制度有欠缺的情况下，即便不对第三人制度进行完善，依然不妨碍第三人撤销之诉的原告的确定。从理顺立法逻辑的角度来看，采用第二种方案更合理。当然，将第三人撤销之诉的原告直接界定为"与当事人之间的生效判决有法律上利害关系之第三人"，必然会面临对"法律上利害关系"的界定问题。对"法律上利害关系"，既需要从理论上对其进行界定，又需要司法实践对其进行不断细化和具体化。为了解决目前第三人撤销之诉起诉条件不清晰导致的原告适格条件的模糊与泛化的问题，需要结合第三人撤销之诉适格原告的规定来重新界定第三人撤销之诉的起诉条件，即在我国提起第三人撤销之诉需要满足 3 个条件：第一，原告是与当事人之间的生效判决有法律上利害关系的第三人；第二，该第三人非因可归责于己之事由而未参加诉讼；第三，第三人受当事人之间生效裁判的不利影响。至于第三人受当事人之间生效裁判的影响是否源于当事人之间的生效裁判错误，并不作要求。

其次，扩大第三人撤销之诉的适用范围。目前，法律规定缺失对仲裁中第三人利益的事后保护，未赋予第三人撤销当事人之间损害其合法权益的生效仲裁裁决的权利。《仲裁法》未对仲裁程序中第三人参加当事人之间的仲裁程序进行规定，当事人之间的仲裁裁决损害第三人利益的情况较常见。近来民事诉讼立法和仲裁立法开始关注仲裁案外人权益的保护问题。2021 年 7 月 30 日，司法部发布的《仲裁法（修订）（征求意见稿）》第 85 条第 1 款规定，案外人有证据证明裁决的部分或者全部内容错误，损害其民事权益的，可以依法对当事人提起诉讼。可见，《仲裁法（修订）（征求意见稿）》试图从单纯的实体救济角度，通过赋予仲裁案外人一般诉权来对其合法权益进行保护。总结来看，从目前的立法动向和学术界的研究动态来看，既有从实体法角度还是从程序法角度保护仲裁案外人权益的思路之争，亦有从程序法角度保护仲裁案外人权益时采取司法监督还是赋予仲裁案外人事后救济诉权的争论。面对日益严峻的仲裁案外人权益保护形势，在我国采取何种方式对仲裁案外人权益进行保护，亟待深入探讨。在学术界对是否应该设置仲裁第三人制度尚未形成多数意见，且于世界范围内的实践样本并不多见的情况下，欲在我国仲裁法中设置仲裁第三人制度的难度较大,更不用说,通过设置仲裁第三人制度,由其负起保护仲裁案外人权益的重担。在这样的立法背景之下,我国当前尚不适宜采取事前保护模式或者“事前保护 + 事后保护”的体系化保护模式来对仲裁案外人权益进行保护,而仅能采取事后保护模式。就事后保护仲裁案外人权益的方式选择而言,有两种不同的路线:一是发挥司法监督的作用,将撤销仲裁裁决制度和不予执行仲裁裁决的申请主体从当事人扩大至案外人,赋予案外人申请撤销仲裁裁决和申请不予执行仲裁裁决的权利;二是赋予案外人通过提起诉讼撤销生效仲裁裁决的诉权,对案外人权益进行保护。赋予案外人提起撤销生效仲裁裁决之诉的诉权,由案外人通过提起撤销仲裁裁决之诉对自身的合法权益进行保护,是保护程序更健全、保护力度更大的方式,可以全面保护仲裁案外人的合法权益。因此,针对当事人之间损害第三人利益的仲裁裁决,赋予第三人事后提起第三人撤销之诉的权利实为必要,即将第三人撤销之诉的适用范围扩大至仲裁裁决。需要指出的是,仲裁案外人权益保护所处的程序环境不同于民事诉讼中第三人权益保护所处的程序环境,决定了不能直接将我国《民事诉讼法》第 56 条第 3 款规定的第三人撤销之诉的客体范围扩大至仲裁裁决,应该独立而非附带设置案外人撤销仲裁裁决之诉。第一,当前我国仲裁中不存在仲裁第三人制度,仲裁案外人无法于事前进入当事人之间的仲裁程序,不存在仲裁案外人“因不能归责于本人的事由”未参加当事人之间的仲裁这一起诉条件。因此,仲裁案外人提起撤销仲裁裁决之诉的事由有别于民事诉讼中第三人提起第三人撤销之诉的事由。第二,第三人撤销之诉的管辖法院为作出生效裁判的法院,显然不适用于案外人撤销裁决之诉,作出仲裁裁决的仲裁机构所在地的中级人民法院管辖案外人撤销裁决之诉更合适。第三,第三人撤销之诉中裁判情形包括“变更”原生效裁判,而这种裁判方式显然不适用于案外人撤销仲裁裁决之诉,因为法院不具有变更仲裁裁决的职权。

最后,完善第三人撤销之诉的具体程序。就立案制度而言,从目前的法律规定来看,对第三人撤销之诉的立案实行的是类似再审之诉的审查制。然而,由于第三人撤销之诉与再审之诉有本质区别,对第三人撤销之诉采取类似再审之诉的审查制度并不合理。为了全面保障第三人提起撤销之诉的程序利益,应该重新设计该诉的立案制度。就管辖制度而言,目前第三人撤销之诉的管辖制度存在的问题集中在第三人针对二审生效裁判提起撤销之诉时。如果是一审法院作出的生效裁判,则管辖法院可以直接确定,并且从级别管辖来看,无论是作出撤销裁判还是变更裁判,都不会出现提高级别管辖的问题。如果当事人针对一审法院作出的未生效裁判提起了上诉,上诉法院作出裁判,按照目前法律规定来看,第三人提起撤销之诉的管辖法院应该为作出二审生效裁判的法院,就会直接导致级别管辖提高的问题。解决这一问题,应结合审级利益均衡保护的需要和审级利益赋予的限定性,合理设置第三人撤销之诉的裁判程序,灵活运用发回重审的裁判方式,尽可能仅通过第三人撤销之诉"击倒"生效裁判的既判力,将纠纷解决回归原点,重回第三人利益事前保护阶段。就裁判方式,目前《民事诉讼法》和 2015 年《司法解释》所规定的第三人撤销之诉的裁判方式,主要存在三个方面的问题:一是目前法律规定的"原判决、裁定、调解书内容的错误部分"中的"错误"内涵未被明确,实务界囿于《民事诉讼法》有关"错误"的既有规定而产生的惯性认识,导致仅存在撤销原生效裁判和调解书的全部或者部分的错误内容方可撤销对第三人产生不利影响的裁判情形,而不存在维持生效裁判在当事人之间效力的情况下而仅撤销对第三人的不利部分的裁判情形。二是法院作出撤销原判决、裁定、调解书内容的错误部分的裁判时,不仅纠纷一次性解决的理念无法贯彻,而且后续的重复诉讼问题也可能产生。三是法院作出改变原判决、裁定、调解书内容的错误部分的裁判时,会出现与现有民事诉讼审级制度规定相悖的程序问题。欲解决这些问题,需要在认识第三人撤销之诉的性质上重新认识"错误"的内涵,并在重构第三人撤销之诉的诉讼标的的基础上,具体规定不同情形下的裁判方式。

此外,第三人撤销之诉的程序构建之外部运行环境优化。对第三人撤销之诉的外部运行环境优化,实为对第三人利益保护体系整体进行系统化,即将各阶段的第三人利益保护制度加以完善并消除制度之间的矛盾以构建一个系统的体系。

首先,完善第三人制度,以与第三人撤销之诉的有效连接。从第三人撤销之诉与第三人制度的衔接来看,有必要依照大陆法系国家的辅助参加制度对我国的无独立请求权第三人制度进行完善。同时,确立配套的机制——诉讼告知制度,以真正实现辅助参加的普遍效用,在当事人与第三人之间寻求利益保护的平衡点。

其次,取消案外人再审之诉,彻底改变制度重合格局。随着 2015 年《司法解释》的颁行,第三人撤销之诉与案外人再审之诉被重复提起的矛盾有所缓解，但重复救济的问题并没有得以彻底解决。2015年《司法解释》直接规定了第三人撤销之诉与案外人再审之诉被先后提起时的矛盾解决方案，按照2015年《司法解释》第303条第1款的规定，当第三人提起撤销之诉后，可以针对未中止的生效判决、裁定、调解书的执行提出执行异议。一旦执行法院作出驳回执行异议的裁定，第三人对裁定不服，并对原判决、裁定、调解书申请再审的，人民法院不予受理。根据2015年《司法解释》第303条第2款的规定，案外人如果不服人民法院驳回其执行异议的裁定，认为原判决、裁定、调解书内容错误损害其合法权益的，只能根据《民事诉讼法》第227条的规定申请再审，而不得提起第三人撤销之诉。对于2015年《司法解释》没有法律明确的第三人依据《关于适用〈中华人民共和国民事诉讼法〉审判监督程序若干问题的解释》第5条规定提起案外人再审之诉后还能否再提起第三人撤销之诉的问题，随着2021年1月1日施行的最高人民法院《关于修改〈最高人民法院关于人民法院民事调解工作若干问题的规定〉等十九件民事诉讼类司法解释的决定》删除了《审判监督程序若干问题的解释》第5条，依据该条规定提起案外人再审之诉时与第三人撤销之诉可能存在的重复诉讼问题也就被简单地解决了。目前，看似对第三人重复救济的问题已得到解决，但实际上问题依然存在。按照2015年《司法解释》的规定，在生效判决作出之后、强制执行程序开始之前和在强制执行程序开始之后，分别给予了第三人以提起第三人撤销之诉和案外人再审之诉两种对第三人利益保护力度不同的事后救济方式。更何况，维持第三人撤销之诉与案外人再审之诉的并存局面，造成了第三人寻求事后救济的繁杂。其一，第三人面对两种撤销权行使方式需要进行程序选择。其二，一旦第三人选择程序不慎，第三人就需要承担程序选择不慎导致的法律效果，比如，第三人在执行程序中提起执行异议则失去了提起第三人撤销之诉的资格而只能提起再审之诉。其三，即使第三人选择在执行阶段直接提起撤销之诉，由于第三人提起撤销之后原则上不停止生效判决执行，按照2015年《司法解释》第303条的规定，面对生效判决的执行，第三人依然享有按照《民事诉讼法》第227条执行异议的权利，从而造成了程序的累赘。尽管学者提出了诸多解决方案，或并列，或选择，其前提皆为保留案外人再审之诉这一救济途径。但既然第三人撤销之诉无论是从适用阶段还是适用范围上均可以涵盖案外人再审之诉，则实无保留案外人再审之诉之必要。而不如取消案外人再审之诉，以完善的第三人撤销之诉作为第三人行使撤销权的唯一方式。

最后,案外人执行异议之诉的本原回归。以案外人异议为前置程序,我国形成了独具特色的案外人执行异议之诉,短期内,案外人异议这一前置程序的存在保证了执行的效率,适应了我国目前的强制执行形势的需要。应该肯定,案外人异议这一前置程序的设置在执行实践中确有必要,在过滤案外人异议理由、避免案外人执行异议之诉与确权诉讼重复提起方面起到了非常重要的作用,有利于执行效率的提高和避免矛盾判决的作出。但是,该制度的设置依然存在由执行机关通过形式审查判断案外人提起实体权利主张事由的风险,为了避免这一问题的存在,《民事诉讼法》第 227 条规定,法院认为案外人异议理由存在的,作出中止执行的裁定,而不对案外人与债务人之间的实体权益作出最终判断。这样的规定避免了执行机关通过形式审查判断案外人提起实体权利主张事由情况的发生。但同时应该看到,案外人异议这一前置程序的存在导致不得不设置许可执行之诉对债权人的相应利益进行保护,造成了程序的繁杂。从执行程序中案外人利益保护制度的发展来看,待我国“执行难”形势有所缓解之后,应该取消案外人异议这一前置程序,设置独立的案外人执行异议之诉。就案外人执行异议之诉的应然结构而言,不但应该取消案外人异议这一前置程序,同时应该在立法上,摆脱目前与案外人再审之诉的“一揽子”规定的模式。既然从第三人撤销权行使方式的优化选择来看,实无再保留案外人再审之诉的必要,案外人再审之诉的历史使命已经完成。那么,取消案外人再审之诉,以目前已有的、单独设置的第三人撤销之诉对因当事人之间生效裁判损害的第三人利益进行救济,实际上同时解决了案外人再审之诉与案外人执行异议之诉的并列设置的问题,以在我国确立独立的案外人执行异议之诉的立法模式。

作序至此,方发现起笔时希望“寥寥数语”即讲清楚本书内容的期待似乎落空了。此刻,即便“意犹未尽”,也还是需要搁笔了,就将本书交给师长、同仁们评说和指正。

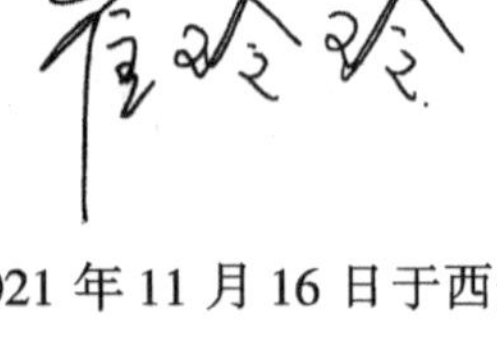

2021 年 11 月 16 日于西安

目录

第一章　第三人撤销之诉程序构建的理论基础

任何一项诉讼制度构建的基石皆在于其所依据的基础理论,没有坚实的理论作为基础,诉讼制度在构建过程中,轻则遭遇“瓶颈”,重则出现系统性缺陷。作为一种特殊的诉讼制度,第三人撤销之诉的程序构建同样离不开牢固的理论基础。从第三人撤销之诉的发展进程来看,各国采纳相应理论的角度有所不同,最终构建了不尽相同的第三人撤销之诉的程序系统。最初,我国学术界对第三人撤销之诉的认识,大多建立在《民事诉讼法》第 56 条第 3 款的规定之上,由于这种认识方法不足以探知第三人撤销之诉的深层次内涵,因此,学者们不得不从理论角度继续阐释该诉,并在四个方面基本达成了共识:第一,第三人撤销之诉是诉讼法上的形成之诉,发生诉讼法上法律效果变更的效力;第二,原告的法定性和特定性,第三人撤销之诉的原告只能是原诉当事人之外的第三人,具体来说,是法律规定的、受到当事人之间生效裁判不利影响的第三人;第三,诉讼客体的特殊性,第三人撤销之诉的诉讼客体是生效裁判;第四,第三人撤销之诉的诉讼标的是第三人要求法院撤销原审生效裁判中对其不利部分的主张。然而,目前学术界对第三人撤销之诉的认识存在明显的理论缺陷,无法完全满足第三人撤销之诉程序构建的需要,亟待进一步从理论上诠释第三人撤销之诉的性质、诉权以及构成要素,为第三人撤销之诉的程序构建打下坚实的理论基础。

第一节　第三人撤销之诉的性质

所谓性质,是一种事物在和其他事物相互联系中所表现出来的特殊性,是该事物之所以成为自身的基本属性。相对事物的表象来说,事物的性质具有抽象性;但相对事物的本质来说,事物的性质则具有外显性。现象隐含事物的性质,事物性质背后隐藏本质。因此,欲认识一种事物的本质,往往需要先从现象着手以认识其性质,然后进一步深化以揭示其本质。对第三人撤销之诉来说,先要认识其性质,方能揭示其本质,并进一步将其作为第三人撤销之诉程序构建的理论基础。目前,学术界在界定第三人撤销之诉的性质时,大多从其所属的诉讼类型着手,形成了不同学说。占据通说地位的是"形成之诉说",即按照大陆法系国家或地区诉的类型"三分法"理论,[1]认为第三人撤销之诉属于诉讼法上的形成之诉,并以此为基础揭示第三人撤销之诉的性质。然而,即便是"形成之诉说",目前对第三人撤销之诉性质的认识,依然缺乏坚固的、完善的理论基础,且并不深入,难以揭示第三人撤销之诉的本质,无法满足第三人撤销之诉程序构建的理论需求。

一、学术界对第三人撤销之诉性质的认识现状

在我国《民事诉讼法》设置了第三人撤销之诉之后,学术界对该诉的研究逐渐从单纯地介绍国外的相关立法,走向了在比较法视野下分析我国现有的法律规定,并进一步将研究视角转向对第三人撤销之诉性质的揭示,以便从更高层次论证我国第三人撤销之诉应然的程序构建路径。整体而言,对第三人撤销之诉的性质的认识逐渐深入,在一定程度上支撑了该诉程序体系的构建。

自认识第三人撤销之诉的性质之初,学术界一直没有离开诉的类型这一角度,往往从诉讼标的入手,最终将第三人撤销之诉归属为一种诉的类型,并在该诉的类型之下总结第三人撤销之诉的特征。这显然是对原有研究路径的继承。德国和日本早就存在从诉的类型入手研究特殊诉讼的性质的先例,比如,在研究第三人执行异议之诉、债务人异议之诉和再审之诉等诉的性质时,从分析诉讼标的着手,最终将其归属为给付之诉、确认之诉或者形成之诉的一种,并基本形成了将这些特殊诉讼界定为"诉讼法上形成之诉"的通说。[2] 不仅如此,甚至有些学者为了从诉的类型角度解读这些特殊诉讼的性质,提出了

---

〔1〕 大陆法系国家或地区的学者几乎一致认为诉可以分为给付之诉、确认之诉和形成之诉三大类型,形成了占据通说地位的诉的类型"三分法"理论。对于形成之诉,进一步根据要求变动的法律关系的性质将其划分为实体法上的形成之诉和诉讼法上的形成之诉。其中,实体法上的形成之诉,是指变更实体法上的法律关系的诉;诉讼法上的形成之诉,是指发生诉讼法上法律关系变动的诉。

〔2〕 参见陈荣宗:《民事程序法与诉讼标的理论》,台北,台湾大学法学丛书编辑委员会 1977 年版,第 393 页。

新的诉的类型理论。比如,德国学者库特尔(Kutmer)在研究第三人执行异议之诉时,质疑将其归属为给付之诉、确认之诉或形成之诉的观点,认为按照前3种学说都无法有力解释执行机关为何听命于审判机关的判决而停止执行行为,从而提出了"命令诉讼说",认为第三人执行异议之诉是确定第三人实体法上的法律关系并命令执行机关不得执行的诉讼。[1] 该说在日本得到了竹下守夫教授的赞同。[2] 日本学者三月章教授则提出了"救济诉讼说",并将再审之诉作为救济诉讼的典型,阐释了再审之诉的诉讼标的理论。[3] 在认识第三人执行异议之诉的性质时,三月章教授认为,在传统的诉的类型中无法将之准确归位,该诉在本质上有确定实体法上的权利义务关系和排除对特定标的物执行的双重效能,应该将第三人执行异议之诉归为其创建的救济诉讼,并进一步认为,第三人执行异议之诉既有确认不属于执行责任财产的确认效果,又有排除外表上合法的执行行为的效果。

由于之前已有对特殊诉讼类型的性质的研究范式,因此,我国学术界在研究第三人撤销之诉的性质时也延续了这一视角。但鉴于既有研究对与第三人撤销之诉相类似的第三人执行异议之诉、债务人异议之诉、再审之诉等特殊诉讼的性质的论证已经比较深入,因而我国学术界在研究第三人撤销之诉的性质时,基本上没有在"给付之诉说"、"确认之诉说"和"形成之诉说"之间进行过多有争论的分析,而是在已有研究的基础上,从第三人撤销之诉的诉讼标的入手,将该诉定性为"诉讼法上的形成之诉"。[4] 目前,该说依然占据通说地位。

此外,也有学者在分析第三人撤销之诉的诉讼标的的基础上,进一步揭示了第三人撤销之诉所保护的实体权利。笔者在2011年就曾撰文指出,第三人撤销之诉作出的撤销生效判决的效果在于,对第三人实体权利的第一次救济和保护,第三人撤销之诉的功能定位应该是对第三人实体权益的救济,第三人撤销之诉的诉权本源不在于对异议权这一程序性权利的救济,而是通过异议

---

[1] 参见杨与龄:《强制执行法论》,中国政法大学出版社2002年版,第201页。

[2] 参见[日]高桥宏志:《民事诉讼法——制度与理论的深层分析》,林剑锋译,法律出版社2003年版,第68页。

[3] 参见[日]三月章:《日本民事诉讼法》,江一凡译,台北,五南图书出版股份有限公司1997年版,第130~132页。

[4] 参见张卫平:《中国第三人撤销之诉的制度构成与适用》,载《中外法学》2013年第1期。

权的主张保护其背后的第三人的实体权益。[1] 此后，笔者在博士学位论文《诉的类型研究》、[2] 2013年中国民事诉讼法年会论文《第三人撤销之诉的性质与程序构建》以及著作[3]中一再重申这一观点，并从分析“诉讼法上形成之诉”这一诉的类型的理论缺陷入手，建议从新的诉的类型（次生之诉）角度全面界定第三人撤销之诉的性质。在2013年中国民事诉讼法学年会上，肖建国教授、黄忠顺教授也提出了类似观点，质疑目前通说将第三人撤销之诉界定为诉讼法上的形成之诉以此避免谈论第三人撤销之诉的实体法基础现状，理由依然是，完全脱离实体权益保护的民事诉讼程序设置几乎是不存在的。但与笔者的研究视角不同的是，肖建国教授、黄忠顺教授并不支持废除“诉讼法上形成之诉”这一概念，主张需要务实地探讨第三人撤销之诉的实体法基础，并以受诉讼诈害第三人提起第三人撤销之诉为分析样本，认为受诉讼诈害第三人提起第三人撤销之诉的实体法基础为实体法上的撤销权。该观点认识到了第三人撤销之诉的实体法权利基础，但在揭示实体法权利基础时，采取了保守分析的方法，没有从根本上否认通说将第三人撤销之诉界定为诉讼法上形成之诉的观点，而是仅举例分析了第三人撤销之诉所保护的一种实体法权利类型，没有在理论上全面阐释第三人撤销之诉的性质。对此观点，有学者将其界定为“请求权实体基础说”，[4] 实质上这是对该观点的误解。在分析第三人撤销之诉的性质时，要清楚地区分作为手段的理论和作为结论的理论。分析第三人撤销之诉的诉讼标的是手段，最终目的是通过分析第三人撤销之诉的诉讼标的将该诉归属为一种诉的类型，在该诉的类型之下总结其性质。肖建国教授、黄忠顺教授提出，需要务实地分析第三人撤销之诉的实体权利基础，实质上仅是对第三人撤销之诉的诉讼标的的分析，这与将第三人撤销之诉界定为诉讼法上形成之诉的通说并不在同一个理论分析层次，更何况，该观点并不支持废除“诉讼法上形成之诉”这一概念。总而言之，该观点无法作为一种与“形成之诉说”并列的第三人撤销之诉的性质的学说。同理，杨卫国博士提出的“案外第三人撤销之诉诉讼标的为实体法上请求权”的观点亦属于这一种情形，后来

[1] 参见崔玲玲：《第三人撤销之诉的事由——与再审之诉的事由比较》，载《社科纵横》2011年第9期。

[2] 参见崔玲玲：《诉的类型研究》，西南政法大学2012年博士学位论文。

[3] 参见崔玲玲：《诉的类型研究》，法律出版社2018年版，第209页。

[4] 参见韩艳：《第三人撤销之诉制度研究》，浙江大学出版社2017年版，第47页。

有学者将该观点总结为“实体法上请求权说”,[1] 作为第三人撤销之诉的性质的一种学说,犯了相同的错误。

全面分析第三人撤销之诉的性质,依然需要延续原有的研究路径,从诉讼标的入手,深入分析该诉的实体权利基础,但同时不能忽略显现在外的程序法上的权利。如此,就需要在推倒诉讼法上形成之诉理论的基础上,克服诉讼法上形成之诉理论仅关注第三人撤销之诉所保护的程序性权利的缺陷,在兼顾程序性权利的基础上,进一步深入挖掘该诉所保护的实体权利。据此,需要构建兼顾程序性权利和实体权利双重保护视角的新的诉的类型理论,在新的诉的类型之下,揭示第三人撤销之诉的性质,并进一步探知该诉的本质。

二、通说界定第三人撤销之诉性质的理论基础薄弱

如前所述,学术界一般认为第三人撤销之诉属于诉讼法上的形成之诉。在通说将第三人撤销之诉定性为诉讼法上的形成之诉的前提之下,将第三人撤销之诉的诉讼标的界定为异议权,即第三人提出的撤销当事人之间生效裁判的主张。据此,进一步认为第三人撤销之诉是一种实现第三人异议权的诉讼,第三人得以提起撤销之诉的理论基础在于其享有异议权,其通过主张异议权以改变当事人之间的生效裁判对自己不利的部分。然而需要认识到,支撑“诉讼法上的形成之诉”这一概念的理论基础已经岌岌可危,通说界定第三人撤销之诉的性质的理论缺陷明显。

追溯形成之诉的历史可发现,在形成之诉被认可之初,并没有形成实体法上的形成之诉与诉讼法上的形成之诉并列的局面,而仅有实体法上的形成之诉一种类型。笔者在专著《诉的类型研究》中就曾提到,据民法学者考究,在19世纪末,德国法学家在实体法和程序法体系划分的基础上发现,在当时的诉讼中存在一些诸如撤销婚姻之诉、撤销收养之诉、撤销诈害行为之诉等诉讼形式,对于这些法律关系当事人不能自由处分,只能通过诉的形式向法院主张,通过法院的生效判决实现法律关系的形成效果。[2] 通过对这些判决的研究,在“形成判决”这一概念的基础上逐渐形成“形成之诉”概念的雏形,加之实体法上形成权概念的确立,在“权利保护请求权说”的基础上逐渐确立了形成之

[1] 参见韩艳:《第三人撤销之诉制度研究》,浙江大学出版社2017年版,第47页。
[2] 参见郑玉波:《民法总则》,中国政法大学出版社2003年版,第68页。

诉,并作为与给付之诉、确认之诉相并列的一种独立的诉的类型。在这个过程中,将诉讼法上同样具有诉讼上法律关系形成效果的一些诉也归入形成之诉中。尽管有学者指出,“根据权利保护请求权说的观点而产生的形成之诉的概念,从产生之初就明确地意识到,形成之诉存在着两种性质不同的类型”,[1]但是能肯定的是,形成之诉产生的渊源在于,对发生实体法上法律关系变更效果的一些诉讼形态的考察,并将实体法上的形成权作为诉讼标的对形成之诉的理论进行构建。随着形成之诉学说的发展,将诉讼法上一些无法归入给付之诉和确认之诉的诉讼形态在形式上归入形成之诉,形成了“诉讼法上的形成之诉”这一概念。这种将纷繁复杂的诉讼形态皆归入形成之诉中的做法,势必会造成形成之诉的形式松散和理论混乱。[2]

此后,学术界又在“诉讼法上的形成之诉”这一概念之下,提出了两个下位概念——“异议权”和“诉讼法上的形成权”。在诉讼法上的形成之诉理论中,“异议权”和“诉讼法上的形成权”是两个为了需要而设置的概念。在“权利保护请求权说”盛行之时,诉讼标的尚采“旧实体法说”,即将主张的形成权作为形成之诉的诉讼标的。民法上的形成权因行使方式不同而被划分为简单形成权和形成诉权,形成之诉的诉讼标的就是所主张的形成诉权。这样的诉讼标的理论本身就是基于实体法上的形成之诉的理论建立的,对于实体法上的形成之诉来说,自然不存在问题,但对于诉讼法上的形成之诉来说,就无法用实体法上的形成诉权来解释其诉讼标的了。因此,学者提出了“异议权”这一概念。所谓异议权,是指当事人对生效的判决、执行名义或者执行标的等提出不同主张的权利。为了进一步与实体法上的形成之诉的诉讼标的相对应,学者们将异议权界定为“诉讼法上的形成权”,与实体法上的形成权相并列。由此可见,“异议权”“诉讼法上的形成权”这两个概念的提出完全是基于理论构建的需要,是为诉讼法上的形成之诉寻找理论支撑。

除“诉讼法上的形成之诉”以及下位概念——“异议权”“诉讼法上的形成权”提出之时过于仓促外,将“异议权”“诉讼法上的形成权”作为诉讼法上形成之诉的诉讼标的本身就存在重大的理论缺陷。如笔者在专著《诉的类型研究》中所言,将只具诉讼法意义的异议权作为诉讼法上的形成之诉的诉讼标的会

---

[1] [日]三月章:《日本民事诉讼法》,江一凡译,台北,五南图书出版股份有限公司 1997 年版,第 54 页。

[2] 参见崔玲玲:《诉的类型研究》,法律出版社 2018 年版,第 67 页。

产生诸多问题：

首先，将只具诉讼法意义的异议权作为诉讼法上的形成之诉的诉讼标的与诉权的本质相悖。如果将异议权作为诉讼法上的形成之诉的诉讼标的，那么该诉的诉权根源只能从诉讼法上的权利中去寻找。按照诉讼法上形成之诉的理论，该诉提起的依据在于只具诉讼法意义的异议权而不是异议权背后的实体权利。换言之，诉讼法上的形成之诉实为对异议权这一仅具诉讼法意义的权利的救济。这样的结论显然与"诉权是对实体权益或实体争议的救济权"[1]这一本质相悖。

其次，将只具诉讼法意义的异议权作为诉讼法上的形成之诉的诉讼标的导致了理论困境，造成了在诉讼实践中判断既判力客观范围的困难。在诉讼法上的形成之诉理论中，异议权是对诉讼法上的法律关系提出质疑并要求排除诉讼效果的权利，因此，这种权利只具诉讼法上的意义。但是按照诉的原理，提起诉的根源在于实体法上权利救济的需要。显然，当事人通过主张异议权来启动诉的根源不在于异议权的存在，而在于异议权背后的实体法上权利救济的需要。无论是第三人撤销之诉，还是第三人执行异议之诉，或者归入诉讼法上的形成之诉范畴的其他诉，当事人提起的诉虽然在形式上表现为解除诉讼效果的主张，但最终目的皆是对实体法上权利的保障，只是这种权利保障必须通过解除在审判程序或者执行程序中形成的诉讼效果才可以进行。所以，在这类诉讼中，隐藏在异议权背后的实体法上的权利才是焦点。然而，按照诉讼法上的形成之诉的理论，只将异议权的主张作为诉讼标的而将实体法上的权利主张作为诉的理由，生效判决只对异议权的有无产生既判力而不对作为诉的理由的实体法上的权利产生实体上的确定力，如此将无法避免当事人再就实体法上的法律关系另行起诉。显然，这会导致判决间的冲突和对司法权威的损害。

最后，诉讼法上的形成之诉以只具诉讼法意义的异议权为诉讼标的，在理论上与给付之诉、确认之诉和实体法上的形成之诉的划分标准——诉讼标的——存在本质区别。作为给付之诉、确认之诉和实体法上的形成之诉划分标准的诉讼标的是实体法上的权利主张，而诉讼法上的形成之诉的诉讼标的则是仅具诉讼法意义的异议权，不具备相同分类标准的诉的类型理论本身就

[1] 江伟、邵明、陈刚：《民事诉权研究》，法律出版社 2002 年版，第 157 页。

存在形式上的危险和理论上的缺陷。总而言之,为了在形式上与实体法上的形成之诉相并列,诉讼法上的形成之诉忽视了归入其中的各种诉的本质。归入诉讼法上的形成之诉范畴的各种诉的本质不在于对异议权的保护,而在于对隐藏其中的实体法上权利的保障,只是这些诉对实体法上权利的保障方式是迂回的,需要将事前存在的诉讼效果排除后方可进行。[1]

在推倒诉讼法上形成之诉的理论基础之后,自然不可以再通过诉讼法上的形成之诉的相应理论来界定第三人撤销之诉的性质,不可据此阐释第三人撤销之诉的诉权理论和诉讼标的理论,亦不可再作为第三人撤销之诉程序构建的理论基础。

三、第三人撤销之诉的性质

探知第三人撤销之诉的性质本原,尚需进一步质疑将第三人撤销之诉归入诉讼法上形成之诉的理论,并在此基础上寻找更深层次的认知视角。

按照诉讼法上形成之诉的理论,第三人撤销之诉的诉讼标的是要求法院撤销原生效裁判中对其不利部分的诉讼主张。然而,目前对第三人撤销之诉的诉讼标的的界定,忽略了第三人要求法院撤销原生效裁判中对其不利部分的诉讼主张背后的实体权利。就第三人撤销之诉而言,其设置的必要性在于原生效裁判与第三人有法律上的利害关系,而原生效裁判使第三人遭受了不利益,而第三人基于实体上的法律关系得以对抗原生效裁判。从这个意义上来看,第三人撤销之诉得以提起的原因在于,第三人在实体上的权利主张足以对抗原生效裁判。在第三人撤销之诉中,对第三人实体权利的救济是初次救济。第三人所享有的诉权源于第三人与当事人之间的民事争议,法院面对的依然是实体争议。原生效裁判是否需要撤销,对于第三人来说,重点不在于原生效裁判作出时在程序上存在瑕疵或者缺乏实体上的依据,而在于第三人存在实体法上的权利主张,该权利主张足以对抗生效裁判中对其不利的部分。需要指出的是,第三人与当事人之间的民事纠纷的发生与一般民事纠纷的发生有所不同,第三人与当事人之间的实体上的权利义务关系原本处于稳定、有序的状态,不存在纠纷;但是因为前诉的存在,生效裁判危及了第三人的利益,生效裁判的作出直接影响了第三人与原诉当事人之间的法律关系,导致了纠

---

〔1〕 参见崔玲玲:《诉的类型研究》,法律出版社 2018 年版,第 61 页。

纷的发生。由此看来，第三人撤销之诉虽为初次救济，但却是特殊救济，必须面对生效的裁判并且通过撤销生效裁判来解决其与当事人之间的纠纷。

揭示第三人撤销之诉的性质本原，必须从其解决的纠纷入手。笔者在专著《诉的类型研究》中提到，可按照解决的纠纷的不同，将诉划分为原生之诉和次生之诉。原生之诉，是指为解决社会交往中产生的民事纠纷或者民事争议，向法院提起有关纠纷解决主张的审判请求。原生之诉的对象是没有经过生效判决直接或者间接评价过的民事纠纷，原生之诉的诉讼标的是单纯提出的实体权利的主张。次生之诉，顾名思义，是与原生之诉并列的诉的类型，当事人或者因对原生之诉的生效裁判不服，或者因对生效裁判进入执行程序后的执行力有异议，或者因对执行过程中危及特定物的执行依据的执行力有异议等情况，从而向法院提起撤销原生之诉的生效裁判、生效裁判在执行过程中的执行力或者执行依据对特定物的执行力，并对其实体权益进行保护的诉讼。相比原生之诉，次生之诉有以下四个方面的特点：第一，次生之诉解决的纠纷具有次生性。次生之诉解决的纠纷不直接源于当事人之间的经济交往或者社会生活，而是直接源于审判程序的启动或者执行程序的进行，审判程序或者执行程序自身的特点造成了纠纷的产生。第二，次生之诉面临击破生效裁判效力或者执行依据的执行力的问题。次生之诉实质上是通过赋予当事人诉权，使其有权利对抗已进行的审判程序或者正在进行的执行程序，弥补审判程序或者执行程序自身存在的缺陷，实现对当事人实体权益的救济。第三，次生之诉具有双重性。次生之诉的双重性集中体现为双重目的性。形式上的目的是对生效裁判的效力或者执行依据的执行力的排除，最终目的是对实体权益的保护。从诉权角度来看，深层的根源在于实体权益救济的必要性。第四，次生之诉属于特殊救济之诉。之所以称为救济之诉，在于其救济的事后性和提起的时间与空间的限制性。或者像再审之诉，将诉限制在裁判生效之后；或者像第三人执行异议之诉，将诉的提起限制在执行程序这一空间内。[1]

第三人撤销之诉符合次生之诉的所有特征。第一，第三人撤销之诉解决的纠纷产生于原当事人之间的审判程序之中，审判程序的“两造”对立特点以及民事诉讼奉行的处分原则和辩论原则直接导致了纠纷的产生。但究其本源，该纠纷的产生依然源于第三人与原诉当事人之间的法律关系。第二，第三

〔1〕 参见崔玲玲：《诉的类型研究》，法律出版社 2018 年版，第 77 页。

人撤销之诉的撤销对象是原当事人之间的生效裁判,通过该诉击破当事人之间的生效裁判对第三人的效力。进言之,是通过赋予第三人诉权,使其有能力对抗当事人的生效裁判,于事后保护自身的合法权益。第三,第三人撤销之诉的目的同样具有双重性。形式上的目的是第三人撤销当事人之间的生效裁判对第三人的效力,最终目的是对第三人实体权益的保护。第四,第三人撤销之诉属于特殊救济之诉。第三人撤销之诉是一种于事后保护第三人利益的方式,是第三人在当事人之间的裁判生效后才提起的一项诉讼。第三人通过提起第三人撤销之诉将已生效裁判的效力推翻,方可保护自身的合法权益。

将第三人撤销之诉归结为次生之诉,可全面揭示第三人撤销之诉的性质本原,即第三人得以提起第三人撤销之诉的最终原因在于,第三人享有足以对抗当事人之间生效裁判的实体权利,第三人撤销之诉实质上是第三人依据自身享有的实体权利而提出的撤销当事人之间生效裁判对自身的效力的诉讼。在第三人撤销之诉中,形式上救济的是第三人对当事人之间生效裁判的异议权,实质上是对第三人实体权利的救济,并且是初次救济;在此之前,第三人在与当事人之间的民事法律关系中享有的民事权利不曾被救济。第三人所享有的诉权来自第三人与当事人之间的民事争议,法院面对的依然是实体争议。并且,由于在第三人撤销之诉中,第三人主张撤销原生效裁判中对其不利部分的依据在于,其与原诉当事人之间存在的实体法上的法律关系,因此,第三人撤销之诉的诉讼标的不仅为撤销原生效裁判中对其不利部分的主张,更重要的是,第三人提出的实体法上的权利主张。如此一来,将第三人撤销之诉定性为诉讼法上的形成之诉便失去了理论基础,有必要针对该诉的本质和诉讼标的的特殊性,将其界定为次生之诉。

第二节　第三人撤销之诉的诉权本质

诉权是对实体权益或者实体争议的救济权。当民事主体的实体权益受到侵害或与他人发生民事纠纷时,其有权利通过提起民事诉讼来保护自身的合法权益,这一权利即为诉权。相比其他救济途径而言,通过起诉的方式保护自身的合法权益是最完善和最彻底的救济方式。为了平等地保护民事主体的合法权益,在第三人的利益遭受当事人之间的生效裁判损害的情况下,法律通过赋予第三人相应的诉权来对当事人和第三人的民事权益进行均衡保护。如此,在非因第三人自身的原因导致其未能参加当事人之间的诉讼时,各国民事诉讼法往往会在缺失事前保护的情况下，为对第三人进行完善的事后保护，赋予第三人于事后对当事人之间的裁判提出异议、对自身利益进行救济的权利，即第三人的撤销权。第三人撤销之诉的诉权即为救济第三人的撤销权及其背后的实体权利而赋予的一种诉权。

一、第三人享有撤销权的直接根源

民事诉讼中第三人享有撤销权的直接根源，在于当事人之间生效裁判效力的扩张性。在广义上界定生效裁判的效力时，则其包括了既判力、执行力、形成力等基本的内涵和争点效、反射效等延伸的内涵。因此，生效裁判效力向第三人扩张的理论涵盖了既判力扩张、执行力扩张、形成力、反射效等理论。

就判决的效力而言，一般认为，包括判决的羁束力（形式上的确定力）、既判力（实质上的确定力）、执行力和形成力。"以判决生效"为限，判决生效前产生的效力仅为羁束力，在羁束力之下，法院应该受其已作出判决的拘束，不得随意自行撤销或变更该判决。此时，羁束力实质上是排除法院随意取消判决的拘束力。欲取消未生效判决，仅可以在当事人提起上诉后由法院通过上诉审程序决定是否撤销该判决。由于审级利益是当事人当然享有的程序利益，因此，未生效判决仅具有对法院产生自缚性的羁束力。判决生效后产生的效力则包括羁束力、既判力、执行力和形成力。判决的羁束力和既判力，不因判决类型的不同而产生差异，但执行力和形成力分别与给付判决和形成判决一一对应。判决生效后，以既判力为核心的判决效力体系对法院和当事人甚至限定条件下的第三人产生普遍性的约束作用。对生效判决的效力来说，既判力是核心，因为执行力和形成力皆依附既判力，唯有推倒既判力，判决才不具有相应的执行力或形成力。既判力在民事诉讼中具有重要作用，一般认为，既判力既有消极作用又有积极作用。消极作用体现在当事人不可提出与既判力之判断相反或者相矛盾的主张，法院也不应该接受当事人提出的违反既判力之判断的主张，即便当事人真的提出了这样的主张，法院也应该驳回。既判力的积极作用体现在受理案件的后诉法院必须依据前诉判决的既判力之判断对后诉作出判决。总而言之，既判力既约束当事人，也约束法院。非经法定主体的申请、决定或者抗诉，判决的既判力不可被轻易突破。由此可见，对生效裁判的撤销是一种非常规行为，尤其对当事人来说，申请撤销权是一种法律特别赋予的诉权，游离于审级利益之外。原则上，既判力只在诉讼的"两造"之间发挥效力,究其根源,在于民事诉讼解决纠纷的相对性。民事诉讼在当事人之间展开,法院审理双方当事人之间的权利主张和提出的相应证据,在此基础上对双方之间的权利义务关系进行认定,解决相互之间的民事纠纷。因此,判决只对当事人发生既判力往往就可以达到解决民事纠纷的目的。更何况,从程序保障角度来看,具有既判力的判决在作出过程中仅对当事人的程序利益进行了充分保障。因此,既判力仅在当事人之间发挥效力具有必要性和合理性。但是,实体法律关系的牵连性和民事诉讼程序的构造特点决定了,如果当事人之间判决的既判力不向与当事人之间的诉讼具有利害关系的第三人扩张,以确保当事人之间的判决在当事人一方或双方与第三人之间发挥效力,那么诉讼解决当事人之间纠纷的实效性就难以保障。因此,既判力在主观范围上有时会突破当事人,而对当事人之外的第三人发生效力。目前,学术界一般认可的既判力主观范围扩张包括既判力向口头辩论终结后的继受人(或称为承继人)、为了当事人或者继受人利益的请求之标的物的持有人、诉讼担当时的被担当人以及诉讼脱退人等的扩张。同时,既判力还一般地及于第三人,尤其是在身份关系的诉讼或者团体(公司)诉讼中。[1]

有关当事人之间的判决效力向第三人扩张的理论,不限于既判力主观范围的扩张,还有与此密切相关的反射效理论。如果说,争点效理论是在既判力客观范围扩张理论基础上发展起来的、以弥补客观范围扩张理论不足的一项独立理论,那么反射效理论则是在既判力主观范围扩张理论基础上建构起来的一种理论,弥补了"既判力本质说"中的诉讼法说无法依据既判力扩张理论予以说明的某些情形。反射效,是指因受当事人之间承受既判力之影响,而使判决反射性地对与当事人具有特殊关系的第三人产生有利或者不利之影响,又称为判决的反射效果。[2] 按照反射效的理论,其为不同于既判力的另一种判决效力,其理论依据在于第三人与当事人在实体上存在从属关系。反射效理论的产生与"既判力本质说"之"诉讼法说"有直接的关系。按照"诉讼法说",既判力的本质是"与实体关系无关的、具有'国家裁判权统一判断'之诉讼

---

〔1〕《日本人事诉讼法》第 24 条第 1 项、《日本商法》第 109 条和第 152 条、《日本行政案件诉讼法》第 32 条规定了既判力一般地及于第三人的情形。

〔2〕参见[日]新堂幸司:《新民事诉讼法》,林剑锋译,法律出版社 2008 年版,第 511 页。

法上效果的判决拘束力”。[1] 因此,其无法解释既判力向与当事人之间有实体法利害关系的第三人扩张的问题,而“实体法说”则不存在这样的理论难题,其本身就是从判决对当事人之间的实体权利义务关系产生拘束力的角度来把握既判力本质的。为了弥补“诉讼法说”的理论缺陷,学者创设了反射效理论。如此一来,在“诉讼法说”之下,既判力是判决在诉讼法上产生的一种效力,而反射效是判决在实体法上产生的一种效力。反射效理论完成于德国,后在日本有了进一步发展。但是,亦有学者反对反射效理论,认为现有的既判力主观范围扩张理论完全可以涵盖反射效理论,比如,日本学者铃木正裕教授对支持反射效理论的学者提出的既判力与反射效的区别进行逐一分析和辩驳,最终认为反射效理论不具有独立存在的必要,由既判力主观范围扩张代替即可。[2]

抛开学术界有关既判力主观范围扩张理论与反射效理论之间的争论,笼统地分析当事人之间的判决对第三人发生效力这一问题,不难发现当事人之间的判决效力向第三人扩张具有必要性。从实体法角度来看,民事法律关系的复杂性和交叉性决定了民事主体之间关系的相对复杂性,尽管在一般情况下,一个民事法律关系只有两方主体,但是基于民事法律关系的交叉性,该双方主体之间的民事权利义务归属往往同与之相关的民事法律关系主体有利害关系,如此隐含了当事人之间的判决向第三人扩张的必要性,当事人之间的判决向第三人扩张实为维护民事法律关系秩序和确保纠纷解决的实效性之需要。尽管一个单独的民事诉讼解决的是当事人之间的民事纠纷,但往往与第三人有利害关系,如果基于判决效力的相对性,则当事人之间的判决对第三人不应该发挥效力,那么,第三人基于与前诉一方当事人或者双方当事人之间的民事法律关系需要提起新的诉讼,然而在后诉中,一旦对双方当事人之间的民事权利义务的认定异于前诉中对相关法律关系或事实的认定,则会导致前诉通过裁判明确的民事法律关系重新回到无序状态,这显然不利于整个民事法律关系秩序的稳定。一旦允许前诉当事人之间的判决效力向第三人扩张,则在后诉的裁判中,基于尊重前诉判决的效力,不仅可以避免作出矛盾判决,而且可以避免民事法律关系因诉讼程序设计上和运行中的天然程序缺陷而遭受

---

〔1〕［日］高桥宏志:《民事诉讼法——制度与理论的深层分析》,林剑锋译,法律出版社2003年版,第478页。

〔2〕参见林瑞成:《民事判决既判力与程序保障原则的理论与实证研究》,中国政法大学2000年博士学位论文,第105～106页。

破坏甚至发生混乱。不仅如此,当事人之间的判决效力向第三人扩张可确保纠纷解决的实效性。在特定情况下,如果当事人之间的判决效力不及于与其诉讼标的或者与标的物有一定利害关系的第三人,则会导致判决最终认定的一方当事人的权利难以实现,从而难以保障当事人之间判决的实效性。从诉讼法角度来看,如果当事人之间的判决效力不向与之有利害关系的第三人扩张,在第三人提起的后诉中,一旦就同一事实有不同的认定,就会造成矛盾判决,损害司法权威。而从纠纷一次性解决角度来看,将诸多相关联的民事纠纷在一次诉讼中解决,可以提高诉讼效率、节约司法资源。总而言之,无论从实体法角度还是从诉讼法角度来看,当事人之间的判决效力都有向第三人扩张之必要性。一旦当事人之间的判决向第三人扩张,则意味第三人在实体上的权利义务受到当事人之间判决效力的拘束。为顺应正当性需要,就应该对第三人的程序权益进行保障,赋予第三人撤销权,使其得以于事后对当事人之间的裁判提出异议,对自身利益进行救济。

二、诉权赋予的不同思路与第三人行使撤销权的具体方式

在肯定当事人之间的判决向第三人扩张的情形下,对第三人的程序保障最直接的方式就是赋予第三人参与当事人之间诉讼的机会。只有第三人参与到当事人之间的诉讼中去,并在其中就影响其权利义务的诉讼标的或者争点,提出自身的主张并提供证据加以支持,则可认为第三人的程序利益得到了保障。鉴于第三人与当事人之间的诉讼的利害关系不同,各国的民事诉讼在第三人参诉制度中设置了不同的第三人参与当事人之间诉讼的方式,以满足在当事人之间的判决向第三人不同程度扩张下对第三人进行不同程度的事前程序保障。然而,在赋予第三人参与当事人之间诉讼的机会之下,会出现两种截然相反的情况:一是第三人实际参与到了当事人之间的诉讼中去,对第三人的事前程序保障得以实现;二是第三人未实际参与到当事人之间的诉讼中去,对第三人的事前保障未得以实现。对于后者,就需要在缺失事前程序保障的情况下对第三人进行完善的事后程序保障。在此,首先需要讨论的是,赋予第三人参与当事人之间诉讼的机会是否附带第三人参与诉讼的责任问题,连带再次讨论当事人之间的判决向第三人扩张的问题。如果赋予第三人参加当事人之间的诉讼机会仅是一种权利而不涉及参加诉讼的责任问题,则第三人可以自由选择是否参与到当事人之间的诉讼,或是提起后诉,如果第三人没有参加

当事人之间的诉讼,则当事人之间的判决对第三人不发挥效力。这显然是一种极为优越的第三人程序保障途径。但是,之前的论述不断强调当事人之间的判决向第三人扩张具有必要性,因此,即便该种方式是一种极为优越的第三人程序保障方式,但其并未为大多数国家或地区所选择。从目前来看,相对合适的选择方式与此恰恰相反,在肯定赋予第三人参加当事人之间诉讼的机会连带课以第三人参加诉讼的责任之下,认为即便第三人没有参加到当事人之间的诉讼中去,当事人之间的判决依然对第三人发挥效力,而后视不同情况赋予其事后不同程度的程序保障的权利和机会。

就第三人事后程序保障而言,各国(或地区)的民事诉讼法设置了不同的第三人事后程序保障方式,例如,赋予第三人提起再审之诉的权利,意大利和我国澳门特别行政区设置了第三人再审之诉;又如,赋予第三人提起撤销之诉的权利,法国设置了第三人撤销之诉;再如,赋予第三人在后诉中对前诉判决之内容予以争执之权利,美国设置了直接抗辩制度和附带抗辩制度。总体而言,皆在允许当事人之间的判决对第三人发挥效力的前提下赋予第三人于事后争执该判决正确性的机会,但事后保护第三人利益的方案不同。一种是赋予第三人事后就"判决效力"进行"相对性抗辩"的权利,允许第三人在认为当事人之间的生效裁判对其发生不利效力时再行"判决效力相对性之抗辩",如美国的直接抗辩制度和附带抗辩制度;另一种是赋予第三人于事后争执该判决正确性的权利,允许第三人事后提起诉讼,要求去除当事人之间因错误而对其产生不利影响的裁判效力,如第三人再审之诉、第三人撤销之诉。前者实际上是限制当事人之间的生效裁判向第三人发挥效力理论的继续,只不过并未采纳事前的概括性限制,而仅限制了当事人之间生效裁判向第三人发挥不利影响的效力,第三人不需要证明生效裁判因错误而对其产生了不利影响,而仅需要抗辩对其发挥不利影响即可;后者不是通过赋予第三人再行"判决效力相对性之抗辩"的机会来保护第三人的利益,而是通过赋予第三人去除当事人之间的生效裁判对其发挥不利影响的裁判效力,因此,只有第三人证明生效裁判对其的不利影响是错误的,才可以去除当事人之间生效裁判对其的不利影响。

对于两种方案的优劣,学术界有过激烈的讨论。我国台湾地区学者黄国昌考证,法国民事诉讼法学者长久以来针对第三人撤销之诉设置有无必要性这一问题围绕"判决效力相对性之抗辩"与第三人撤销之诉制度展开了论争,主张"无机能说"的学者 Chauveau 基于"贯彻判决效力相对性"之立场认为,第三人撤销之诉不具有积极之功能，因此无设置之必要；主张“推定排除说”的学者 Naquet 认为，前诉判决应该一律向第三人发挥效力，在此基础上第三人唯有通过第三人撤销之诉的方式对自身权益进行保障；主张“抗辩类似说”的学者 Merlin 认为，第三人可以选择“在独立后诉中提出判决效力相对性之抗辩”和第三人撤销之诉两种方式。[1] 从理论上来看，以第三人撤销之诉、第三人再审之诉为代表的“允许当事人之间的判决对第三人发挥效力但赋予第三人以事后争执该判决正确性的机会”的途径，与“判决效力相对性之抗辩”比较而言，课以第三人更多的程序责任，第三人在事后争执前诉判决正确性与否时，必须通过重新提起独立的诉讼的方式进行，且需要提出足以影响判决正确性的事实并在此基础上提出新的攻击和防御的方法，在享有程序保障的同时承担更多的程序责任。并且，无论是第三人再审之诉还是第三人撤销之诉都有关于管辖的专门规定，第三人欲进行事后程序保障则必须遵从管辖的相关规定。相较而言，在后诉中主张“判决效力相对性之抗辩”，不涉及程序权受限以及提起新的诉讼的讼累等问题。如此一来，仅就第三人的程序保障而言，在后诉中主张“判决效力相对性之抗辩”显然是较优选择。但是，当事人之间的判决效力向第三人扩张具有必要性，对民事诉讼中第三人的利益进行保障，不能仅从第三人角度考虑，同时需要顾及其他因素。在综合诸多因素后，允许当事人之间的判决对第三人发挥效力但赋予第三人以事后争执该判决正确性的机会，这一途径就成为相对合适的选择。

选定“赋予第三人以事后争执该判决正确性的机会”这一第三人利益事后保护方案后，在内部则需要在第三人再审之诉与第三人撤销之诉之间进行选择。第三人撤销之诉，是指非因自身原因没有参加到他人之间的审判程序中，针对双方当事人之间的生效裁判对其产生的不利效果而向法院主张将原生效裁判中对其不利部分予以撤销的请求。面对当事人之间的生效裁判损害第三人利益的情况，法国率先规定了第三人撤销之诉（又称“第三人取消判决异议之诉”）。2012 年我国《民事诉讼法》修改时，在第 56 条第 3 款规定了第三人撤销之诉。第三人撤销之诉作为一项事后保障第三人利益的制度，逐渐进入民事诉讼理论的研究视野。第三人再审之诉，是指非因自身原因未参加到当事

---

〔1〕 参见黄国昌：《民事诉讼理论之新开展》，北京大学出版社 2008 年版，第 302 页。

人之间的诉讼中去的人，以自己名义向原受案法院提请重新审判的一种诉讼程序。[1] 面对第三人利益遭受当事人之间生效裁判损害的情形，一些国家或地区通过扩大再审之诉的主体范围来对第三人利益进行事后保障，即通过扩大再审之诉的启动主体的范围，赋予受当事人之间生效裁判影响的第三人启动再审之诉的诉权，对第三人进行事后保障。此种救济方式即为第三人再审之诉。与重新设置独立的救济制度相比，通过扩大再审之诉的主体范围、赋予第三人提起再审的诉权对其合法权益进行保障是一种更便利和简单的方式。从历史发展以及目前规定来看，通过设置第三人再审之诉来对第三人进行事后保障的国家和地区主要有日本、意大利和我国澳门特别行政区等。

第三人撤销之诉与第三人再审之诉有密切关系，从法国和我国台湾地区的第三人撤销之诉的规定，以及意大利、我国澳门特别行政区的第三人再审之诉的规定中亦不难看出，第三人撤销之诉与第三人再审之诉的连续性，两者之间并非存在不可逾越的鸿沟。总体而言，第三人再审之诉与第三人撤销之诉同为对第三人利益进行事后保障的特殊制度，其皆面临推倒当事人之间损害或影响第三人利益的生效裁判效力的问题，两者表现出了诸多相似之处。然而，第三人再审之诉与第三人撤销之诉具有本质差异。第三人再审之诉沿用再审之诉的原理，采用再审程序对第三人利益进行保护，而未顾及第三人实体权利之前未经保障这一事实。从判决的效果来看，在第三人再审之诉中，一旦作出撤销生效判决的裁判，其效果及于整个民事案件，需要对整个民事纠纷重为解决结果。而第三人撤销之诉中作出的撤销生效判决的裁判，其效果仅及于原生效裁判侵害第三人合法权益的部分，且顾及第三人撤销之诉对于第三人实体权利来说是初次救济，因此适用一审程序对第三人的诉讼请求进行审理。不仅如此，就第三人再审之诉和第三人撤销之诉的诉权归类来看，亦有明显不同。当事人的诉权包括起诉权、上诉权和再审权，其中的起诉权和上诉权是一般性的救济权利，是法律赋予当事人对自身实体权益进行救济的普通诉权，而再审诉权则是一种特殊性的救济权利。第三人再审之诉的诉权属于再审诉权，而第三人撤销之诉的诉权属于起诉权。

从诉讼受理阶段来看，第三人再审之诉需要沿着再审之诉的阶段性规定进行。尽管各个国家或地区对再审之诉的阶段性规定不完全相同，但无论是

---

〔1〕 参见肖建国：《论案外人申请再审的制度价值与程序设计》，载《法学杂志》2009 年第 9 期。

德国的“三阶结构”还是日本的“二阶结构”，其在再审之诉的阶段划分上没有实质区别，都将再审理由有无的审查和案件的审判分开，循序渐进、依次进行。如此，对于第三人提起的再审之诉，至少需要经历两个阶段：一是再审事由审查阶段；二是具备再审事由下启动再审程序阶段。其中，再审事由有无的审查尤为重要，其直接决定第三人针对当事人之间生效裁判提起的再审请求能否得到审理。相较而言，通过赋予第三人起诉权对其利益进行保护的第三人撤销之诉则不需要经过这样的阶段，第三人只需要提出撤销或者变更当事人之间生效裁判中对其不利部分的主张，并提供相应的初步证据证明存在撤销理由，其提起的撤销之诉即可得到受理并进入审判程序。至于撤销事由是否存在，则通过实体审理最终作出裁判，对于该裁判，作为原告的第三人和对方当事人都有上诉的权利。在审判范围和方式方面，第三人再审之诉与第三人撤销之诉亦有所不同。从第三人撤销之诉的裁判方式来看，有撤销原裁判对第三人的效力和变更原裁判两种情况，并且在诉讼标的必须合一裁判时，将当事人之间原诉讼的标的与第三人撤销之诉的诉讼标的合一判决，对纠纷进行统一解决。对于第三人撤销之诉的判决，可以通过上诉的方式进行救济。如此，属于第三人的、初次受到救济的实体权利可以得到完整的审级程序的保障。而对于第三人再审之诉来说，由于受再审之诉这一特殊救济程序定性的影响，其审判范围和方式都会受到限制。仅就扩张再审之诉的主体而保留原再审原因所形成的、类似于当事人再审之诉的第三人再审之诉而言，其审判范围和方式皆受制于再审之诉的诉讼原理，即便是通过扩张再审之诉的主体以及解释或类推适用等方式扩张再审事由的方式所形成的、相对独立的第三人再审之诉，虽然在制度设置之时顾及了第三人利益事后保障的特殊之处，但该种第三人再审之诉仍未脱离再审之诉的制度框架。从审判范围来看，在再审之诉中，一旦存在撤销原裁判的事由，则将裁判全部撤销，并对当事人和第三人全部发挥效力，而后重新对纠纷进行解决。不仅如此，由于将第三人行使的撤销权定性为再审诉权，因此，第三人针对再审判决的救济即受到再审之诉的程序限制。如果第三人针对当事人之间一审生效裁判提起再审，则对再审判决不服时，可以上诉。但是，如果第三人针对当事人之间二审生效裁判提起再审，则对再审判决不服时，没有通过提起上诉的方式对自身权益进行救济的权利。如此，属于第三人的、初次受到救济的实体权利无法得到完整的审级程序的保障。第三人再审之诉否定了当事人之前进行的诉讼程序，损害了当事人的程序利益,彻底摧毁了当事人之间生效裁判的稳定性。相较而言,提起撤销之诉的第三人享有的是起诉权,该起诉权行使障碍较少,且在审判范围上仅限于撤销原判决中对第三人不利的部分,实现了对第三人的程序保障,保障了当事人的程序权益,同时还保护了当事人之间判决的稳定性。总而言之,第三人提起再审之诉和提起撤销之诉是行使撤销权的两种不同方式,两者在本质和诉权以及审理范围、方式等方面有诸多不同。以再审诉权为基础的第三人再审之诉保留了再审之诉的本质,在此基础上形成的审判范围和方式决定了其无法像第三人撤销之诉那样完整地保护第三人的利益并均衡地保护第三人与当事人的利益。而如果第三人再审之诉意欲突破再审之诉的禁锢,其诉权基础就会被动摇,进而偏向甚至异化为第三人撤销之诉。通过赋予第三人起诉权的方式使其行使撤销权,制度独立、程序自足,既实现了对第三人利益的完整保护,又兼顾了当事人的利益。因此,对于第三人来说,第三人撤销之诉是优于第三人再审之诉的撤销权行使方式。

三、第三人撤销之诉的诉权本质

对第三人撤销之诉的诉权的认识不能止于"起诉权",需要进一步认识到,第三人撤销之诉的诉权不同于一般的起诉权,而是具有双重内涵。尽管从形式上来看,第三人撤销之诉表现为对生效判决的异议,由此将此类诉讼的诉权认为是对异议权的救济权。[1] 然而,剖析异议权的本质会发现,异议权的根源不在于对已形成的诉讼效果的异议,而是对纠纷解决过程中发生的有关实体权益之争的纠纷的解决。

在前面论述第三人撤销之诉的性质时提到,目前多数学者倾向将第三人撤销之诉界定为诉讼法上的形成之诉。在采诉讼法上的形成之诉的理论之下,不同的诉讼标的理论对第三人撤销之诉(包括第三人再审之诉)的诉讼标的的界定不同。采"旧实体法学说"的学者将主张的异议权作为诉讼标的,而采"诉讼法学说"的学者则将变更或者撤销诉讼法上法律关系的主张作为诉讼标的。无论哪种诉讼标的理论,都忽视了其背后的实体上权利义务关系的依据。第三人撤销之诉的本质不在于仅对异议权的保护,更在于对隐藏其背后

---

〔1〕 参见[日]三月章:《日本民事诉讼法》,江一凡译,台北,五南图书出版股份有限公司1997年版,第124～133页。

的实体法上权利的保护,但与一般情况下的实体权利保护方式不同的是,需要将事前存在的诉讼效果排除后方可进行。目前,将第三人撤销之诉(包括第三人再审之诉)界定为诉讼法上的形成之诉从而认定其诉讼标的为异议权或者诉讼法上的形成权存在理论缺陷,忽视了第三人撤销之诉的诉权本质。

当两个相对民事主体为了解决相互之间的民事权利义务之争诉诸法院,在第三方主体未参与当事人之间的诉讼、未对自身的实体权益进行主张的情况下,法院仅对当事人之间的实体法律关系作出裁判时,往往会损害第三方主体的实体权益。之所以赋予第三人提起第三人撤销之诉的诉权,表面上是因为原诉讼当事人之间的生效裁判对第三人产生了不利影响,由此通过赋予第三人提起第三人撤销之诉的诉权,来救济第三人享有的异议权这一程序性权利;但在深层次,赋予第三人提起第三人撤销之诉的诉权的原因则是第三人与原诉讼当事人之间的生效裁判存在法律上的利害关系,基于该法律上的利害关系,第三人的实体权利被损害或者被影响,由此通过赋予第三人提起第三人撤销之诉的诉权,来救济第三人享有的实体权利。可见,与普通诉讼的诉权相较,第三人撤销之诉的诉权具有形式含义和实质含义两个层次,第一次层次的诉权是对异议权的救济权,第二个层次的诉权是对隐含在异议权背后的实体权利的救济权。

第三节　第三人撤销之诉的原告

2012 年我国《民事诉讼法》修改之时增设了第三人撤销之诉。由于该诉是一种于事后保护第三人利益的制度,因此于该法第 56 条第 1 款、第 2 款有关有独立请求权第三人和无独立请求权第三人的规定之后,增设第 3 款对该诉进行规定。将该诉的原告界定为该法第 56 条第 1 款、第 2 款规定的有独立请求权的第三人和无独立请求权的第三人,并进一步将原告适格条件界定为"因不能归责于本人的事由未参加诉讼,但有证据证明发生法律效力的判决、裁定、调解书的部分或者全部内容错误,损害其民事权益"。将第三人撤销之诉的原告与诉讼第三人直接相联,是对民事诉讼中"第三人"这一特殊利益主体在不同诉讼阶段的内涵的混淆,造成了我国第三人撤销之诉原告的范围狭窄。

一、第三人、案外人抑或是案外第三人

我国《民事诉讼法》第 56 条第 3 款规定了一种于事后保护第三人利益的

新型诉讼之后,学术界对该诉的称谓并不一致,多将之称为“第三人撤销之诉”,我国实务界亦大多使用了这一称谓。也有学者根据我国《民事诉讼法》第227条“案外人异议之诉”的称谓习惯,将该法第56条第3款确立的新的诉讼称为“案外人撤销之诉”。还有学者将两者结合起来,称为“案外第三人撤销之诉”。在我国,3种不同称谓虽不意味着对第三人撤销之诉的内涵有不同的界定,但却导致了概念的混乱。需要指出的是,在我国3种不同称谓的由来有其内在的渊源,厘清第三人、案外人抑或是案外第三人的内涵,可以更准确地称呼该诉,并可以更深入地界定该诉原告的内涵。

(一)第三人

在我国的民事诉讼中,第三人专指一种特殊类型的当事人,与大陆法系国家或地区民事诉讼中的诉讼参加人并列。然而,突破国界,在民事诉讼法学中,第三人作为一种特殊的主体贯穿于民事诉讼的始终,并在不同的制度和语境之下有不同的内涵。欲界定第三人撤销之诉中第三人的内涵,需要对民事诉讼中第三人有系统性认识。

在我国的民事诉讼中,第三人作为一种特殊类型的当事人,按照目前立法上的表述,是指对双方当事人之间已经开始的诉讼的标的有独立的请求权而有权提起诉讼的人,或者虽然没有独立的请求权但案件处理结果同其有法律上利害关系从而可以申请参加诉讼,或者由法院通知参加诉讼的人。该“第三人”之称,借鉴的是苏联的民事诉讼法中的称谓(目前亦为俄罗斯民事诉讼法所沿用)。与该第三人概念相对应的是大陆法系国家或地区的“诉讼参加人”概念。从这一特殊类型的当事人的内涵来看,无论称为“诉讼参加人”还是“第三人”,其都是为了自身的利益而参加到他人之间业已开始的诉讼中去的人。只是“诉讼参加人”重在从动态角度描述第三人参加他人诉讼的情景,而“第三人”重在从静态角度定位第三人参加他人诉讼的地位。这是民事诉讼中的第一种第三人类型,在我国,目前对这一类第三人的称谓比较一致,皆称为“第三人”或“诉讼第三人”。

然而,民事诉讼中的第三人并不限于作为特殊当事人制度的第三人这一种情形。如果应当参加到他人之间业已开始的诉讼中去的人未参加诉讼,沿着民事诉讼的进程,双方当事人之间的判决作出之后,很可能会损害案外其他人的利益,此时的案外其他人属于民事诉讼中的第三人范畴,此为民事诉讼中第三人的第二种类型,即第三人撤销之诉中的“第三人”。对于民事诉讼中这种类型的第三人,各国和地区一般称为"第三人",如法国"第三人取消判决异议之诉"和我国台湾地区的"第三人撤销之诉",我国澳门特别行政区的"基于第三人反对而提起之上诉"和意大利的"第三人再审之诉"等。在我国,如上所述,称谓并不一致,有"第三人""案外人""案外第三人"等不同称谓。

有时,即便双方当事人之间已经生效的判决没有损害案外其他人的利益,对当事人之间生效裁判的强制执行程序也可能会损害案外其他人的利益。比如,在强制执行过程中,会出现权利外观与实体权利状态不一致的情况,而执行程序的效率性则要求执行机关只能对执行标的物的归属进行形式审查,则很可能会存在错误地确定执行标的物从而损害案外其他人利益的情况。此案外其他人为民事诉讼中第三人的第三种类型。对这类第三人,一般亦称为"第三人",如德国、日本等国的"第三人异议之诉"。在我国,对其称谓并不一致,有"第三人""案外人"等不同称谓。在民事诉讼立法上则一直使用"案外人"的称谓,如"案外人执行异议"或"案外人执行异议之诉"等,理论界一般也采纳了立法惯有的"案外人"称谓,但受大陆法系各国或地区称谓的影响,在学术界亦有学者采纳"第三人"的称谓。

由此可见,在民事诉讼的不同的诉讼阶段和诉讼制度中,第三人的内涵有所不同,但从整体上来看,第三人都属于民事诉讼当事人之外的人,其与当事人之间的民事诉讼有法律上的利害关系。仅就第三人撤销之诉中的第三人而言,其应该是民事权益受当事人之间生效裁判损害或影响的案外其他人。该种第三人不同于"诉讼第三人"这一作为特定当事人制度的第三人,无论在内涵还是在外延上两者皆有区别。从法国和我国台湾地区的第三人撤销之诉的制度立法体例来看,第三人撤销之诉并未与作为第三人利益事前保护制度的"诉讼参加制度"置于一起。加之,在这些国家或地区"诉讼参加人"与"第三人"是两个不同的概念,因此并不需要花费气力对第三人撤销之诉中的"第三人"与作为特殊当事人制度的"第三人"或"诉讼第三人"之间的差异进行专门论证,在实践中亦不存在将两者直接画等号或者以"诉讼第三人"的范围来界定第三人撤销之诉中"第三人"的适格条件的情形。然而,在我国,从借鉴并准备设置第三人撤销之诉那一刻起,就将两种类型的第三人联系在一起,以致2012年我国《民事诉讼法》修改之时,在该法第56条原有第1款、第2款的基础上新增第3款规定了第三人撤销之诉,将第三人撤销之诉中的"第三人"限定为有独立请求权的第三人和无独立请求权的第三人两种类型,直接在内涵和外延上将第三人撤销之诉中的“第三人”与“诉讼第三人”这一特殊当事人制度画了等号。此后,实务界囿于有关主体条件的法律规定而限制了第三人撤销之诉的适用范围,学术界有关第三人撤销之诉的主体适格问题的争论再无停息。因此,准确界定我国第三人撤销之诉中的“第三人”的内涵对于程序构建来说尤为必要。

(二)案外人抑或是案外人第三人

我国《民事诉讼法》第56条第3款立法之初和司法实践适用该法第56条第3款法律规定之时,对第三人撤销之诉的主体称谓都比较一致,并将此“第三人”与“诉讼第三人”直接等同,作为界定第三人撤销之诉的主体资格的重要依据。与此相反的是,学术界对该诉的主体资格展开了深入的研究与讨论,并在对主体资格界定的基础上,为区分此种类型的“第三人”与“诉讼第三人”,将第三人撤销之诉称为“案外人撤销之诉”或“案外第三人撤销之诉”,以隔断其在立法上与“诉讼第三人”的联系,突破其在适用范围上所受“诉讼第三人”的限制。究其原因,在于我国民事诉讼设置第三人撤销之诉之前,“第三人”作为一个既有概念已经具有特定内涵。我国的“第三人”概念最初作为特定当事人制度从苏联引进,直至今日依然被使用。[1] 与此相对应,大陆法系的法国、德国、日本则习惯将之称为“诉讼参加人”。由此,法国设置第三人撤销之诉时,不存在为了与既有概念相区分而将第三人撤销之诉中“第三人”另作他称的必要,第三人撤销之诉中的“第三人”与“诉讼参加人”之间不存在一一对应关系。但由于我国《民事诉讼法》中已存在“第三人”的概念及其固定内涵,因此在参照法国和我国台湾地区第三人撤销之诉的相关规定时,将该诉的主体“第三人”与作为特殊当事人制度的“第三人”直接等同,造成了概念的混乱,并进一步造成了我国的第三人撤销之诉的主体范围明显较窄的立法现状。

在我国民事诉讼中,与作为特殊当事人制度的“第三人”概念并存的既有概念是“案外人”或者“案外第三人”。“案外人”这一概念最初出现时,是我国《民事诉讼法》对执行阶段的第三人的称谓,1991年《民事诉讼法》制定时,在第208条规定了对“案外人”的保护方式,之后于2007年、2012年对《民事诉讼法》进行修改时皆沿用了这一概念(在立法过程中还出现了相近概念“利害关系人”),比如,“案外人异议”“案外人异议之诉”,以及后来的“案外人申请再

〔1〕 参见蒲一苇:《民事诉讼第三人制度研究》,厦门大学出版社2009年版,第31页。

审之诉”等。在理论研究过程中,则出现了与“案外人”概念内涵相同的“案外第三人”这一概念。

需要指出的是,无论称为“第三人”“案外人”,抑或是“案外第三人”,都是在民事诉讼已有的双方当事人的基础上来界定的。只是,“第三人”注重从主体角度来界定,其是指不同于诉讼当事人之外的人;而“案外人”侧重从空间来看,其是指诉讼空间之外的主体,“案外第三人”则糅合了以上两个方面的内涵。从整个诉讼过程来看,在某些诉讼阶段三者可以通用,在某些诉讼阶段则不可以通用。一项诉讼在双方当事人之间展开,但由于该诉讼结果可能影响案外他人,此时可将这些潜在的主体称为“案外人”或“案外第三人”,而一旦该案外人参加到诉讼中来,如果再称为“案外人”或“案外第三人”就不“恰当”,而应该称为“第三人”(或者相当于第三人的称谓,如“诉讼参加人”)。由此可见,此时3个概念不可以通用。一旦双方当事人之间的生效判决损害了未参加诉讼的案外他人的利益,或者该判决在执行过程中因错误地确定执行标的而损害了当事人之外的案外他人的利益,则从空间来看,利益遭受损害的案外他人可称为“案外人”,从主体角度来看,又可称为“第三人”,糅合空间要素和主体要素则可称为“案外第三人”,此时3个概念是通用的。由此可见,“第三人撤销之诉”与“案外人撤销之诉”或“案外第三人撤销之诉”的称谓在内涵上并无实质区别。只是考虑到与我国既有的概念——“第三人”这一特殊类型的当事人相区分,“案外人撤销之诉”或“案外第三人撤销之诉”的称谓便于在理论上对该诉的主体资格和范围进行更全面的界定,以解决立法时对概念界定不清晰而造成的制度构建困境。

需要指出的是,立法本身存在的问题并不适宜通过在理论上简单转化概念的方式予以解决,更有效的方法是在保有“第三人撤销之诉”这一称谓的基础上,对不同阶段的第三人的内涵进行全面界定,这样既方便理解各个阶段的第三人的内涵,亦便于在整体上将第三人撤销之诉与相应的第三人利益保护制度连接在一起,为第三人撤销之诉的程序构建打下良好的理论基础。在此背景下,作为第三人撤销之诉的原告的第三人应该是民事权益受当事人之间生效裁判损害或影响的案外其他人。

二、适格原告的条件

当事人适格,是指当事人对于作为诉讼标的之特定的权利或法律关系可以实施诉讼并请求案件判决的资格。[1] 当事人适格分为原告适格和被告适格,由于设置第三人撤销之诉的目的是于事后对遭受原诉讼当事人之间生效裁判损害的第三人的利益进行保护,因此,第三人撤销之诉的适格原告、适格被告具有区别于一般诉讼适格当事人的特殊性。然而,由于第三人主张撤销的是原诉当事人之间的生效裁判,其被告是生效裁判的双方当事人,因此,第三人撤销之诉的适格被告比较容易确定。但确定第三人撤销之诉的适格原告却并不简单,原因在于第三人撤销之诉是一种特殊救济制度,其撤销的是当事人之间已经生效的裁判,为了维护生效裁判已经确定法律关系的稳定性,法律对原告适格的条件限制得更严格。因此,就第三人撤销之诉而言,研究原告的适格问题更重要。

第三人撤销之诉的原告是"第三人",应该从"第三人"的内涵入手来确定原告适格的条件。然而,如前所述,在我国,欲回答何为"第三人"却并不简单,需要深入民事诉讼的整个过程。从民事诉讼中第三人利益保护体系系统构建的角度来看,前述第一种类型的第三人与第二种类型的第三人的内涵和外延应该一致,只是因处于不同的诉讼阶段而具有不同的表现形式而已。但在我国,由于在有独立请求权的第三人和无独立请求权的第三人之外,还有一部分第三人未被纳入第三人的事前保护阶段,将"诉讼第三人"等同于第三人撤销之诉中的"第三人",实际上限定了第三人的范围,将"诉讼第三人"的立法问题进一步带入第三人撤销之诉中。由此可见,在我国,第三人撤销之诉中的"第三人"不同于"诉讼第三人"这一作为特定当事人制度的第三人,两者无论在内涵还是在外延上皆有区别,第三人撤销之诉的适格原告不应以"诉讼第三人"来界定。从理论上来看,第三人撤销之诉的适格原告应该是受当事人之间生效裁判损害的案外第三人。但需要指出的是,各国或地区在"第三人"这一内涵之下,对第三人和当事人利益保护的不同程度以及对第三人利益保护的侧重点不同,最终对第三人撤销之诉的适格原告的条件的规定亦不同。

从法国规定的第三人撤销之诉的原告条件来看,任何对于取消判决有利益的第三人都可以提起第三人取消判决异议之诉,但前提是,该第三人必须在当事人之间的诉讼中既不是当事人也没有代理人。按照法国《民事诉讼法典》

---

〔1〕 参见[日]高桥宏志:《民事诉讼法制度与理论的深层分析》,林剑锋译,法律出版社2003年版,第206页。

第583条的规定,提起第三人取消判决异议之诉的主体需要满足3个条件:第一,“有利益”,即第三人对于取消对其攻击的判决具有利益。只要第三人的利益有可能遭受当事人之间生效判决的侵害,其即具有提起第三人撤销之诉的利益。至于第三人是否是非因自身的原因没有参与到当事人之间的诉讼中去的人,或者是否属于事前可以参加当事人之间诉讼的第三人在所不问。第二,“非诉讼当事人”。第三人是相对诉讼的当事人来说的,能够提起撤销之诉的主体,必然是当事人之间诉讼的案外第三人。第三,“不曾有他人代理诉讼”。为了更准确地界定提起第三人取消判决异议之诉的主体范围,法律进一步对主体进行了消极要件的界定。凡是由他人代理诉讼的人,无论是法定代理还是委托代理,都无权提起第三人取消判决异议之诉,因为此时其依然具有当事人身份。但此处的“不曾有他人代理诉讼”的含义远不止此,而是指一个人的利益不曾有其他人为之代理。比如,连带债权人或者连带债务人之间视为“互为代理”。[1] 法国《民事诉讼法典》从“有利益”“非诉讼当事人”“不曾有他人代理诉讼”三个方面对第三人撤销之诉的原告资格进行了界定,概括而言,第三人撤销之诉的原告应该是未参与到当事人之间的诉讼中去且自身利益不曾有他人代表,但自身利益有可能遭受当事人之间生效判决侵害的第三人。[2] 法国《民事诉讼法典》看似明确了适格原告的条件,但实际上在司法实践中适格原告的条件并非时时可以得到明确、清晰的界定,“有利益”“非诉讼当事人”“不曾有他人代理诉讼”的内涵和范围处于不断变化的过程之中。

我国台湾地区的第三人撤销之诉的原告资格的规定则不同于法国。按照我国台湾地区“民事诉讼法”第507-1条的规定,提起第三人撤销之诉的原告的主体资格主要有3项限定条件:第一,能提起第三人撤销之诉的主体必须是与当事人之间的生效判决有利害关系之第三人;第二,该第三人非因可归责于己之事由而未参加诉讼,因此不能提出足以影响判决结果之攻击或防御方法;第三,没有其他程序供其请求救济。从规定的3项条件不难看出,只要是与当事人之间的诉讼有利害关系的人,非因自身的原因没有参与到当事人之间的诉讼中去,没有机会提出足以影响判决结果的攻击或者防御方法,其即具备了提起第三人撤销之诉的条件。只是,由于第三人撤销之诉是一种事后救济之

〔1〕 参见法国《民事诉讼法典》,罗结珍译,法律出版社2008年版,第636~637页。

〔2〕 同上书,第637~638页。

诉,其应被定位为非常救济方式,因此,只要第三人能提起新的诉讼或者可以采取其他的救济方式,其不再具有提起第三人撤销之诉的资格。在3项条件之中,何为"有利害关系"成为识别的难点,这一概念是抽象的,内涵模糊,外延不清晰。尽管学者们进一步将"有利害关系"的第三人界定为受判决效力拘束的第三人,但却并没有直接解决司法实践中适格原告的确定问题。直至今日,在我国台湾地区有关规范明确规定的受判决效力拘束的第三人的情形主要有台湾地区"民事诉讼法"第401条关于既判力主观范围的规定、第582条有关身份关系的判决的对世效力的规定以及"民法"第275条关于连带债务的判决效力扩张的规定。至于一般意义上的判决效力扩张的主体范围,在我国台湾地区的学界尚有争论,进一步造成了第三人撤销之诉适格原告确定的困难。

我国《民事诉讼法》将第三人撤销之诉规定在了第56条第3款,承接前两款,将第三人撤销之诉的原告资格限定为本可以于事前参加到当事人之间诉讼中的人,即有独立请求权的第三人和无独立请求权的第三人。在此之下,分两个方面规定了提起撤销之诉的原告资格:一是因不能归责于本人的事由未参加诉讼;二是有证据证明发生法律效力的判决、裁定、调解书的部分或者全部内容错误,损害其民事权益的。由于我国的第三人撤销之诉是在参考法国和我国台湾地区的相关规定的基础上建构起来的,在界定原告资格时既吸收了法国有关侧重第三人实体权益保护的原告资格条件,又参考了我国台湾地区侧重第三人程序权益保障的原告资格条件。在我国,只有本可以于事前参与到当事人之间的诉讼中去的有独立请求权的第三人和无独立请求权的第三人,由于非因自身的原因没有参加到当事人之间的诉讼中去,且自身合法权益遭受当事人之间生效裁判的损害时才具有提起撤销之诉的资格。

从比较法的角度来看,无论是法国的第三人撤销之诉还是我国台湾地区的第三人撤销之诉,对该诉的原告范围的规定均未与第三人制度中的"第三人"这一诉讼主体保持联系和一致。就法国提起第三人撤销之诉的原告而言,其只需属于当事人之外的第三人,即其在作出受到攻击的判决的程序中既不是当事人也没有代理人,且有提起取消异议之诉的利益。就我国台湾地区的第三人撤销之诉的原告而言,按照相关规定,只要与当事人之间的诉讼有利害关系的人,非因自身的原因没有参与到当事人之间的诉讼中去,没有机会提出足以影响判决结果的攻击或者防御方法,其即具备了提起第三人撤销之诉的原告资格。从法国和我国台湾地区有关第三人撤销之诉的原告资格的规定来看,不难看出两者之间既有相同点又有明显的区别。两者的相同点在于,有两个共同的原告适格要件:一是必须是当事人之外的人;二是必须具备诉的利益。

可见,法国界定第三人撤销之诉的原告资格时,侧重对第三人实体权益的保障,而我国台湾地区对第三人撤销之诉的原告的限定并不着眼于第三人的合法权益是否遭受到损害,而只要求与当事人之间的诉讼有利害关系的人非因自身的原因没有参与到当事人之间的诉讼中去,侧重对第三人程序权益的保障。

第四节 第三人撤销之诉的诉讼标的

一、诉讼标的理论

民事诉讼标的理论是大陆法系民事诉讼法中的基础理论,德国、日本都对民事诉讼标的理论表现出了浓厚的研究热情,推动了诉讼标的理论的不断发展。综观诉讼标的理论发展的主线,主要存在 3 种学说,即"旧实体法学说"、"诉讼法学说"和"新实体法学说"。尽管其间也出现了其他的诉讼标的理论,但都不可与处于发展主线上的这 3 种学说相提并论。

在"旧实体法学说"之下,诉讼标的,是指原告在诉讼上所为一定具体的实体法上之权利的主张。[1] "旧实体法学说"是最早的诉讼标的理论,又称传统诉讼标的理论。按照"旧实体法学说",诉讼标的即为原告向法院所提出的实体法上权利的主张,因此对诉讼标的的界定无法离开实体法之规定。"旧实体法学说"具有很大的理论优势,可总结为三个方面:第一,便于法院裁判。按照民事诉讼原理,法院裁判的范围受制于当事人的诉讼主张,只有当事人提出的诉讼主张才可以作为裁判的对象。在"旧实体法学说"之下,当事人提出的实体法上的权利或者法律关系的主张即为诉讼标的,法院只需要对这一明确而特定的诉讼标的进行裁判即可。第二,便于当事人的攻击和防御。民事诉讼中的攻击和防御以原告所提出的诉讼主张为中心展开,双方围绕诉讼标的展开攻击和防御,"旧实体法学说"下的诉讼标的是明确且特定的,为当事人之间的攻击和防御限定了对象和范围,便于攻击和防御的进行。第三,既判力的客观范围明确。按照民事判决既判力理论,终审判决只对经法院裁判的诉讼标

---

〔1〕 参见陈荣宗:《民事程序法与诉讼标的理论》,台北,台湾大学法学丛书编辑委员会 1977 年版,第 336 页。

的发挥作用,对未经裁判的诉讼标的没有既判力。“旧实体法学说”的诉讼标的的明确和特定也必然使判决的既判力的客观范围明确。[1] 尽管“旧实体法学说”具有明显的理论优势,但是也存在自身的缺陷。其缺陷主要在于,无法解决给付之诉中请求权竞合时的重复起诉判断问题。按照“旧实体法学说”,实体法上不同的请求权就构成不同的诉讼标的,在请求权竞合时,因请求权不同可以提出不同的诉讼标的,成立不同的诉讼,与诉讼上的“一事不再理”原则相悖。这成为“旧实体法学说”最大的缺陷,此后的诉讼标的学说多针对这一缺陷在原有理论上予以完善或者提出新的理论。

“旧实体法学说”在实践中的缺陷日益明显,在坚守“旧实体法学说”的学者试图通过理论自身的完善来克服实践中的缺陷时,有些学者开始另辟新径,寻找新的研究思路,从纯粹的诉讼法角度研究诉讼标的,“诉讼法学说”由此产生。诉讼法学说经历了“二分支说”和“一分支说”两个阶段。“二分支说”是“诉讼法学说”的第一阶段,由德国著名诉讼法学家罗森贝克最先提出。按照“二分支说”,诉讼标的由诉的声明和事实关系两个要素构成和识别,两个要素一个为复数时,诉讼标的即为复数,只有两个要素都为单数时,诉讼标的才为单数。在判断诉讼标的是否重复方面,只有诉的声明和事实关系全部相同时,才认为是相同的诉讼标的,否则不构成重复起诉。“二分支说”因自身的缺陷遭到了学者们的批判,由于“二分支说”旨在克服“旧实体法学说”存在的请求权竞合时重复起诉的困境,存在着眼局部、忽视全局的缺陷,在理论上存在不完善的因素。首先,作为“诉讼法学说”的一种,“二分支说”存在“诉讼法学说”理论共存的缺陷,即仅从诉讼法角度研究诉讼标的,完全隔离与实体法的联系,不符合民事诉讼原理。民事诉讼是民事实体法与民事诉讼法共同作用的“场”,其中,民事实体法是裁判规范和依据,民事诉讼法是程序规范和向导,而将两者密切相连的就是诉讼标的。在这个意义上,诉讼标的不但不能离开实体法,而且在一定程度上依赖实体法。“诉讼法学说”违背这样的诉讼原理,无法解释在民事诉讼过程中存在的许多现象,例如,承认、变更和放弃诉讼标的时,法院受此约束作出原告胜诉或者败诉的判决;再如,诉讼上的和解与案件确定判决有同一效力。其次,“二分支说”中事实关系界定存在问题。“二分支说”中的事实关系,是指未经实体法评价的自然事实。尽管“二分支说”旨在

[1] 参见李龙:《民事诉讼标的理论研究》,法律出版社 2003 年版,第 40 ~ 41 页。

通过“自然事实”概念实现纠纷的一次性解决,但却存在许多问题。何为自然事实?是全部事实还是部分事实?如果是部分事实,自然事实揭示的界限在何处?这是“二分支说”没有明确的问题。最后,“二分支说”依然存在与“旧实体法学说”同样的实践困境。在存在多个事实关系、一个诉的声明的情况下,诉讼标的仍为复数,重复起诉问题仍然难以避免。

面对“二分支说”因“事实关系”要素存在的诸多缺陷,学者们开始放弃这一要素,只将诉的声明作为诉讼标的,即诉讼标的“一分支说”。“一分支说”克服了“二分支说”存在的许多缺陷,不但解决了基于多个请求权追求相同的诉讼目标下诉讼标的单复数判断问题,而且基于几个事实关系追求相同的诉讼目标时,诉讼标的的单复数问题也可以得以解决。[1] 但是“一分支说”作为“诉讼法学说”的一种,依然存在完全脱离实体法之后的理论缺陷,尤其是舍弃了“事实关系”要素,仅以诉的声明作为诉讼标的,会出现在请求给付金钱和代替物的诉讼中,如果不一并考虑请求依据的基本原因事实,几乎无法判断诉讼标的是否同一。[2]

“诉讼法学说”另辟新径的研究方法并没有解决诉讼标的在实践中存在的困境,单纯从诉讼法角度无法解决诉讼标的理论困境,“新实体法学说”由此而生。“新实体法学说”与“旧实体法学说”本质无异,但其“新”在于针对请求权竞合时诉讼标的的判定方面,从实体法请求权理论区分了“请求权基础竞合”与“请求权竞合”。其中,尼克逊(Nikisch)的观点极具代表意义,其认为凡因同一事实关系产生以同一给付目的之数个实体法上请求权时,不应当按照传统理论在实体法上将其视为数个请求权竞合,而应当认为是请求权基础竞合,而请求权只有一个。[3] 同时,在“新实体法学说”之下,作为诉讼标的之实体法上的请求权,不再是实体法所规定的各个请求权,而是真正应受实体法保护的实体法上的地位。[4] “新实体法学说”相较之前的“旧实体法学说”和“诉讼法学说”,进步之处在于从实体法和诉讼法结合的角度研究诉讼标的,在一定程度上克服了前两种学说的缺陷,但其依然不是诉讼标的理论的终结。因“请求权

---

〔1〕 参见李龙:《民事诉讼标的理论研究》,法律出版社 2003 年版,第 57 页。

〔2〕 同上书,第 58 页。

〔3〕 参见陈荣宗:《民事程序法与诉讼标的理论》,台北,台湾大学法学丛书编辑委员会 1977 年版,第 344 页。

〔4〕 参见李龙:《民事诉讼标的理论研究》,法律出版社 2003 年版,第 71 页。

竞合”与“请求权基础竞合”的区别没有阐释清楚,该学说依然受到了质疑,诉讼标的理论研究仍在前行。

从诉讼标的理论的研究来看,没有哪种学说是完美的。诉讼标的理论研究存在两种思路:一是建构一种普遍适用于所有诉的类型的诉讼标的理论,德国学者多采取这种研究思路;二是在诉讼标的理论发展到一定阶段之后,结合不同的诉的类型建构不同的诉的理论,日本学者倾向采取这一思路。尽管第二种研究思路是建立在第一种思路研究成果之上的,但是这种研究思路无疑得到了学者们的认可。应该说,在诉讼标的理论研究到了一定阶段之后,通过对各种诉讼标的学说的优势与缺陷进行比较,结合具体的诉讼类型特征,针对不同的诉的类型进行诉讼标的理论研究不失为一种可取的研究思路。

二、当前第三人撤销之诉的诉讼标的理论的缺陷

按照诉讼法上形成之诉的理论,第三人提起撤销之诉的权利基础——撤销权,是诉讼法上形成之诉的权利基础——异议权的一种类型。第三人享有的撤销权,是指一旦第三人在审判阶段未能参加到当事人之间的诉讼中且当事人之间的诉讼切实损害了第三人的利益时,赋予的第三人于事后对当事人之间已经生效的裁判提出异议、对自身利益进行救济的权利。第三人针对当事人之间损害其合法权益的生效裁判所享有的撤销权,不同于民事实体法上的撤销权,而是一项程序性权利,是第三人享有的一项特殊的程序救济权。如此,按照目前通说将第三人撤销之诉界定为诉讼法上的形成之诉,则第三人撤销之诉的诉讼标的是第三人对当事人生效裁判主张的撤销权(采“旧实体法学说”)或第三人提出的撤销当事人之间生效裁判的主张(采“诉讼法学说”之“一分支说”)。据此,第三人撤销之诉是一种实现第三人异议权的诉讼,第三人得以提起撤销之诉的诉权基础在于其享有异议权,其通过实现异议权以改变当事人之间的判决对自己不利的部分。

尽管将第三人撤销之诉的诉讼标的界定为第三人所主张的撤销权或者撤销生效裁判的主张比较简单明了,但无法通过撤销权这一表面性权利来揭示更深层的权利根源,从而无法对第三人撤销之诉的诉讼标的进行准确界定,无法对第三人撤销之诉与当事人之间诉讼的关系以及第三人撤销之诉与之后提起的其他诉讼之间的关系作出正确判断。剖析异议权的本质,不难发现异议权的根源不在于对已形成的诉讼效果的异议,而在于对纠纷解决过程中发生

的有关实体权益纠纷的解决。尽管不同的诉讼标的理论对第三人撤销之诉(包括第三人再审之诉)的诉讼标的的界定不同(比如,按照诉讼法上的形成之诉理论,采“旧实体法学说”则将异议权作为第三人撤销之诉的诉讼标的,而采“诉讼法学说”则将变更或者撤销诉讼法上法律关系的主张作为诉讼标的),但无论哪种诉讼标的理论,都忽视了其背后所依据的实体权利义务关系。如前所述,异议权不具有独立存在的法律地位,必须有实体上的权利义务关系主张才可以作为诉讼标的提出。总之,目前,将第三人撤销之诉(包括第三人再审之诉)界定为诉讼法上的形成之诉从而认定其诉讼标的为异议权(“旧实体法学说”)或者撤销当事人之间生效裁判的主张(“诉讼法学说”)存在理论缺陷,忽视了第三人撤销之诉的诉权本质,导致难以准确地确定第三人撤销之诉的裁判范围,造成了在诉讼实践中既判力客观范围判断的困难。作为第三人撤销之诉程序构建的理论基础,该诉的诉讼标的需要重新界定,以便充分涵盖异议权背后的实体权利主张。

三、重构后的第三人撤销之诉的诉讼标的理论

如前所述,异议权不具有独立存在的法律地位,必须有实体上的权利义务关系主张才可以作为诉讼标的提出。鉴于此,笔者认为,可采“诉讼法学说”中的“二分支说”的框架,并吸收“旧实体法学说”的合理内核,对第三人撤销之诉的诉讼标的理论进行构建。

按照“二分支说”,诉讼标的由诉的声明和事实关系两个要素构成。其中,事实关系,是指未经法律评价的自然事实关系。尽管“二分支说”因将“事实关系”界定为“自然事实关系”而存在明显的理论缺陷,但这一学说却又有自身的优势,其从诉讼法角度认识诉讼标的,但又不像“一分支说”完全抛开案件事实不顾。由于第三人撤销之诉在形式上有撤销生效裁判的程序性效果,因此,其诉讼标的在形式上采“诉讼法学说”框架为宜。但是由于异议主张背后都存在实体法上的权利义务关系事实,因此,需将该事实关系以一种恰当的理论置于第三人撤销之诉的诉讼标的之中。实体法上的权利义务关系表现为法律事实,区别于自然事实,是经过法律评价的案件事实。在民事诉讼中,当事人提出的事实不可能是完整的自然事实,而是基于诉讼目的提出的符合实体法规定的事实。由此,“二分支说”试图以“自然事实关系”来解决诉讼标的复数问题是行不通的,唯有以法律意义上的事实原因作为诉讼标的的一个要素才可

行,即法律事实。由此,第三人撤销之诉的诉讼标的由诉的声明与作为诉的理由的法律事实两个要素构成;两个要素只要有一个是单数,诉讼标的即为单数,前后诉的两个要素都不相同时,诉讼标的才不同,前后诉才不构成重复起诉。

第三人撤销之诉的诉讼标的理论是对"二分支说"的改良,这种思路与我国的"新二分支说"不谋而合,但是在第三人撤销之诉的诉讼标的中,作为诉的理由的法律事实关系不同于"新二分支说"中"法律事实"的内涵,故不存在"新二分支说"的理论缺陷。"新二分支说"是我国学者结合我国的民事诉讼理论和实践,对德国"二分支说"进行修正而成的。该说肯定了"二分支说"从诉讼法角度研究诉讼标的的思路,但是对"二分支说"完全脱离实体法、将未经法律评价的自然事实作为诉的理由事实持不同意见。该说认为,诉的理由事实必须是与诉的声明密切相关的法律事实,但这一事实又不同于"旧实体法学说"中所指的由当事人在实体法上主张的案件事实,而是指当事人提出的实体法主张并经对方当事人异议且由法院全面审查后确定的法律事实。由此,"新二分支说"中的原因事实与实体法间接联系,且是在诉讼场合内体现其联系,而不像"旧实体法学说"的法律事实既存于诉讼之外,性质已经由实体法既存权利或者法律关系所确定。[1] "新二分支说"在修正"二分支说"基础上建立了自己的理论,弥补了"二分支说"存在的缺陷,在一定程度上保持了诉讼法与实体法的联系,因此该理论具有一定的合理之处。但是该理论依然有自身的缺陷:首先,该学说坚持诉讼过程中讼争不断变化的原则,因此认为诉讼标的只有在诉讼过程中才能确定。尽管这样的观点在理论上讲得通,但是于实践无益,飘忽不定的诉讼标的会造成诉讼拖延和当事人攻击、防御的困难。其次,该学说主张法院在确定诉讼标的过程中起主导作用,这必然会造成诉讼过程中当事人诉权与法院审判权的冲突,不利于当事人主义诉讼模式作用的发挥,尤其不适合我国目前的诉讼实践。最后,该学说将"二分支说"中的"自然事实"界定为"法律事实",为重复起诉埋下了隐患。依照该学说,诉的声明和诉的理由事实中有一个为单数,诉讼标的即为单数,只有两者同为复数时,方为复数。由于法律事实的范围小于生活事实的范围,基于不同的法律事实提出

---

〔1〕 参见江伟主编:《中国民事诉讼法专论》,中国政法大学出版社 1998 年版,第 85～86 页。

相同的诉的声明,重复起诉在给付之诉和形成之诉中依然存在。[1] 总而言之,"新二分支说"试图建构具有普适性的诉讼标的理论,但没有成功。在第三人撤销之诉的诉讼标的理论中,将诉的声明和诉的法律事实作为诉讼标的的两个要素,并且两个要素只要一个是单数,诉讼标的即为单数,只有前后诉的两个要素都不相同时,诉讼标的才不同,前后诉才不构成重复起诉,是否也会面临与"新二分支说"同样的理论与实践困境?笔者认为不会。理由有两点:第一,第三人撤销之诉的诉讼标的不仅借鉴了"二分支说"的合理框架,而且吸收了"旧实体法学说"的理论精髓,作为诉讼标的的一个要素,事实关系是指法律事实关系,而且是当事人在起诉时就提出的事实主张,因此不会出现前文所言及的"新二分支说"在实践中会遇到的前两项问题。第二,第三人撤销之诉的诉讼标的是结合该诉的特点构建的具体的诉讼标的理论,而不是适用所有诉的类型的普适性诉讼标的理论,有针对性地解决第三人撤销之诉面临的重复起诉问题。

按照重构后的第三人撤销之诉的诉讼标的理论,只有前后诉的两个要素都不相同时,诉讼标的不同,前后诉才不构成重复起诉,在法律事实相同的情况下,即为相同的诉讼标的,构成重复起诉,法院不予受理,自然,当事人不得再以该理由事实提出新的诉讼。从既判力的客观范围来看,作为诉讼标的的一个要素,法律事实属于既判事项,既判力对其具有遮断效。在第三人提起的第三人撤销之诉中,诉的声明为撤销当事人之间的生效裁判对第三人的效力,诉的理由事实为主张的实体权利义务关系,法院在裁判是否撤销当事人之间的生效裁判对第三人不利部分时,对于主张的实体权利义务同时作出裁判,该裁判的既判力及于实体权利义务的当事人,即便失败,第三人不得再以实体权利义务主张再次审判,对方当事人也不可要求再行审判。

[1] 参见段厚省:《民事诉讼标的论》,中国人民公安大学出版社 2004 年版,第 53 ~ 54 页。

第二章　第三人撤销之诉程序构建的现状

2012 年我国《民事诉讼法》设置第三人撤销之诉之时，在立法方面，缺乏丰富的可供借鉴的制度构建样本；在司法实践方面，尚缺少成熟的可供总结的实践经验。因此，在设置第三人撤销之诉之后，无论是在立法方面还是在司法实践方面都存在诸多问题。即便经过 2015 年最高人民法院《关于适用〈中华人民共和国民事诉讼法〉的解释》（以下简称《司法解释》）对第三人撤销之诉程序事项的完善，以及历经多年的司法实践，第三人撤销之诉的程序构建问题依然没有在立法上得以彻底解决，在司法实践中各种程序问题依然突出。

第一节　第三人撤销之诉程序构建的立法现状

一、第三人撤销之诉的立法基础与具体进程

（一）立法的基础

2012 年我国《民事诉讼法》修改时一并设置的新制度，有第三人撤销之诉、公益诉讼和小额诉讼等，但相较而言，学术界和实务界对第三人撤销之诉更陌生。毕竟，早在设置公益诉讼和小额诉讼之前，学术界对这两种诉讼的研究已经较深入和成熟，并且实务界在理论研究的基础上业已开始了相应的司法实践并逐渐总结出一些制度构建经验。但是，设置第三人撤销之诉时尚不具备这样的立法基础。

在 2012 年之前，学术界对第三人撤销之诉的研究文献寥寥无几。我国从 2005 年开始才逐渐出现研究第三人撤销之诉的论文，且停留在单纯介绍国外或地区的相关立法这一层面，对第三人撤销之诉的理论认识不够深入。2012

年我国《民事诉讼法》设置第三人撤销之诉之后，理论界对该诉的研究不断增多，但大多是对第三人撤销之诉设置的理论基础、我国第三人撤销之诉的立法现状、我国第三人撤销之诉与法国及我国台湾地区的第三人撤销之诉的差异和我国第三人撤销之诉的立法问题以及完善方案等问题进行研究，单纯研究第三人撤销之诉的具体程序构建的论著依然缺乏，对第三人撤销之诉的本质认识不够深入的问题持续存在。更何况，2012 年之后对该第三人撤销之诉进行的研究，已经无法改变我国《民事诉讼法》设置该诉时条文过于简略和程序事项规定过于单薄的问题。

在 2012 年我国《民事诉讼法》设置第三人撤销之诉之前，实务界更是缺失有关第三人撤销之诉的实践经验。当时实务界较熟悉的是与第三人撤销之诉具有同等功能的案外人再审之诉，对第三人撤销之诉制度本身缺乏必要的认识。尽管在设置第三人撤销之诉时，我国既有的案外人再审之诉一直被作为第三人撤销之诉的制度构建的借鉴样本，但是从案外人再审之诉的法律规定来看，案外人再审之诉在相对狭窄的范围内于事后对第三人利益进行救济，无法为第三人撤销之诉的制度构建提供足够的实践经验。首先，案外人再审之诉适用的诉讼类型狭窄，“执行标的物”这一措辞直接将案外人再审之诉的适用范围限定为给付之诉，而遭受当事人之间的确认之诉和形成之诉侵害的案外人无法提起再审之诉；其次，案外人提起再审之诉的事由狭窄，即便是仅限于给付判决范围之内，案外人只有对原判决、裁定、调解书确定的执行标的物主张权利时方可提起再审之诉，第三人受到当事人之间判决侵害的其他情形不在案外人再审之诉的保护之列；最后，案外人范围过于狭窄，我国《民事诉讼法》第 227 条[1]和 2008 年《关于适用〈中华人民共和国民事诉讼法〉审判监督程序若干问题的解释》（以下简称《审判监督程序若干问题的解释》）第 5 条规定的两种案外人再审之诉的适格原告皆为对当事人之间的诉讼可以独立主张权利的第三人，而对执行标的物不能主张权利但与当事人之间的判决有法律上利害关系的第三人被排除在救济范围之外。加之，2008 年《审判监督程序若干问题的解释》出台之后，尽管案外人再审之诉的程序构建已基本完成，但该诉在运行过程中尚存在诸多程序问题，实务界有关案外人再审之诉程序运行的经验依然不足。如此，在 2012 年我国《民事诉讼法》设置第三人撤销之诉之

---

〔1〕 2012 年《民事诉讼法》修改前为第 204 条。

时,我国既有的案外人再审之诉所起到的借鉴意义较小。更何况,第三人撤销之诉与案外人再审之诉之间有本质区别,有不同的程序设置需要,第三人撤销之诉程序构建中有很大一部分程序事项是既有案外人再审之诉所不具有的。总之,在设置第三人撤销之诉之前,我国实务界在案外人再审之诉司法实践中积累的经验难以满足第三人撤销之诉的立法和司法实践需要。

不仅如此,2012 年我国《民事诉讼法》设置第三人撤销之诉时,世界范围内可借鉴的样本既不丰富亦不成熟,仅有法国和我国台湾地区的民事诉讼中规定了该诉,其他国家或地区尚没有相关规定,即便是规定第三人再审之诉的国家或地区也比较少。更何况,无论是在法国还是在我国台湾地区,第三人撤销之诉亦皆属于一项新制度,学术界有关第三人撤销之诉程序构建的理论和具体事项还存在诸多争议,立法上依然存在程序事项规定不够具体的问题,司法实践尚不够深入。由此可见,当时世界范围内可供借鉴的程序构建理论和有关规定,皆难以满足我国构建完善的第三人撤销之诉制度的需要。

(二)立法的具体进程

由于世界范围内民事诉讼法学术界对第三人撤销之诉的研究不够深入,各国或地区的立法与司法经验不够成熟与丰富,2012 年我国《民事诉讼法》修改之时,学术界和实务界并没有直接将第三人撤销之诉作为唯一的案外第三人利益事后保护的方式,而是提出了包括设置第三人撤销之诉在内的 3 种建议方案。第一种方案,建立独立的第三人撤销之诉,即仿照法国和我国台湾地区的体例,构建独立的第三人撤销之诉程序。第二种方案,建立第三人异议之诉,即建立三阶段的第三人异议之诉,包括当本诉判决作出后,如果第三人认为该判决将会侵害其合法权益的,以本诉双方当事人为被告提起异议之诉,请求法院撤销或变更该判决;在执行过程中,案外第三人以执行权利人为被告或以执行权利人和义务人为共同被告,提起第三人执行异议之诉;在本诉判决已经执行结束的情况下,案外第三人以获得利益之人为被告,提起返还不当得利之诉或损害赔偿之诉。第三种方案,建立再审型第三人撤销之诉,即依托我国民事诉讼中既有的再审程序建立第三人撤销之诉。[1] 但最终迫于需要,2012 年我国《民事诉讼法》修改之时,尽管缺失一定的立法与司法基础,依然在第 56

〔1〕 参见全国人大常委会法制工作委员会民法室编:《民事诉讼法立法背景与观点全集》,法律出版社 2012 年版,第 343 页。

条原有两款的基础上增加第 3 款,规定了第三人撤销之诉。这是有关第三人撤销之诉立法的伊始。

如果客观地评价这一立法举动,试探性立法的定位或许更准确。对比以上 3 种方案不难看出,设置第三人撤销之诉是一种大胆的选择,完全剥离了与之前诸多制度之间的联系,独立设置了一项我国学术界和实务界都不太熟悉的新制度。这样的选择令人喜忧参半。所喜,第三人撤销之诉具有第三人再审之诉及其他救济制度所不具有的独特的价值,单独设置更有利于对第三人的利益进行事后保护;所忧,学术界和实务界对第三人撤销之诉的认识不够深入,对第三人撤销之诉的立法和程序设置尚处于探索阶段。果然,2012 年在第三人撤销之设置之后,立法问题逐渐显现,程序事项极为简略,可操作性较差,并直接导致第三人撤销之诉在很长一段时间的司法实践中存在程序不明的操作困难。

由于我国《民事诉讼法》第 56 条第 3 款对第三人撤销之诉的程序事项规定得极其简单,因此,第三人撤销之诉设置后,有关的立法完善工作只能在司法实践和理论研究的呼吁下不断向前推进。具体而言,立法对程序事项规定得过于简单,导致了第三人撤销之诉在司法实践中出现了诸多操作难题,亟待解决,由此激发了学术界对第三人撤销之诉的研究热情,对第三人撤销之诉的理论研究不断深入,逐渐抛开对第三人撤销之诉理论的宏观研究,而着力对第三人撤销之诉的原告、事由、裁判方式以及第三人撤销之诉与案外人再审之诉的矛盾解决等具体程序问题的研究。最终,在司法实践的呼唤和理论研究的推动下,2015 年最高人民法院发布了《司法解释》。

2015 年《司法解释》第 292 条至第 303 条对第三人撤销之诉的程序事项进行了较全面的规定,暂时解决了在司法实践中出现的迫切需要解决的一些程序性问题,有关第三人撤销之诉的立法和司法解释暂告一段落。然而,这并非第三人撤销之诉程序立法的终结,第三人撤销之诉的程序亟待系统性构建,司法实践呼唤深层次和具体化的程序完善性立法。究其原因,在于自 2012 年我国《民事诉讼法》最初设置第三人撤销之诉至 2015 年《司法解释》的出台,无论学术界的研究还是实务界的实践,皆未对第三人撤销之诉的程序构建进行系统性研究和实践,而只是局限于我国《民事诉讼法》规定的第三人撤销之诉的既有制度框架,着力于程序的局部完善,一对一解决局部矛盾,最终反映在了 2015 年《司法解释》中。此外,学术界的研究深度和实务界的实践深度欠缺的问题依旧明显。通过查阅在此期间发表的研究文献可知，学术界除对第三人撤销之诉的适格原告进行了初步研究外，对其他程序事项的研究文献较少且研究深度不够。在实务界，第三人撤销之诉立法之初所设想的，总结在司法实践中的经验为第三人撤销之诉程序构建提供素材的目标，在 2012 年之后的实际操作中落空。由于我国《民事诉讼法》第 56 条第 3 款设置第三人撤销之诉时进行的试探性立法，仅简略规定了第三人撤销之诉的程序事项，在司法实践中面临无法可依的局面。加之，实务界对该诉缺乏深度认识，审判庭试图对该诉的程序构建进行创新性探索的难度较大；面对第三人撤销之诉习惯绕道而行的实践做法，进一步导致实务界对该诉程序问题的汇总和程序构建经验的总结工作不到位。最终，在 2015 年《司法解释》出台时，司法实践并未能为司法解释提供有力的数据支撑和有效的程序构建建议，导致《司法解释》对第三人撤销之诉的程序构建的规定依然不到位，既不够系统又不够深入，有关第三人撤销之诉的程序立法依然需要继续推进。

二、有关第三人撤销之诉的法律规定

（一）我国《民事诉讼法》有关第三人撤销之诉程序事项的规定

我国《民事诉讼法》第 56 条第 3 款规定了第三人撤销之诉。该法条对第三人撤销之诉的原告、起诉事由、起诉期间、管辖法院以及裁判方式等方面进行了规定，搭建了第三人撤销之诉的基本架构。

从提起第三人撤销之诉的原告来看，该法条并没有具体阐释提起第三人撤销之诉的原告与原诉讼当事人之间的法律关系，而是与我国的第三人制度保持了一致，将原告直接限定为有独立请求权的第三人和无独立请求权的第三人。对第三人撤销之诉的原告资格的判断，以之前有独立请求权第三人和无独立请求权第三人资格判断标准为基础，回避了对第三人撤销之诉的原告资格的直接判断，却将两种类型的第三人资格判断的难题带入第三人撤销之诉的原告资格判断之中，并在司法实践中被进一步放大。此外，将第三人撤销之诉的原告限定为有独立请求权的第三人和无独立请求权的第三人，致使其适格原告范围狭窄。第三人撤销之诉设置之后，有关原告资格问题即成为学术界争论的焦点。

从提起第三人撤销之诉的事由来看，该法条要求第三人因不能归责于本人的事由未参加诉讼，但有证据证明当事人之间发生法律效力的判决、裁定、调解书的部分或者全部内容错误,损害该第三人民事权益。具体而言,其内容实质上包括了程序要件和实体要件两个方面。程序要件的重点是对第三人程序利益保护程度的限定,第三人只有因不能归责于本人的事由未参加诉讼,才满足提起第三人撤销之诉的程序利益保护要求。实体要件包括两个方面:一是有证据证明当事人之间发生法律效力的判决、裁定、调解书的部分或者全部内容错误;二是生效裁判文书的部分或者全部内容错误从而损害了该第三人的民事权益。至于何为错误?民事权益的范围如何?法律并没有进一步作出规定。由于有关第三人提起撤销之诉的事由的具体规定不清晰,而与事前保护制度的脱节又进一步加剧了司法实践的困难。因此,有关该诉提起事由的具体判断成为司法实践混乱的"重灾区"。

从提起第三人撤销之诉的方式和期限来看,该法条并未规定附带提起撤销之诉的方式,仅承认第三人独立提起撤销之诉这一种情况。与此同时,该法条规定第三人自知道或者应当知道其民事权益受到损害之日起6个月内向作出该判决、裁定、调解书的人民法院提起诉讼,与当事人提起再审之诉的期限保持了一致。然而,有关6个月期限是诉讼时效还是除斥期间,最初在实践中的做法并不完全统一。随着司法实践的不断深入,基本明确了第三人撤销之诉的提起期限为除斥期间。但是,立案时有关该期限的判断依然存在对"第三人自知道或者应当知道"的时间节点判断的困难。

从第三人撤销之诉的管辖法院而言,该法条规定,管辖法院为作出生效判决、裁定和调解书的人民法院。如果要求撤销的生效裁判是一审法院作出的,则管辖法院就是该一审法院;如果要求撤销的生效裁判是二审法院作出的,则管辖法院就是二审法院。由于第三人撤销之诉适用的是普通程序,当申请撤销二审生效裁判时,级别管辖就会被提高一级。尤其是当第三人在第三人撤销之诉中附带提起确权请求时,一审法院的级别明显被提高了。同时,如果在第三人撤销之诉中对原生效裁判一并改判,则直接导致过度赋予原审案件的当事人的审级利益。需要指出的是,该问题的解决途径并不是降低第三人撤销之诉管辖法院的级别,而是需要结合审级利益均衡保护的需要和审级利益赋予的限定性,合理设置第三人撤销之诉的裁判程序,灵活运用发回重审的裁判方式,尽可能地仅通过第三人撤销之诉推倒生效裁判的既判力,将纠纷解决回归原点,重回第三人利益的事前保护阶段。

从第三人撤销之诉的裁判方式来看,按照该法条的规定,人民法院经审理认为诉讼请求不成立的,驳回诉讼请求;认为诉讼请求成立的,应当改变或者撤销原判决、裁定、调解书。这里主要存在两个实践难题:一是驳回诉讼请求与驳回起诉、不予受理之间的界限;二是认为诉讼请求成立时,改变原生效裁判时应有的程序设置,以及撤销原生效裁判之后的原当事人之间的纠纷如何解决的问题。这些问题亟待在司法实践中进一步总结经验,并上升为司法解释以指导第三人撤销之诉的具体程序构建。

(二)2015年《司法解释》对第三人撤销之诉的程序事项的完善

我国《民事诉讼法》第56条仅勾勒出第三人撤销之诉的基本框架,并未对该诉的具体程序事项进行细化规定,从而将第三人撤销之诉的具体程序构建的任务交给了此后出台的《司法解释》。《解释》于2014年12月18日通过,自2015年2月4日起施行。《司法解释》第292条至第303条对第三人撤销之诉的程序事项进行了较具体而全面的规定,具体而言,从两个方面对第三人撤销之诉的程序事项进行了规定:一是将我国《民事诉讼法》已规定的程序事项具体化;二是补充性地规定了《民事诉讼法》未尽程序事项。但需要指出的是,《司法解释》本身无法逾越《民事诉讼法》构建的第三人撤销之诉的基本制度框架和基础程序定位。因此,《司法解释》更倾向解决具体的司法实践问题,而无法从立法角度构建一套完整的第三人撤销之诉程序体系。

1. 对已有程序事项的具体解释

(1)第三人提起撤销之诉时应提交证据的情形

《司法解释》第292条在《民事诉讼法》第56条第3款有关起诉事由规定的基础上,进一步明确规定提起第三人撤销之诉时应提交证据的3种情形:第一,因不能归责于本人的事由未参加诉讼;第二,发生法律效力的判决、裁定、调解书的全部或者部分内容错误;第三,发生法律效力的判决、裁定、调解书内容错误损害其民事权益。《司法解释》第292条对起诉条件的具体规定,实质上进一步明确了第三人撤销之诉的立案条件。

(2)进一步解释了第三人提起撤销之诉时的事由

针对我国《民事诉讼法》第56条第3款规定的第三人提起撤销之诉的程序事由和实体事由,《司法解释》第295条和第296条分别进行了具体解释。《司法解释》第295条明确了第三人"因不能归责于本人的事由未参加诉讼"的情形,第296条对《民事诉讼法》第56条第3款规定的"部分或者全部内容错误”的判决、裁定、调解书的“部分或者全部内容”进行了解读。

我国《民事诉讼法》规定第三人提起撤销之诉的事由之一是“因不能归责于本人的事由未参加诉讼”，旨在发挥第三人撤销之诉的程序保障作用。然而，由于我国缺失诉讼告知制度，因此判断第三人“因不能归责于本人的事由未参加诉讼”的情形并非易事。《司法解释》第 295 条在总结司法经验的基础上，将“因不能归责于本人的事由未参加诉讼”界定为第三人“无过错或者无明显过错”的情形，具体包括：第一，不知道诉讼而未参加的；第二，申请参加未获准许的；第三，知道诉讼，但因客观原因无法参加的；第四，因其他不能归责于本人的事由未参加诉讼的。从《司法解释》规定的 4 种情形来看，第二种和第三种情形比较容易判断，而对第一种“不知道诉讼”的证明则是一项难题。是采纳没有相反证据证明第三人“知道诉讼”即认定第三人“不知道诉讼”？还是需要第三人有证据证明自己“不知道诉讼”？从证明的可能性来看，第三人无法提供证据证明自己“不知道诉讼”这一消极要件。而如果要求被告提供相反的证据证明第三人知道诉讼而未参加，则证明难度极大，加重了被告的程序负担。究其根源，在于我国民事诉讼中没有与第三人撤销之诉相配套的制度——诉讼告知制度。

我国《民事诉讼法》第 56 条第 3 款规定第三人提起撤销之诉的实体事由是“有证据证明发生法律效力的判决、裁定、调解书的部分或者全部内容错误，损害其民事权益的”，但并未具体规定“部分或者全部内容错误”的判决、裁定、调解书的“部分或者全部内容”之内涵。《司法解释》第 296 条对此进一步作出了解释，规定《民事诉讼法》第 56 条第 3 款规定的判决、裁定、调解书的部分或者全部内容，是指判决、裁定的主文以及调解书中处理当事人民事权利义务的结果。从理论上来看，当事人之间的裁判效力向第三人扩张，一般是裁判主文的认定对第三人发挥效力，但也不排除裁判事由部分的认定对第三人发挥效力。从目前《司法解释》第 296 条的解读来看，显然在我国第三人提起撤销之诉的对象范围仅限于当事人之间生效判决、裁定的主文以及调解书中处理当事人民事权利义务的结果，而不包括裁判事由部分。值得思考的是，在我国是否不允许当事人之间的生效裁判中事由部分的认定对第三人发生效力？抑或是承认当事人之间的生效裁判中事由部分的认定对第三人发生效力但不需要通过第三人撤销之诉进行救济？

(3)裁判方式

《司法解释》第300条对《民事诉讼法》第56条第3款规定的裁判方式进行了更具体的规定,分3种情形规定了不同的裁判方式:第一,请求成立且确认其民事权利的主张全部或部分成立的,改变原判决、裁定、调解书内容的错误部分;第二,请求成立,但确认其全部或部分民事权利的主张不成立,或者未提出确认其民事权利请求的,撤销原判决、裁定、调解书内容的错误部分;第三,请求不成立的,驳回诉讼请求。需要特别注意的是第二种方式,第三人请求撤销当事人之间的生效裁判的诉讼请求成立,但所提出的作为撤销依据的民事权利确认请求却不成立时,或第三人仅将确认民事权利作为撤销生效裁判的事由而未提出确权诉讼请求时,法院仅作出撤销原判决、裁定、调解书内容中错误部分的裁判。这是一种特殊的裁判情形。后续程序如何进行?第三人撤销之诉与后诉的关系如何处理?这些问题都亟待回答。结合第一种裁判情形不难发现,在正常情况下,第三人有关撤销当事人的生效裁判的请求和作为撤销依据的民事权利确权请求皆成立,法院需要对撤销主张、确权主张进行裁判,并改变原判决、裁定、调解书内容中的错误部分。不仅如此,《司法解释》第300条第3款进一步规定了在第三人撤销之诉中法院对原判决、裁定、调解书的内容未改变或者未撤销的部分继续有效,以解决第三人撤销之诉的裁判与原裁判之间的关系。

同时需要注意的是,《司法解释》第300条第2款规定了对法院作出的以上第三人撤销之诉的裁判,当事人可以上诉,这样对第三人撤销之诉的程序进行了定性。

2. 未尽程序事项的补充

(1)明确了立案程序

我国《民事诉讼法》第56条第3款未对第三人撤销之诉的立案方式进行明确规定。其原因在于,我国《民事诉讼法》设置第三人撤销之诉之前,学术界对该诉的性质缺乏深入认识,尽管学者们一致认同该诉是特殊救济,但是否完全按照再审之诉的立案规定对第三人撤销之诉的立案程序进行规定,意见并不统一,因此,在我国《民事诉讼法》设置第三人撤销之诉时,尚无占据绝对优势的理论能够作为界定第三人撤销之诉的性质和指导程序构建的坚实基础。2012年我国《民事诉讼法》设置了第三人撤销之诉之后,在司法实践中各地法院对第三人撤销之诉实行的立案程序各不相同,造成了司法实践的无序。在这种情况下,迫切需要《司法解释》补充规定立案程序。因此,《司法解释》第293条明确了第三人撤销之诉的立案条件和程序。按照该条规定,人民法院应当在收到第三人的起诉状和证据材料之日起5日内将起诉状和证据材料送交对方当事人,对方当事人可以自收到起诉状之日起10日内提出书面意见。人民法院应当对第三人提交的起诉状、证据材料以及对方当事人的书面意见进行审查。必要时,可以询问双方当事人。经审查,符合起诉条件的,人民法院应当在收到起诉状之日起30日内立案。不符合起诉条件的,应当在收到起诉状之日起30日内裁定不予受理。

从规定来看,对第三人撤销之诉的立案实行的是审查制,而非登记制。从审查来看,原则上实行书面审查,必要时才询问双方当事人。这与我国《民事诉讼法》第203条[1]和第204条[2]规定的启动再审的立案程序极为相似。但从理论上来看,再审之诉有两个阶段:一是再审事由审查阶段;二是具备再审事由下的再审阶段。从司法实践来看,第一个阶段采取的是听证程序,合议庭当庭听取双方当事人的意见,在此基础上对有无再审事由进行裁判。目前,不采取普通的审判程序而采取听证程序对有无再审事由进行审查的方式在司法实践中并不存在较明显的程序缺陷;从再审事由的审查来看,除因证据导致的事实认定不清楚外,其他的事实问题或者纯粹的程序问题等,完全可以通过听证程序审查清楚。然而,就第三人撤销之诉而言,提起第三人撤销之诉的事由分为程序事项和实体事项,程序事项“因不能归责于本人的事由未参加诉讼”,通过书面审查或者询问当事人比较容易作出判断,但对于实体事项“发生法律效力的判决、裁定、调解书的全部或者部分内容错误”和“发生法律效力的判决、裁定、调解书内容错误损害其民事权益”,仅通过书面审查即作出裁判则并不容易,对实体事项审查的程度越深,对第三人的程序保障就越弱,越不利于对第三人实体权益的保护。

---

〔1〕《民事诉讼法》第203条规定:“当事人申请再审的,应当提交再审申请书等材料。人民法院应当自收到再审申请书之日起五日内将再审申请书副本发送对方当事人。对方当事人应当自收到再审申请书副本之日起十五日内提交书面意见;不提交书面意见的,不影响人民法院审查。人民法院可以要求申请人和对方当事人补充有关材料,询问有关事项。”

〔2〕《民事诉讼法》第204条第1款规定:“人民法院应当自收到再审申请书之日起三个月内审查,符合本法规定的,裁定再审;不符合本法规定的,裁定驳回申请。有特殊情况需要延长的,由本院院长批准。”

(2)明确了审判组织

我国《民事诉讼法》第 56 条第 3 款规定了第三人撤销之诉的管辖法院为作出生效裁判的法院,但未规定第三人撤销之诉的审判组织。是否按照普通程序的规定组成审判庭?对此,《司法解释》第 294 条进行了明确规定,即人民法院应当组成合议庭开庭审理第三人撤销之诉,排除了独任制,符合第三人撤销之诉的程序特殊性。然而,《司法解释》依然未明确第三人撤销之诉归属于哪个审判庭审理,是普通的民事审判庭,还是审判监督庭?

(3)明确了第三人撤销之诉的适用范围

我国《民事诉讼法》第 56 条第 3 款仅原则性地规定了第三人撤销之诉适用于判决、裁定和调解书。因此,在我国《民事诉讼法》设置了第三人撤销之诉之后,学术界对该诉适用的裁判范围进行了激烈讨论。讨论主要集中在两点:第一,第三人撤销之诉如何适用于裁定?第二,应否将仲裁裁决纳入第三人撤销之诉的撤销范围?然而,《司法解释》出台时回避了这两个焦点问题,而是在我国《民事诉讼法》第 56 条第 3 款规定的基础上,《司法解释》第 297 条利用排除式的规定方式限定了判决和裁定的具体范围。具体而言,主要通过排除法排除了 4 种情形的裁判:第一,适用特别程序、督促程序、公示催告程序、破产程序等非讼程序处理的案件;第二,婚姻无效、撤销或者解除婚姻关系等判决、裁定、调解书中涉及身份关系的内容;第三,我国《民事诉讼法》第 54 条规定的未参加登记的权利人对代表人诉讼案件的生效裁判;第四,我国《民事诉讼法》第 55 条规定的损害社会公共利益行为的受害人对公益诉讼案件的生效裁判。从规定来看,《司法解释》似乎默认了以上情形之外的裁定皆属于第三人撤销之诉的适用范围。而且,仲裁裁决依然被排除在第三人撤销之诉的适用范围之外。

(4)明确了当事人

我国《民事诉讼法》第 56 条第 3 款并没有对第三人撤销之诉的被告作出规定,因此,《司法解释》在第 298 条对此进行了细化规定。第三人提起撤销之诉时,人民法院应当将该第三人列为原告,将生效判决、裁定、调解书的当事人列为被告,将生效判决、裁定、调解书中没有承担责任的无独立请求权的第三人列为第三人。从规定来看,简单明了,生效裁判的原告、被告、有独立请求权的第三人和被判令承担责任的无独立请求权的第三人都具有被告身份。但深层次的问题在于,作为第三人撤销之诉原告的第三人与生效裁判中有独立请求权的第三人和无独立请求权的第三人之间的法律关系是什么？程序地位如何？

(5)明确了提起第三人撤销之诉的法律效果

所谓提起第三人撤销之诉的法律效果，是指第三人提起撤销之诉之后，对当事人之间生效裁判的影响。如果第三人提起撤销之诉时，当事人之间的裁判或者调解书已经履行完毕或者执行完毕，则第三人提起撤销之诉这一诉讼行为本身不会对当事人之间的生效裁判造成影响。但是，如果第三人提起撤销之诉时当事人之间有关生效裁判的执行程序已经开始，那么第三人撤销之诉对当事人之间的生效裁判的执行程序则会产生相应的法律效果。按照《司法解释》第 299 条的规定，受理第三人撤销之诉案件后，原告提供相应担保，请求中止执行的，人民法院可以准许。

从规定来看，第三人提起撤销之诉之后，原则上并不影响原当事人之间生效裁判的执行，仅在第三人撤销之诉的原告即原诉的第三人提供担保的情况下，人民法院才可以准许中止执行。这与我国《民事诉讼法》第 206 条有关决定再审裁定对生效裁判的影响之规定不同。按照该法第 206 条的规定，原则上按照审判监督程序决定再审的案件，裁定中止原判决、裁定、调解书的执行（追索赡养费、扶养费、抚育费、抚恤金、医疗费用、劳动报酬等案件，可以不中止执行）。而按照《司法解释》第 299 条的规定，第三人提起撤销之诉之后原则上不停止生效裁判的执行，很可能导致的后续问题是，第三人在提起撤销之诉之后，为了阻止当事人之间生效裁判的强制执行，不得不按照我国《民事诉讼法》第 227 条的规定提出中止执行的执行异议，执行法院对执行异议进行审查并作出裁定。看似《司法解释》第 299 条的规定实现了《民事诉讼法》第 56 条与第 227 条的有效衔接，赋予了第三人对生效裁判的强制执行进行临时救济的权利；但从程序的运行角度来看，实质上将简单问题复杂化了，对第三人来说，多阶段的救济方式程序烦琐，对原当事人来说，则是一种需要持续应对第三人救济的程序负担。尤其是，按照我国《民事诉讼法》的规定，第三人撤销之诉的管辖法院是作出生效裁判的法院，而民事生效裁判的执行法院则是第一审人民法院或者与第一审人民法院同级的被执行财产所在地的人民法院，这意味着在很多情况下第三人撤销之诉的管辖法院与生效裁判的执行法院不是同一法院，往往是上下级法院，多阶段救济加剧了第三人和原当事人的程序负担。况且，管辖法院对第三人撤销之诉立案时的审查对象与执行法院对中止执行申请的审查对象并无不同,在第三人撤销之诉的管辖法院与生效裁判的执行法院是同一法院时,是否存在审判庭与执行庭对案件进行内部沟通的可能?在第三人撤销之诉的管辖法院与生效裁判的执行法院是上下级法院关系时,作为第三人撤销之诉管辖法院的上级法院的立案裁定会不会无形地影响执行法院在作执行裁定时的判断?如果真实存在,多阶段的救济则只是一种形式而已。

从我国目前对第三人撤销之诉立案时的审查条件来看,法院能将第三人提起的撤销之诉予以立案,一般是已经对第三人据以提起撤销之诉的实体权利状况进行了审查,完全可以在此基础上进一步作出是否中止执行的裁定,而不需要留待在执行程序中由第三人提起执行异议来解决生效裁判是否需要中止的问题。至于第三人是否必须提供担保,这个问题值得讨论。尽管考虑到减缓第三人提起撤销之诉对当事人之间生效裁判的冲击,规定"原告提供相应担保"似乎较妥当,但却加重了第三人提起撤销之诉的负担。

(6)厘清了第三人撤销之诉与当事人之间的再审之诉的关系

第三人撤销之诉是一种于事后保护第三人利益的救济方式,第三人通过提起撤销之诉来撤销当事人之间的错误生效裁判对自身的效力。但如果当事人亦认为他们之间的生效裁判存在错误,很可能会提起再审之诉。此时,就会出现针对同一生效裁判而提起的第三人撤销之诉与当事人之间的再审之诉并存的局面。为解决这一问题,《司法解释》第 301 条和第 302 条进行了规定。

按照《司法解释》第 301 条的规定:第一,如果在第三人撤销之诉案件的审理期间,人民法院对生效判决、裁定、调解书裁定再审的,那么受理第三人撤销之诉的人民法院应当裁定将第三人的诉讼请求并入再审程序。第二,有证据证明原审当事人之间恶意串通损害第三人合法权益的,则不将第三人的诉讼请求并入再审程序,而是由人民法院先行审理第三人撤销之诉,裁定中止再审诉讼。该条规定的理论基础在于,事前未参加当事人之间诉讼的第三人提起撤销之诉实为当事人之间裁判生效之后"迫不得已"而进行的事后救济,一旦当事人之间的生效裁判进入再审程序,则第三人有可能重新获得于事前参加当事人之间诉讼的机会,也就没有继续进行第三人撤销之诉之必要。在此基础上,《司法解释》第 302 条对并入再审程序审理的第三人诉讼请求在不同情形下的处理方式进行了规定:第一,按照第一审程序审理的,人民法院应当对第三人的诉讼请求一并审理，所作的判决可以上诉；第二，按照第二审程序审理的，人民法院可以调解，调解达不成协议的，应当裁定撤销原判决、裁定、调解书，发回一审法院重审，重审时应当列明第三人。

但需要指出的是，由于再审之诉的管辖法院与第三人撤销之诉的管辖法院往往不是同一法院，而是上下级法院，此时，有关上下级法院之间的协调就会出现一定的问题。“受理第三人撤销之诉的人民法院应当裁定将第三人的诉讼请求并入再审程序”中的裁定如何作出？如果第三人撤销之诉的管辖法院与再审之诉的管辖法院为同一法院则不存在问题，而一旦第三人撤销之诉的管辖法院是受理再审之诉的法院的下级法院，那么下级法院如何通过裁定的方式将案件直接移送到上级法院？

(7)明确了第三人撤销之诉与案外人再审之诉的关系

综观我国民事诉讼中第三人利益保护体系的构建进程，可以发现在不具备设置独立的第三人撤销之诉的立法条件下，在原有的案外人救济制度和再审之诉的基础上，设置与第三人撤销之诉的功能相同的案外人再审之诉实属无奈之举。然而，随着 2012 年我国《民事诉讼法》修改时设置了第三人撤销之诉，同为第三人利益事后救济制度的第三人撤销之诉与案外人再审之诉之间就产生了矛盾。因此，在设置第三人撤销之诉之后，学术界和实务界一直致力于探索解决第三人撤销之诉与案外人再审之诉被重复提起问题的方案。在学术界的学术探讨和实务界的实践摸索的基础上，《司法解释》第 303 条对第三人撤销之诉与案外人再审之诉的关系进行了专门规定。

在《民事诉讼法》设置第三人撤销之诉之前，我国存在 3 种案外人再审之诉，我国《民事诉讼法》第 227 条规定的执行异议下的案外人再审之诉、《审判监督程序若干问题的解释》第 5 条规定的案外人再审之诉和《民事诉讼法》第 200 条第 8 项规定的未参加诉讼的必要共同诉讼人提起的案外人再审之诉。在上述 3 种案外人再审之诉中，存在与第三人撤销之诉救济重复可能性的主要是《民事诉讼法》第 227 条规定的执行异议下的案外人再审之诉和 2008 年《审判监督程序若干问题的解释》第 5 条规定的案外人再审之诉。因为必要共同诉讼人本来不属于我国第三人撤销之诉的适格主体，因此，不存在同时提起再审之诉和撤销之诉的可能。

第三人撤销之诉与我国《民事诉讼法》第 227 条规定的执行异议下的案外人再审之诉被重复提起的可能性有两种：一种是第三人先提起了撤销之诉，但按照目前的法律规定,第三人提起撤销之诉后原则上不停止原生效裁判的执行,如果第三人作为撤销之诉的原告申请中止执行,则需要提供相应的担保,在不具备提供担保能力的情况下,第三人则会按照我国《民事诉讼法》第227条的规定提出执行异议,申请中止执行。同时,按照该条规定,对于执行裁定不服的,案外人可以对原判决、裁定、调解书申请再审,因此案外人提起再审之诉时,就会出现第三人撤销之诉与案外人再审之诉被重复提起的局面。另一种是第三人在未提起撤销之诉的情况下,在当事人之间生效裁判执行过程中发现自己的合法权益遭受到损害,遂按照我国《民事诉讼法》第227条的规定提出执行异议,申请中止执行。案外人对人民法院驳回其执行异议裁定不服,认为原判决、裁定、调解书内容错误损害其合法权益的,根据我国《民事诉讼法》第227条的规定申请再审,此后再依据该法第56条的规定提起第三人撤销之诉,此时,亦会出现第三人撤销之诉与案外人再审之诉被重复提起的局面。

针对上述两种情形,《司法解释》第303条专门作出了规定:第一,第三人提起撤销之诉后,未中止生效判决、裁定、调解书执行的,执行法院对第三人依照我国《民事诉讼法》第227条的规定提出的执行异议,应予审查。第三人不服驳回执行异议裁定,申请对原判决、裁定、调解书再审的,人民法院不予受理。第二,案外人对人民法院驳回其执行异议裁定不服,认为原判决、裁定、调解书内容错误损害其合法权益的,应当根据我国《民事诉讼法》第227条的规定申请再审,提起第三人撤销之诉的,人民法院不予受理。由此,在保留案外人再审之诉的前提下,在形式上解决了两者之间的矛盾。

第三人撤销之诉与2008年《审判监督程序若干问题的解释》第5条规定的案外人再审之诉亦有被重复提起的可能性,该可能性表现为,第三人依据《审判监督程序若干问题的解释》第5条的规定提起了案外人再审之诉,败诉后又依据《民事诉讼法》第56条的规定提起第三人撤销之诉。由于2008年《审判监督程序若干问题的解释》第5条规定案外人再审之诉适用的前提是“无法提起新的诉讼解决争议的”,因此可以认为不存在先提起第三人撤销之诉后提起案外人再审之诉的可能性。针对第三人撤销之诉与2008年《审判监督程序若干问题的解释》第5条规定的案外人再审之诉可能被重复提起的问题,《司法解释》并没有作出规定,没有回答第三人依据2008年《审判监督程序若干问题的解释》第5条规定提起案外人再审之诉后还能否再提起第三人撤销之诉的问题。随着最高人民法院《关于修改〈最高人民法院关于人民法院民事调解工作若干问题的规定〉等十九件民事诉讼类司法解释的决定》于2021年1月1日施行,2008年《审判监督程序若干问题的解释》第5条被生硬地删除,依据该条规定提起案外人再审之诉时与第三人撤销之诉可能存在的重复提起问题也就被简单地解决了。

第二节　第三人撤销之诉程序运行的司法现状

一、研究方法、资料来源及其研究方案

(一)研究方法

为揭示第三人撤销之诉程序运行的司法现状,笔者采取了广义上的实证分析法,即包括了数据收集分析、访谈、实地调研和案例分析等方法。其中,数据收集和分析是主要的研究方法,通过收集全国各级人民法院有关第三人撤销之诉的裁判并进行数据分析,从不同角度揭示第三人撤销之诉的司法现状,而后结合立法现状,寻找第三人撤销之诉司法现状的成因。该研究方案的可行性源于两个方面:一是我国目前实行全面的裁判文书在线公开,全国各级人民法院的裁判文书统一发布到"中国裁判文书网",尽管可能存在不完全上传、选择上传等各种问题,但已上传的具有一定规模的第三人撤销之诉的裁判文书完全可以满足分析司法现状的需要。二是第三人撤销之诉在我国确立并运行的时间不长,在第三人撤销之诉运行的几年时间内,在全国范围内各级人民法院所裁判的第三人撤销之诉案件的数量相对不大,具有全面分析的可能性。

除数据收集和分析外,为了解法院对第三人撤销之诉运行现状的认识,笔者还进行了访谈和实地调研。通过访谈和实地调研,深入了解一线法官对第三人撤销之诉运行现状的认识,听取一线法官总结的第三人撤销之诉在司法实践中存在的程序问题,并与通过数据分析所得出的有关全国范围内的第三人撤销之诉运行现状的结论进行比对;同时,为了对第三人撤销之诉的具体程序进行分析,还采取了案例分析法,深入挖掘具体程序问题的表现和成因,寻找具体的解决方案。

(二)资料来源及说明

有关司法现状分析的资料来源有两种途径:一是在"中国裁判文书网"上收集全国范围内各级人民法院的第三人撤销之诉的裁判,以便对全国范围内

第三人撤销之诉的司法状况进行全面掌握;二是通过访谈和实地调研收集某一人民法院受理和裁判第三人撤销之诉的相应资料,以便有针对性地深入分析第三人撤销之诉程序运行的具体状况。具体而言,分3次收集了中国裁判文书网上2013~2018年第三人撤销之诉的裁判。为了收集具有代表性的案例,主要对S省X市中级人民法院受理和裁判的第三人撤销之诉运行情况进行访谈和实地调研。下面重点介绍在中国裁判文书网上3次收集2013~2018年第三人撤销之诉的裁判的情况。

2016年8月5日在中国裁判文书网上,在民事案件中通过搜索关键词"第三人撤销之诉",显示2013年的裁判总数为100件,2014年为809件,2015年为1383件,2016年为879件(在数据收集之后,2013年、2014年、2015年上传的裁判尤其是2015年的裁判数量不断发生变化,这应该与补传或者删除重复上传数据有关)。收集数据的截止时间为2016年8月8日12:00,共收集裁判总数3171件,其中,收集了2013年、2014年和2016年的全部有效数据,因网站访问受限未能收集2015年8月8日至2015年11月10日的裁判文书。

随着司法实践的不断推进,从2018年11月26日开始进行第二次数据收集。首先收集2017年和2018年的第三人撤销之诉的裁判文书。截至2018年12月4日22:00,2018年全部裁判文书下载完成,共下载裁判总数为3424件。截至2019年2月12日22:00,2017年全部裁判文书下载完成,共下载裁判总数为4542件。之后补充收集2015年和2016年未完全收集的数据,截至2019年2月19日22:00,全部收集了2015年8月8日至11月10日的裁判共380件;截至2019年2月20日22:00,2016年8月9日至12月31日的裁判文书下载完成,共1610件。

鉴于2016年8月8日将2013年和2014年的全部数据以及2015年和2016年的部分数据收集之后,收集过的年份的裁判数据发生了变化,因此,于2019年5月11日开始重新收集2013年、2014年、2015年1月1日至8月8日、2015年11月11日至12月31日、2016年1月1日至8月8日的数据,截至2019年5月19日22:00,以上全部数据下载完成,2013年的裁判总数为109件,2014年的裁判总数为855件,2015年1月1日至8月8日的裁判总数为961件,2015年11月11日至12月31日的裁判总数为494件,2016年1月1日至8月8日的裁判总数为1303件。

将3次收集的数据合并，共收集2013～2018年的第三人撤销之诉的裁判总数为13,678件，筛除无效数据，最终实际作为分析标本的裁判总数为9979件，具体年份分布为：2013年67件、2014年595件、2015年1040件、2016年1965件、2017年3831件、2018年2481件。

（三）实际数据分析方案

在进行数据分析时，根据第三人撤销之诉的立法进程，寻找一个数据分析的时间节点，以便对数据进行对比分析，该节点为《司法解释》实施的节点——2015年2月4日。尔后，分为三个方面具体分析2013～2018年第三人撤销之诉的全部裁判。

1. 总量分析

通过分析全国法院2013～2018年第三人撤销之诉的裁判总数，揭示目前我国第三人撤销之诉在司法实践中被提起的总体状况。在此基础上，重点分析全国法院2013～2018年第三人撤销之诉的一审程序、二审程序中不予受理（驳回起诉）裁定数量与判决数量之比的变动情况，整体揭示第三人撤销之诉的立案情况和实体裁判的情况。

2. 对裁定的分析

裁定是法院在审理民事案件时为解决诉讼程序事项所作的判定，通过分析民事裁定的具体内容，可以揭示具体诉讼程序在司法实践中的运行现状，并进一步定位具体诉讼程序的立法问题。从第三人撤销之诉的程序构建角度，分五个方面对第三人撤销之诉的裁定进行分析。

第一，对裁定的总量分析。对每年作出裁定的具体情况进行分析的重点在于，分析全国各级人民法院作出第三人撤销之诉裁定的事由。对裁定的事由进行深入分析，可以直观呈现我国第三人撤销之诉程序运行的司法现状，尤其是起诉、受理状况，在此基础上总结目前第三人撤销之诉程序运行中的问题。

第二，对一审、二审程序中因主体原因和客体原因作出的不予受理或驳回起诉裁定的总量分析。第三人撤销之诉作为一种特殊的事后救济之诉，其主体要件和客体要件皆有自身的特点，且集中反映了第三人撤销之诉的特殊之处。通过分析一审、二审程序中因主体原因和客体原因作出的不予受理或驳回起诉裁定总量，可探知第三人撤销之诉被不予受理或者驳回起诉的主要原因，并将其作为进一步分析第三人撤销之诉被不予受理或者驳回起诉的具体原因的基础。

第三,对因主体原因被不予受理或者驳回起诉的裁定的具体原因的分析。在对因主体原因被不予受理或者驳回起诉的裁定进行总量分析之后,对具体的主体原因进行分析,目的在于定位目前有关原告资格规定的立法问题,寻找完善立法的方案。

第四,对因客体原因不予受理或者驳回起诉的裁定的具体原因进行分析。在设置第三人撤销之诉之初,立法仅对该诉的客体范围进行了原则性规定,直到 2015 年《司法解释》的出台,第三人撤销之诉的客体范围才在一定程度上得以明确,但并没有从根本上解决第三人撤销之诉的客体范围不明确的问题,且客体范围过于狭窄的问题始终没有被重视。目前,有关第三人撤销之诉的客体要件的立法问题必然会在司法实践中有所体现。通过分析因客体原因不予受理或者驳回起诉的裁定的具体原因,有助于提出明确第三人撤销之诉的客体范围的立法方案。

第五,对第三人以虚假诉讼为事由提起的撤销之诉却因原告不适格被驳回的情况分析。由于我国立法将第三人撤销之诉限定为有独立请求权的第三人和无独立请求权的第三人,很可能因我国第三人制度范围的狭小而将诉讼欺诈中的第三人排除在救济范围之外。因此,对相关数据进行专门分析,可以揭示该立法问题在司法实践中的具体体现,以此为基础提出具体的立法完善方案。

3. 对判决的分析

对第三人撤销之诉的判决进行分析,重点分析第三人撤销之诉判决中对第三人提起的撤销请求的驳回率和支持率、第三人提起撤销之诉的事由和第三人撤销之诉的裁判的具体情况。

第一,对撤销原生效裁判请求的支持率和驳回率的总体变动情况的分析。通过分析撤销原生效裁判请求的支持率和驳回率的总体变动情况,可窥见设置第三人撤销之诉的必要性和该诉目前在司法实践中的实效性,也可以客观衡量第三人撤销之诉程序构建现状对该诉功能发挥所产生的影响,以及定位具体的程序构建缺陷,进一步提出完善程序的建议。

第二,对提起第三人撤销之诉的事由分析。欲深入研究第三人撤销之诉的原告适格条件和客体范围问题,就必须与第三人提起撤销之诉的具体事由和其背后所要保护的权利联系起来进行更深入的分析。因此,对 2013 ~

2018 年所有判决中第三人提起撤销之诉的事由进行统计,有助于深入了解司法实践中第三人诉请保护的具体权利和相应事由,在此基础上研究不同案件类型中的原告适格条件和在整体上研究第三人撤销之诉的客体范围问题。

第三,对撤销调解书的判决数量占撤销原生效裁判、调解书总量比例的分析。尤其是可以在此基础上进一步分析法院调解中经常会出现的利用诉讼损害第三人利益的情形,在对其分析的基础上寻找法院调解工作防范损害第三人利益的具体方式和途径。

第四,对仅撤销原裁判的判决与处理原案的判决的比例进行分析。在第三人撤销之诉中,第三人不仅提出撤销原生效判决中对其不利部分的主张,也提出实体法上的权利主张,通过对实体法上的权利主张的确认来达到撤销或者变更原生效判决的效果。相较其他普通诉讼而言,第三人撤销之诉的裁判范围和裁判方式更需要重点研究。

第五,对认定虚假诉讼的判决的分析。在对第三人撤销之诉的裁判进行分析时,有必要专门统计有关虚假诉讼的数据,了解第三人撤销之诉应对虚假诉讼的情况,同时为法院提供在裁判过程中防范虚假诉讼的方案。

二、2013 ~ 2018 年第三人撤销之诉的司法状况数据分析

(一)2013 ~ 2018 年第三人撤销之诉的裁判总量分析

在中国裁判文书网上,在民事案件中通过搜索关键词"第三人撤销之诉",分 3 次共收集 2013 ~ 2018 年的第三人撤销之诉的裁判总数为 13,678 件,筛除无效数据,最终实际作为分析标本的裁判总数为 9979 件,具体年份分布为:2013 年 67 件、2014 年 595 件、2015 年 1040 件、2016 年 1965 件、2017 年 3831 件、2018 年 2481 件。但需要指出的是,在数据收集之后,每年上传的裁判数量仍会不断发生变化,主要与补传或者删除重复上传的数据有关。但由于数据分析的重点不在于简单分析 2013 ~ 2018 年第三人撤销之诉案件的总量,而是在总量分析的基础上分析裁定与判决的数量之比,故,因以上因素导致的总量数据不精确的问题并不会对分析结果产生影响(见图 2 - 1)。

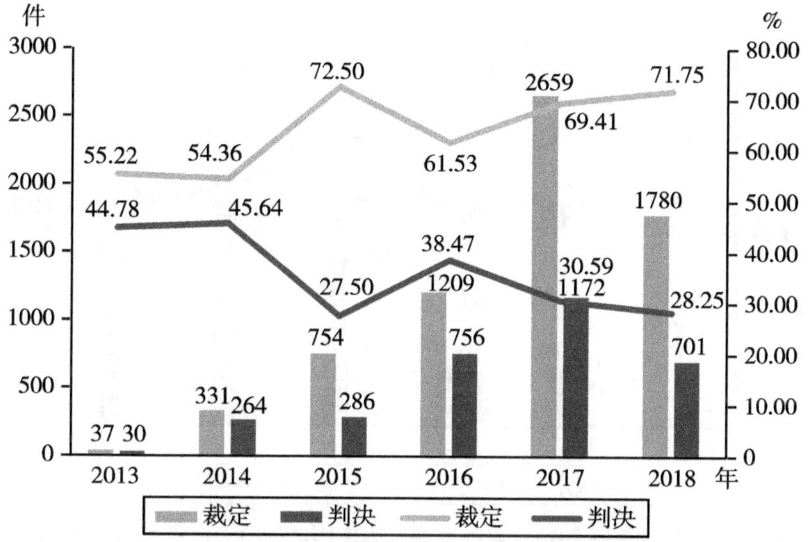

图 2－1　全国法院 2013～2018 年第三人撤销之诉裁判总量分析

从图 2－1 中裁判数量日趋增多的变化趋势不难看出，自 2013 年第三人撤销之诉运行以来，案件数量急剧增加。如果说 2013 年第三人撤销之诉初运行时，该诉因不被熟知而较少被提起，那么从 2014 年起，第三人撤销之诉的案件数量则逐年大幅增加。2013～2018 年第三人撤销之诉的裁判数量急剧增加的趋势表明了案外人通过提起第三人撤销之诉保护自身合法权益的需求旺盛，体现出第三人撤销之诉在民事诉讼第三人利益事后保护方面的作用越来越重要，亦可反映出当事人和律师可以越来越熟练地运用第三人撤销之诉。

由图 2－2 可见，自 2013～2018 年，每年一审程序中不予受理、驳回起诉裁定或者二审程序中维持一审不予受理、驳回起诉裁定的裁定数量之和与当年第三人撤销之诉判决总量之比皆高于 40%，即 40% 以上的第三人提起的撤销之诉因不符合起诉条件而被不予受理或者驳回，2015 年、2017 年和 2018 年该比例甚至高达 50% 以上。粗略统计，近一半的第三人撤销之诉案件实质上无法进入实体事项的审理阶段。

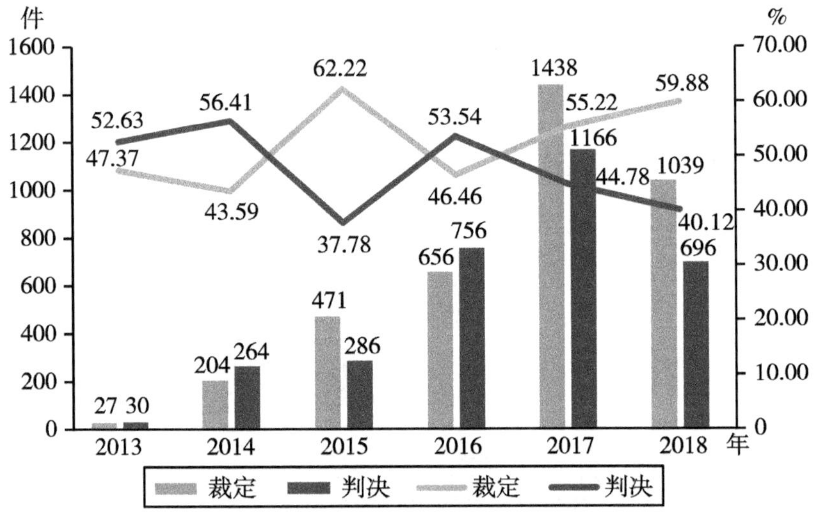

图 2-2 全国法院 2013~2018 年第三人撤销之诉的一审程序、二审程序中不予受理(驳回起诉)裁定数量与判决数量对比

造成这种现状的原因可能有 3 点:第一,第三人撤销之诉的特质使然。第三人撤销之诉是一种于事后保护第三人利益的特殊救济方式,与第三人另行起诉保护自身的合法权益不同,法律规定了更严格的起诉条件,第三人撤销之诉相较另行起诉而言,提起难度更大,是平衡保护第三人和原诉讼当事人的利益的需要。但需要指出的是,不能简单地将第三人撤销之诉与再审之诉的受理比例进行对比,也不能因为目前受理第三人撤销之诉的比例远远大于决定再审的比例就认为当前第三人撤销之诉的受理状态良好。如前所述,尽管第三人撤销之诉和再审之诉(不包括案外人再审之诉)同样面临推倒生效裁判既判力的问题,但是两者对生效裁判的既判力的影响不同,前者仅请求撤销生效裁判中对第三人的效力,而后者则是将生效裁判的既判力完全推倒。况且,两者保护当事人利益的情形不同。在第三人撤销之诉中,第三人的实体利益被初次救济,第三人享有的是起诉权;而在再审之诉中,除应当参加而未参加诉讼的当事人外,其提起再审之诉的原因在于,认为生效裁判中存在实体事项不清或者错误、程序事项错误或者法律适用错误等,当事人的诉权在前期诉讼中已经得到了充分保障,面对再审申请,法院决定再审的条件理应严苛。第二,对第三人撤销之诉的现有立案条件的把握过于严格。尽管第三人撤销之诉的裁定是依据我国《民事诉讼法》和《司法解释》的有关规定作出的,但由于目前在司法实践中对法律规定的立案条件的把握过于严格,导致部分需要实体审理方能探知的事实在立案阶段经形式审查即被判定。加之目前法律规定的起诉条件有诸多模糊之处,为法院严格把握立案条件创造了可能性,导致应该被纳入第三人撤销之诉救济范围的案件未被受理。第三,第三人滥用诉权,随意提起第三人撤销之诉。由于我国尚不存在健全的第三人滥用诉权的防范和惩戒机制,因此不排除第三人随意提起了部分不符合受理条件的第三人撤销之诉。总而言之,导致2013~2018年第三人撤销之诉的裁定与判决的比例居高不下的状况有多方面的成因,但不可忽视的是,第三人撤销之诉本身的程序构建问题和现有立法的不完善之处直接反映在了司法实践之中。

(二)对裁定的分析

1. 对裁定的总量分析

大多数民事裁定是法院在审理民事案件时为解决诉讼程序事项所作的判定,通过分析民事裁定的具体内容,可以揭示具体诉讼程序在司法实践中的运行现状,并进一步定位具体诉讼程序的立法问题。因此,在对2013~2018年第三人撤销之诉的裁判进行分析时,重点锁定第三人撤销之诉的裁定,通过分析第三人撤销之诉的裁定来展现第三人撤销之诉的具体程序在司法中的运行现状,并进一步揭示第三人撤销之诉的程序在构建过程中存在的立法问题。2013~2018年裁定结果统计情况如表2-1至表2-16所示。

表2-1 2013年裁定结果统计

单位:件

原因	一审		二审		再审
	驳回起诉	不予受理	驳回上诉,维持原一审驳回起诉裁定	驳回上诉,维持原一审不予受理裁定	驳回再审申请
主体条件不足	5	2	3	6	1
客体条件不足	1	1	0	2	0
期间条件不足	0	1	0	2	0
管辖有误	0	0	0	0	0

续表

<table>
<tr><td rowspan="2">原因</td><td colspan="2">一审</td><td colspan="2">二审</td><td>再审</td></tr>
<tr><td>驳回起诉</td><td>不予受理</td><td>驳回上诉，维持原一审驳回起诉裁定</td><td>驳回上诉，维持原一审不予受理裁定</td><td>驳回再审申请</td></tr>
<tr><td>已经提起执行异议，应提起案外人再审之诉</td><td>0</td><td>1</td><td>1</td><td>0</td><td>0</td></tr>
<tr><td>原生效裁判已经进入再审程序</td><td>0</td><td>0</td><td>0</td><td>0</td><td>0</td></tr>
<tr><td>已经提起案外人再审之诉</td><td>1</td><td>0</td><td>0</td><td>1</td><td>0</td></tr>
<tr><td colspan="3">其他</td><td colspan="3">合计</td></tr>
<tr><td colspan="3">撤诉（主动申请、未交费）</td><td colspan="3">6（5、1）</td></tr>
<tr><td colspan="3">被告提出管辖权异议</td><td colspan="3">1</td></tr>
<tr><td colspan="3">中止诉讼</td><td colspan="3">1</td></tr>
<tr><td colspan="3">不能溯及既往</td><td colspan="3">1</td></tr>
</table>

共计：37 件

2013 年合计：37 件

表 2-2　2014 年一审裁定结果统计

单位：件

原因	一审	
	不予受理	裁定驳回起诉
主体条件不足	31	35
客体条件不足	7	7
期间条件不足	4	14
管辖有误	0	0
已经提起执行异议，应提起案外人再审之诉	0	1
所涉法律关系的诉讼已经受理，属于重复诉讼	1	0
已经提起案外人再审之诉	0	1

续表

原因	一审	
	不予受理	裁定驳回起诉
其他		合计
撤诉(主动申请、原告不到庭、未交费)		42(36、1、5)
被告提出管辖权异议		1
移送管辖		1
简易程序转为普通程序		1
不能溯及既往		1

共计:147 件

表 2-3 2014 年二审裁定结果统计

单位:件

原因	二审			
	驳回上诉,维持原一审不予受理裁定	驳回上诉,维持原一审驳回起诉裁定	撤销原裁定,指令受理、审理	撤销原判决,驳回起诉
主体条件不足	22	26	17	4
客体条件不足	13	4	3	1
期间条件不足	12	9	3	3
管辖有误	0	0	0	0
所涉法律关系的诉讼已经受理,属于重复诉讼	3	1	0	0
已经提起执行异议,应提起案外人再审之诉	1	2	0	0
已经提起案外人再审之诉	0	2	1	0
其他			合计	
撤诉(主动申请、未交费)			11(10、1)	
违反法定程序(发回重审)			14	

续表

原因	二审			
	驳回上诉，维持原一审不予受理裁定	驳回上诉，维持原一审驳回起诉裁定	撤销原裁定，指令受理、审理	撤销原判决，驳回起诉
事实认定不清(发回重审)			5	
被告提出管辖权异议			4	

共计:161 件

表 2-4　2014 年再审裁定结果统计

单位:件

原因	再审		
	裁定驳回	裁定审理	裁定撤销原裁定，指令审理
主体条件不足	6	0	0
客体条件不足	6	0	0
期间条件不足	1	0	0
管辖有误	0	0	0
所涉法律关系的诉讼已经受理，属于重复诉讼	1	0	0
再审申请没有被支持(原生效裁判当事人)	1	0	0
再审申请被支持	0	4	0
其他			合计
撤销再审申请(主动申请)			2
事实认定不清(违反法定程序)			1
另行组成合议庭再审			1

共计:23 件

2014 年合计:331 件

表 2-5　2015 年一审裁定结果统计

单位:件

原因	一审	
	不予受理	驳回起诉
主体条件不足	61	99
客体条件不足	23	18
期间条件不足	9	14
管辖有误	1	0
已经提起执行异议,应提起案外人再审之诉	6	6
应提起案外人执行异议之诉而非第三人撤销之诉	1	1
已经提起案外人再审之诉	0	0
再审已经提起,裁定并入再审*	0	5
已经另案提起确权诉讼并败诉(先中止)	0	0
已提出执行异议之诉	1	2
所涉法律关系的诉讼已经受理,属于重复诉讼	1	1
涉嫌犯罪	0	1
其他		合计
撤诉(主动申请、和解、未交费)		106(91、3、12)
不能送达		2
简易程序转为普通程序		7
中止诉讼		18
被告提出管辖权异议		2
不能溯及既往		2

共计:387 件

* 裁定并入诉讼请求:1 件。

表2-6　2015年二审裁定结果统计

单位:件

原因	二审			
	驳回上诉,维持原一审不予受理裁定	驳回上诉,维持原一审驳回起诉裁定	撤销原裁定,指令受理、审理	撤销原判决,驳回起诉
主体条件不足	81	34	24	15
客体条件不足	22	9	4	2
期间条件不足	13	13	3	5
管辖有误	1	0	2	1
已经提起执行异议,应提起案外人再审之诉	7	11	1	0
已经提起案外人再审之诉	0	1	0	1
应提起案外人执行异议之诉而非第三人撤销之诉	1	2	0	0
所涉法律关系的诉讼已经受理,属于重复诉讼	2	0	1	0
其他			合计	
撤诉(主动申请、未交费、上诉人不到庭)			18(10、7、1)	
不能送达			1	
违反法定程序(发回重审)			9	
事实认定不清(发回重审)			14	
撤销原判决,准许撤回起诉*			3	
被告提出管辖权异议			2	

共计:303件

*在第三人撤销之诉的上诉审中,第三人与原生效裁判的第三人达成和解以解决三者之间的原纠纷,因此撤销上诉的同时,撤销一审法院作出的撤销原民事调解书的判决。

表 2-7　2015 年再审裁定结果统计

单位:件

原因	再审		
	裁定驳回	裁定审理	裁定撤销原判,发回重审
主体条件不足	17	0	0
客体条件不足	14	0	0
期间条件不足	9	0	0
已经提起执行异议,应提起案外人再审之诉	2	0	0
再审申请被支持		9	0
事实认定不清		0	2
再审申请没有被支持(原生效裁判当事人)	5	0	0
其他			合计
撤销再审申请			5
违背再审的诚实信用,在上诉后撤诉			1

共计:64 件

2015 年合计:754 件

表 2-8　2016 年一审裁定结果统计

单位:件

原因	一审		
	不予受理	裁定驳回	并入再审
主体条件不足	57	160	0
客体条件不足	31	17	0
期间条件不足	5	27	0
管辖有误	0	1	0
已经提起执行异议,应提起案外人再审之诉	2	17	0

续表

原因	一审		
	不予受理	裁定驳回	并入再审
应提起案外人执行异议之诉而非第三人撤销之诉	2	1	0
已提出执行异议之诉	0	1	0
所涉法律关系的诉讼已经受理,属于重复诉讼	3	3	0
涉嫌犯罪	0	2	0
裁定并入诉讼请求	0	0	5
其他	合计		
撤诉(主动申请、原告不到庭、未交费)	208(170、5、33)		
被告提出管辖权异议	1		
判决书、裁定书有笔误	3		
不能送达	6		
简易程序转为普通程序	3		
中止诉讼	17		
终结诉讼	1		

共计:573 件

表 2-9　2016 年二审裁定结果统计

单位:件

原因	二审				
	驳回上诉,维持原一审不予受理裁定	驳回上诉,维持原一审驳回起诉裁定	撤销原裁定,指令受理、审理	撤销原判决,驳回起诉	驳回上诉,维持原判
主体条件不足	87	85	43	32	0
客体条件不足	33	15	30	4	1
期间条件不足	17	24	6	8	0
管辖有误	1	0	0	1	0
已经提起执行异议,应提起案外人再审之诉	4	6	3	2	0

续表

原因	二审				
	驳回上诉，维持原一审不予受理裁定	驳回上诉，维持原一审驳回起诉裁定	撤销原裁定，指令受理、审理	撤销原判决，驳回起诉	驳回上诉，维持原判
应提起案外人执行异议之诉而非第三人撤销之诉	1	4	1	0	0
所涉法律关系的诉讼已经受理，属于重复诉讼	0	1	0	0	0
涉嫌犯罪	0	1	0	0	0
其他	合计				
撤诉（主动申请、上诉人未到庭、未交费）	40（37、1、2）				
被告提出管辖权异议	1				
撤销原判决，准许撤回起诉	3				
违反法定程序（发回重审）	6				
事实认定不清（发回重审）	29				
中止诉讼	1				
移送管辖	2				

共计：492 件

表 2-10　2016 年再审裁定结果统计

单位：件

原因	再审		
	裁定驳回	裁定审理	裁定撤销原判，发回重审
主体条件不足	44	0	0
客体条件不足	22	0	0
期间条件不足	15	0	0

续表

原因	再审		
	裁定驳回	裁定审理	裁定撤销原判，发回重审
已经提起执行异议，应提起案外人再审之诉	1	0	0
第三人诉讼请求并入再审程序审理	0	0	0
再审申请没有被支持（原生效裁判当事人）	29	0	0
再审申请被支持	0	27	0
违反法定程序	0	0	1
其他		合计	
撤回再审申请		5	

共计：144 件

2016 年合计：1209 件

表 2－11　2017 年一审裁定结果统计

单位：件

原因	一审		
	不予受理	裁定驳回	并入再审
主体条件不足	192	293	0
客体条件不足	66	61	0
期间条件不足	46	62	0
管辖有误	2	8	0
已经提起执行异议，应提起案外人再审之诉	6	38	0
应提起案外人执行异议之诉而非第三人撤销之诉	3	9	0
重复诉讼	0	7	0
涉嫌犯罪	0	4	0
裁定并入诉讼请求	0	0	15

续表

<table>
<tr><td rowspan="2">原因</td><td colspan="3">一审</td></tr>
<tr><td>不予受理</td><td>裁定驳回</td><td>并入再审</td></tr>
<tr><td colspan="2">其他</td><td colspan="2">合计</td></tr>
<tr><td colspan="2">撤诉(主动申请、和解、原告不到庭、未交费)</td><td colspan="2">494(382、10、18、84)</td></tr>
<tr><td colspan="2">被告提出管辖权异议</td><td colspan="2">4</td></tr>
<tr><td colspan="2">判决书、裁定书有笔误</td><td colspan="2">7</td></tr>
<tr><td colspan="2">中止诉讼</td><td colspan="2">10</td></tr>
<tr><td colspan="2">移送管辖、指定管辖</td><td colspan="2">10</td></tr>
<tr><td colspan="2">简易程序转为普通程序</td><td colspan="2">2</td></tr>
<tr><td colspan="2">撤销原判决,驳回起诉*</td><td colspan="2">1</td></tr>
<tr><td colspan="2">撤销原调解书**</td><td colspan="2">1</td></tr>
<tr><td colspan="2">不能送达</td><td colspan="2">11</td></tr>
</table>

共计:1352 件

*在第三人撤销之诉审理过程中发现原生效裁判的主管机关错误,不应由法院解决,遂撤销原生效裁判并驳回起诉。

**在第三人撤销之诉中撤销了原生效裁判,应该用判决但本案用了裁定。

表 2-12　2017 年二审裁定结果统计

单位:件

<table>
<tr><td rowspan="2">原因</td><td colspan="6">二审</td></tr>
<tr><td>驳回上诉,维持原一审不予受理裁定</td><td>驳回上诉,维持原一审驳回起诉裁定</td><td>撤销判决,驳回起诉</td><td>驳回上诉,维持原判</td><td>撤销原裁定,指令或发回审理</td><td>并入再审</td></tr>
<tr><td>主体条件不足</td><td>123</td><td>218</td><td>74</td><td>1</td><td>57</td><td>0</td></tr>
<tr><td>客体条件不足</td><td>50</td><td>30</td><td>5</td><td>1</td><td>18</td><td>0</td></tr>
<tr><td>时间条件不足</td><td>37</td><td>49</td><td>12</td><td>0</td><td>21</td><td>0</td></tr>
<tr><td>管辖有误</td><td>0</td><td>2</td><td>0</td><td>0</td><td>2</td><td>0</td></tr>
<tr><td>已经提起执行异议,应提起案外人再审之诉</td><td>8</td><td>12</td><td>2</td><td>0</td><td>4</td><td>0</td></tr>
</table>

续表

原因	二审					
	驳回上诉，维持原一审不予受理裁定	驳回上诉，维持原一审驳回起诉裁定	撤销判决，驳回起诉	驳回上诉，维持原判	撤销原裁定，指令或发回审理	并入再审
应提起案外人执行异议之诉而非第三人撤销之诉	0	6	2	0	0	0
重复诉讼	4	1	0	0	2	0
涉嫌犯罪	0	4	0	0	0	0
不能送达*	0	0	0	0	2	0
裁定并入诉讼请求	0	0	0	0	0	2
其他				合计		
撤诉(主动申请、和解、上诉人不到庭、未交费)				100(77、1、8、14)		
判决书、裁定书有笔误				1		
撤销原判决，准许撤回起诉**				5		
移送管辖、指定管辖				5		
违反法定程序(发回重审)				14		
事实认定不清(发回重审)				70		
出现新情况(发回重审)				9		

共计:953 件

*一审因为不能送达做出了不予受理或驳回起诉的裁定，二审发现可以送达，裁定受理或审理。

**在第三人撤销之诉的上诉审中，第三人与原生效裁判的第三人达成和解以解决三者之间的原纠纷，因此撤销上诉的同时，撤销一审法院作出的撤销原民事调解书的判决。

表 2-13 2017 年再审裁定结果统计

单位:件

原因	再审		
	裁定驳回	裁定审理	撤销原判决,驳回起诉
主体条件不足	100	0	0
客体条件不足	118	0	0
期间条件不足	33	0	0
已经提起执行异议,应提起案外人再审之诉	8	0	1
重复诉讼	1	0	0
提起过执行异议之诉	1	0	0
再审申请没有被支持(原生效裁判当事人)	48	0	0
再审申请被支持	0	34	0
其他			合计
撤销再审申请			8
违反法定程序(发回重审)			1
事实认定不清(发回重审)			1

共计:354 件

2017 年合计:2659 件

表 2-14 2018 年一审裁定结果统计

单位:件

原因	一审		
	不予受理	驳回起诉	并入再审
主体条件不足	116	173	0
客体条件不足	47	40	0
期间条件不足	26	43	0

续表

原因	一审		
	不予受理	驳回起诉	并入再审
管辖有误	0	9	0
已经提起执行异议,应提起案外人再审之诉	12	19	0
应提起案外人执行异议之诉而非第三人撤销之诉	1	0	0
重复诉讼	1	5	0
涉嫌犯罪	0	2	0
裁定并入诉讼请求	0	0	13
其他	合计		
撤诉(主动申请、和解、原告不到庭、未交费)	316(233、8、6、69)		
被告提出管辖权异议	3		
判决书、裁定书有笔误	8		
遗漏当事人	1		
移送管辖、指定管辖	10		
简易程序转为普通程序	2		

共计:847 件

表 2-15　2018 年二审裁定结果统计

单位:件

原因	二审					
	驳回上诉,维持原一审不予受理裁定	驳回上诉,维持原一审驳回起诉裁定	撤销原判决,驳回起诉	驳回上诉,维持原判	撤销原裁定,指令或发回审理	并入再审
主体条件不足	89	183	81	2	35	0
客体条件不足	29	48	4	4	9	0
时间条件不足	24	32	19	1	5	0
管辖有误	0	1	1	0	0	0
已经提起执行异议,应提起案外人再审之诉	7	10	3	0	4	0

续表

原因	二审					
	驳回上诉，维持原一审不予受理裁定	驳回上诉，维持原一审驳回起诉裁定	撤销原判决，驳回起诉	驳回上诉，维持原判	撤销原裁定，指令或发回审理	并入再审
应提起案外人执行异议之诉而非第三人撤销之诉	1	2	0	0	0	0
重复诉讼	1	3	0	0	1	0
不能送达*	0	0	0	0	4	0
裁定并入诉讼请求	0	0	0	0	0	6

其他	合计
撤诉（主动申请、和解、上诉人不到庭、未交费）	57（39、4、4、10）
被告提出管辖权异议	10
判决书、裁定书有笔误	1
遗漏当事人	3
撤销原判决，准许撤回起诉**	5
移送管辖、指定管辖	1
不能送达	1
违反法定程序（发回重审）	14
事实认定不清（发回重审）	48
出现新情况（发回重审）	2

共计：751 件

* 一审因为不能送达做出了不予受理或驳回起诉的裁定，二审发现可以送达，裁定受理或审理。

** 在第三人撤销之诉的上诉审中，第三人与原生效裁判的第三人达成和解以解决三者之间的原纠纷，因此撤销上诉的同时，撤销一审法院作出的撤销原民事调解书的判决。

表 2－16　2018 年再审裁定结果统计

单位:件

原因	再审				
	裁定驳回	裁定审理	撤销原判决,驳回起诉	撤销原裁定,指定审理	并入再审
主体条件不足	46	0	2	0	0
客体条件不足	54	0	0	0	0
期间条件不足	13	0	0	0	0
已经提起执行异议,应提起案外人再审之诉	6	0	0	0	0
再审申请人未按时到庭	1	0	0	0	0
再审申请没有被支持(原生效裁判当事人)	27	0	0	0	0
再审申请被支持	0	17	0	1	0
裁定并入诉讼请求	0	0	0	0	1
其他			合计		
撤销再审申请(主动申请、再审申请人未到庭)			6		
再审案号不规范			1		
不能送达			1		
撤销原判决,准许撤回起诉*			1		
事实认定不清(发回重审)			5		

共计:182 件

2018 年合计:1780 件

* 在第三人撤销之诉的上诉审中,第三人与原生效裁判的第三人达成和解以解决三者之间的原纠纷,因此撤销上诉的同时,撤销一审法院作出的撤销原民事调解书的判决。

分析第三人撤销之诉的裁定的第一步,是对在各审级中作出裁定的事由进行分析。无论是一审过程中作出的不予受理裁定、驳回起诉裁定,还是二审中作出的驳回上诉维持原裁定和撤销判决驳回起诉裁定、驳回上诉维持原裁定、撤销原裁定指令受理等,或者是再审中作出的撤销原判决驳回起诉、撤销原裁定指定受理等,皆反映了第三人撤销之诉的具体程序事项尤其是起诉事由、受理条件等的运行状况。通过对2013～2018年的裁定进行对比分析，不难看出以下两个"变化"、一个"稳定"和一个"趋势"。

两个"变化"，是指2013～2018年的第三人撤销之诉的裁定呈现两个明显的动态特征：

第一个变化是，作出裁定的事由越来越多，越来越细化。从数据分析来看，2013年、2014作出裁定的事由较简单。一方面，作出裁定的事由比较少，只有主体条件不足、客体条件不足、期间条件不足和与执行程序、再审程序衔接等，裁定事由主要集中在主体条件不足，其他事由较少，且一审裁定事由与二审裁定事由、再审裁定事由没有明显区别。另一方面，对作出裁定所依据事由的表述比较笼统、不够细化。就"主体条件不足"这一事由而言，往往笼统地表述为"既非有独立请求权第三人也非无独立请求权第三人"，或者"因自身原因没有参加诉讼"；就"客体条件不足"而言，则通常模糊表述为"没有证据证明原生效裁判、调解书错误而损害其合法权益"。在处理第三人撤销之诉与案外人再审之诉和案外人执行异议之诉的关系时，往往简单表述为"应该提起案外人再审之诉而不是第三人撤销之诉"，或者"应提起第三人执行异议之诉而非第三人撤销之诉"，并未就理由进行深入阐释。但到了2015年之后，第三人撤销之诉的裁定明显复杂起来，裁定所依据的事由越来越多、越来越细化。一方面，裁定事由不再笼统局限于主体条件不足、客体条件不足、期间条件不足和与执行程序、再审程序衔接等，而是出现了一审裁定事由与二审裁定事由、再审裁定事由的明显区分，并在一审裁定事由中进一步出现了"再审已经提起，裁定并入再审""涉嫌犯罪""重复诉讼"等事由。另一方面，裁定事由得到了进一步细化。在作出具体裁定时，法院对所依据的事由的论证越来越细化，就"主体条件不足"这一事由而言，逐渐改变笼统表述为"既非有独立请求权第三人也非无独立请求权第三人"的方式，而是对其中主体与案件是否有法律上的利害关系进行了更深入的论证。在处理第三人撤销之诉与案外人再审之诉和案外人执行异议之诉的关系时，往往会对第三人撤销之诉与第三人再审之诉重复以及处理方案进行说明，提出法律依据；或者在详细论证案外人执行异议之诉与第三人撤销之诉的区别的基础上，裁定"应提起案外人执行异议之诉而非第三人撤销之诉"。

第二个变化是，各审级法院作出的裁定的情形变得复杂起来。就2013年、2014年第三人撤销之诉的裁定而言，一审裁定、二审裁定和再审裁定的事由基本没有区别，保持了高度一致。但从2015年起，各审级法院作出的裁定的情形日益复杂。在一审中，除与第三人撤销之诉的程序事项没有直接关系的一般裁定（如撤诉裁定、中止诉讼裁定等）外，裁定依然主要为不予受理裁定和驳回起诉裁定两种，但从2016年开始，出现了将第三人撤销之诉并入再审的裁定。在二审中，除原有的驳回上诉、维持原裁定（包括不予受理裁定和驳回起诉裁定）外，开始出现了撤销原裁定并指令受理或审理裁定、撤销原判决驳回起诉裁定、将第三人撤销之诉并入再审裁定。当然，二审中也存在与第三人撤销之诉程序事项无关的一般裁定，如发回重审裁定、撤诉裁定等。在再审中，2013年仅有驳回再审申请的裁定，到了2014年，逐渐出现了再审裁定和撤销原裁定、指令审理裁定等，之后又出现了撤销原判决、发回重审裁定和撤销原判决、驳回起诉裁定以及并入再审裁定等，其中，驳回再审申请的裁定、再审裁定、撤销原判决、发回重审裁定等属于针对再审程序中的一般程序事项作出的裁定，而撤销原裁定、指令审理裁定和撤销原判决、驳回起诉裁定则是针对第三人撤销之诉的起诉与受理事项作出的专门裁定，是再审法院与一审法院、二审法院就第三人撤销之诉的受理意见相悖时作出的裁定。总而言之，各审级法院作出的裁定的情形变得越来越复杂，且二审法院与一审法院、再审法院与一审法院、二审法院就同一程序事项作出不同认定的情形越来越多。

一个“稳定”，是指2013～2018年法院作出第三人撤销之诉裁定的主要事由是主体条件不足，比例稳定在57.84%以上（见图2－3）。并且，随着司法实践的不断深入，法院对主体条件不足作出裁定时，所依据的事由越来越细化。2013年法院因主体条件作出裁定的事由比较简单，无论是一审法院作出不予受理或者驳回起诉的裁定，还是二审法院针对一审法院作出的不予受理或者驳回起诉的裁定而作出的维持一审裁定的裁定，法院往往直接以“既不是有独立请求权第三人也不是无独立请求权第三人”，或者“非不能归责于本人的事由未参加诉讼”这一事由驳回了第三人提起的绝大多数的第三人撤销之诉，一方面是作出裁定的事由简单，另一方面则是一审法院、二审法院、再审法院对该事由的认定基本保持了一致。2014年法院因主体条件作出的裁定的事由不再限于以上两种，还出现了原告诉讼地位为“原诉讼当事人”和原告提起诉讼的法律关系与原诉讼法律关系“分属两类法律关系”的情形。2015年之后，则又出现了“不能以个人名义起诉”、“第三人参加了原诉讼”、第三人提起撤销之诉的实体权益是“普通债权”等情形。之所以将“分属两类法律关系”和“普通债权”归入主体要件，是因为这两个要件是界定第三人撤销之诉适格原告的重要条件。

2013～2018年的裁定之所以会出现两个“变化”和一个“稳定”，根源在于我国《民事诉讼法》第56条第3款存在的问题，以及2015年《司法解释》出台后对第三人撤销之诉的程序事项的完善。我国《民事诉讼法》第56条第3款仅重点规定了第三人提起撤销之诉的条件，包括主体条件、客体条件和期间条件等，因此法院作出裁定时所依据的事由比较少，主要集中在主体条件不足、客体条件不足、期间条件不足和与执行程序、再审程序衔接等，裁定事由主要集中在主体条件不足，其他事由较少。并且，我国《民事诉讼法》第56条第3款并没有细化规定第三人提起撤销之诉的条件，因此法院作出裁定所依据的事由比较笼统、不够细化。就“主体条件不足”这一事由而言，最初往往表述为“既非有独立请求权第三人也非无独立请求权第三人”或者“因自身原因没有参加诉讼”，原因在于我国《民事诉讼法》第56条第3款并没有细化规定第三人撤销之诉的主体资格，而是直接以第56条第1款、第2款规定的有独立请求权第三人和无独立请求权第三人的资格来界定第三人撤销之诉的原告资格。由于有独立请求权第三人和无独立请求权第三人并不能直接等同于第三人撤销之诉的原告，况且该法第56条第1款、第2款对有独立请求权第三人和无独立请求权第三人的规定本来就存在不明之处，加之实务界尚欠缺认定第三人撤销之诉的主体资格的司法经验，因此，当以我国《民事诉讼法》第56条的现有规定认定第三人撤销之诉的原告资格时，就出现了认定事由简单、认定范围较狭窄的问题，导致了大量不予受理或者驳回起诉的裁定或者维持一审不予受理或者驳回起诉的裁定的作出。不仅如此，依据第三人撤销之诉与执行程序、再审程序的关系作出裁定时，也只是笼统表述，既没有明确与执行程序的具体衔接问题，也没有区分第三人撤销之诉与第三人再审之诉、当事人再审之诉，没有解决第三人撤销之诉与第三人再审之诉、当事人再审之诉的衔接等问题。随着2015年《司法解释》的实施，第三人撤销之诉的程序事项得到进一步细化，加之司法实践的不断深入，第三人撤销之诉程序的可操作性越来越强，法院因程序事项作出裁定的事由越来越多，也越来越细化。随着《司法解释》对起诉条件的细化，对主体资格作出的裁判越来越具体。由于《司法解释》在形式上给出了解决第三人撤销之诉与第三人再审之诉的重复起诉问题的方案，法院在处理第三人撤销之诉与执行程序和再审程序可能存在交叉或矛盾等关系时有了法律依据，从 2015 年开始，将第三人撤销之诉与第三人再审之诉的重复起诉问题单列，区别于之前的第三人撤销之诉与再审程序（当事人申请再审和第三人再审之诉），并且第三人撤销之诉与当事人再审之诉的关系问题也得以明确，成为一种独立的裁判事由。由此可见，随着 2015 年《司法解释》的实施，各级法院应对具体程序事项的法律依据越来越健全，加之实务界不断积累第三人撤销之诉的裁判经验，因此各级法院作出裁定的事由在不断健全与具体化。不仅如此，通过分析数据可知，在 2013 年时，第三人撤销之诉的一审、二审和再审裁定在程序事项的认定上基本保持了一致，而从 2014 年起，二审法院与一审法院、再审法院与一审法院和二审法院对程序事项认定不一致的裁定大量出现，这从一个侧面反映了实务界对第三人撤销之诉程序事项的认识不断深入，裁判能力不断增强。

一个“趋势”，即司法实践创造性地解读既有法律规定的趋势。我国《民事诉讼法》第 56 条第 3 款对第三人撤销之诉的程序事项规定得非常简单，因此，在司法实践中遇到了诸多法律未明确规定的程序事项，法院发挥其能动性，创造性地解读法律。比如，对于第三人已经按照我国《民事诉讼法》第 227 条的规定提起执行异议的，法院认为第三人应依据第 227 条提起案外人再审之诉，从而作出了不予受理的裁定。后来，实践中的这一探索被《司法解释》认可并规定于其第 303 条第 2 款。又如，面对第三人针对执行程序中作出的裁定提起的第三人撤销之诉，法院直接以“要求撤销的是执行程序中作出的裁定”而作出不予受理的裁定。而在当时，法律并没有明确规定这些程序事项的处理方案。当然，时至今日，由于法律没有明确可以提起第三人撤销之诉裁定的范围，实际上因“要求撤销的是执行程序中作出的裁定”而作出的不予受理的裁定依然没有法律依据。但是，司法实践对法律进行的合乎第三人撤销之诉本质的解读，极可能会为后续的立法或者司法解释所吸收。

2. 对一审、二审程序中因主体原因和客体原因作出的不予受理裁定的总量分析

第三人撤销之诉作为一种特殊的事后救济之诉，其主体要件和客体要件皆有自身的特点，且集中反映了第三人撤销之诉的特殊之处。按照我国《民事诉讼法》及《司法解释》规定的有关第三人提起撤销之诉的条件来看，主要有 3 个：一是属于有独立请求权或者无独立请求权的第三人；二是因不能归责于本人的事由未参加诉讼；三是有证据证明发生法律效力的判决、裁定、调解书的

部分或者全部内容错误,损害其民事权益。其中,前两点以及第三点中的民事权益的规定与原告资格直接相关,第三点的前半部分规定了第三人提起撤销之诉的撤销对象,属于客体要件。因此,就第三人撤销之诉的主体要件而言,主要包括原告是有独立请求权第三人或者无独立请求权第三人、原告因非因自身原因没有参加诉讼和原告的合法权益遭受了损害;就客体要件而言,则是指原告有证据证明原生效判决、裁定和调解书错误而损害了其合法权益。主体要件、客体要件与期间要件结合在一起,决定了第三人撤销之诉被受理与否。因此,通过分析一审、二审程序中因主体原因和客体原因作出的不予受理裁定总量,可以探知第三人撤销之诉被不予受理或驳回起诉的主要原因,并作为进一步分析第三人撤销之诉被不予受理或者驳回的具体原因的基础。

从图 2 - 3 至图 2 - 5 中可知,第三人撤销之诉被不予受理或者驳回起诉的主要因素是主体条件不足,占一审、二审程序中不予受理或者驳回起诉裁定的总数的 57.84% 以上,该比例远远超过因客体条件不足和期间条件不足而作出的不予受理或者驳回起诉的裁定。这一数据分析结论与第三人撤销之诉复杂的主体条件状况相符。但简单的总量分析仅能得出大概的结论,而无法展现目前有关第三人撤销之诉的主体要件的法律规定在司法实践中存在的问题,尚需进一步细化。

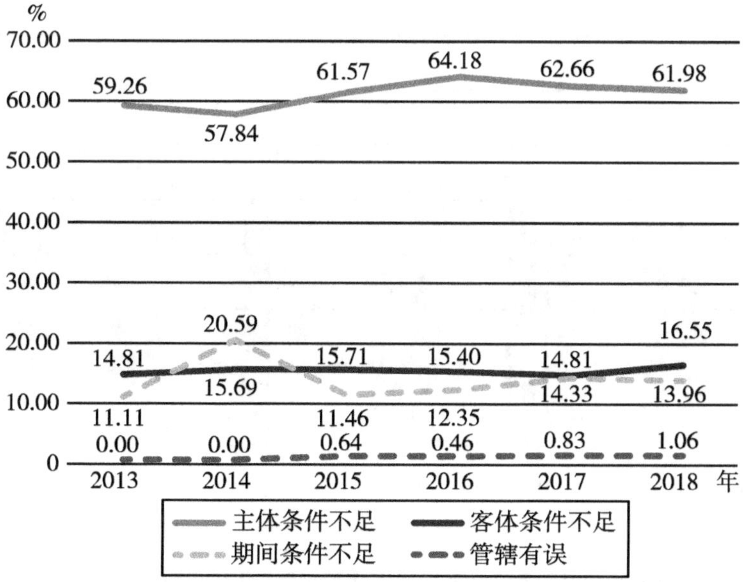

图 2 - 3　2013 ~ 2018 年因各类原因被不予受理(或驳回起诉)的裁定变动情况

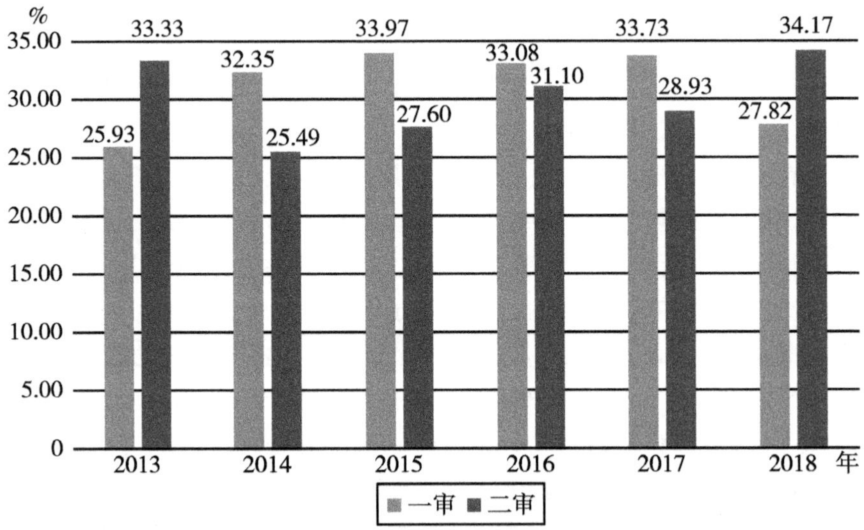

图 2-4　2013~2018 年因主体原因被不予受理(或驳回起诉)的裁定比例

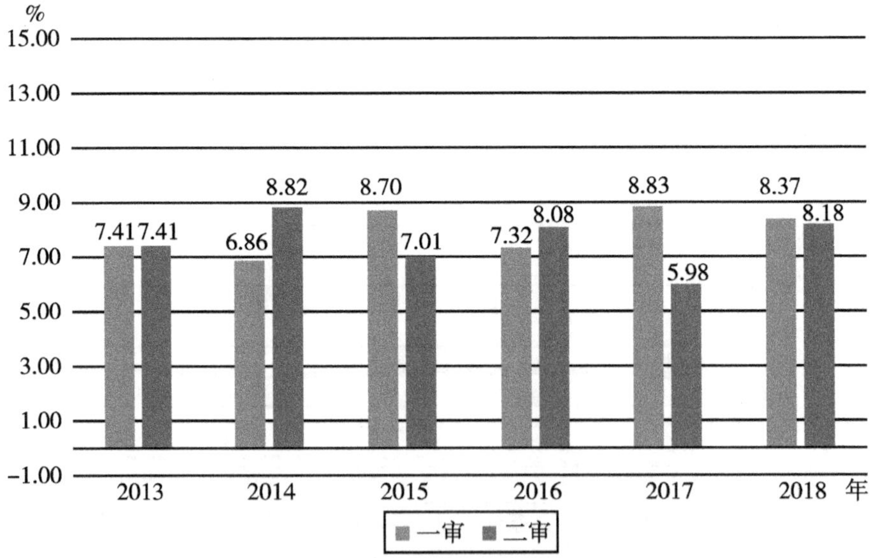

图 2-5　2013~2018 年由于客体原因被不予受理(或驳回起诉)的裁定比例

3. 对主体原因被不予受理或者驳回起诉的裁定的具体原因的分析

第三人撤销之诉的主体要件的核心是适格原告问题,适格原告是牵动整个第三人撤销之诉运行的核心问题。从立法现状来看,尽管有关第三人撤销之诉的原告资格的规定较多,但立法依然存在明显的可操作性差的问题。加之,第三人撤销之诉的原告适格问题本身就存在诸多难解之处,因此,目前第三人撤销之诉的原告适格的立法问题比较明显。立法上的问题必然会反映在司法实践之中,并与司法实践中具体判断第三人撤销之诉的适格原告的实际困难结合在一起,通过因原告资格被不予受理或者驳回起诉的裁定集中体现出来。如此一来,有必要进一步对第三人撤销之诉因原告资格被不予受理或驳回起诉的裁定的总量进行分析。

表2-17　2013年一审、二审程序中由于主体原因被不予受理(或驳回起诉)裁定的数据统计

单位:件

原因	一审		二审	
	不予受理	驳回起诉	驳回上诉,维持原一审不予受理裁定	驳回上诉,维持原一审驳回起诉裁定
既非有独立请求权的第三人,也非无独立请求权的第三人	2	4	6	3
无法证明因不能归责于本人的事由未参加诉讼	0	1	0	0
合计	2	5	6	3

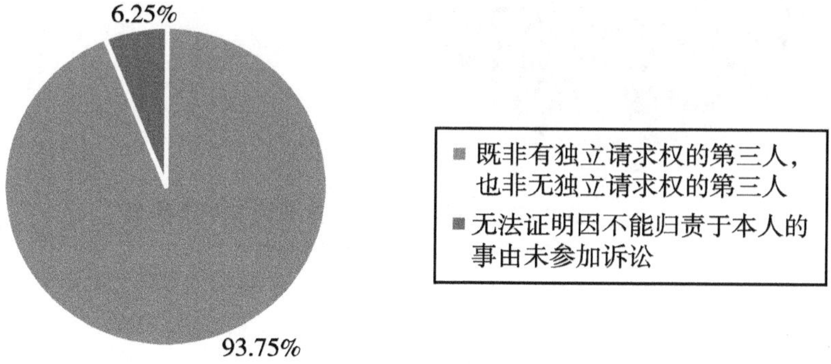

图2-6　2013年一审、二审程序中由于主体原因被不予受理(或驳回起诉)裁定的成因分析

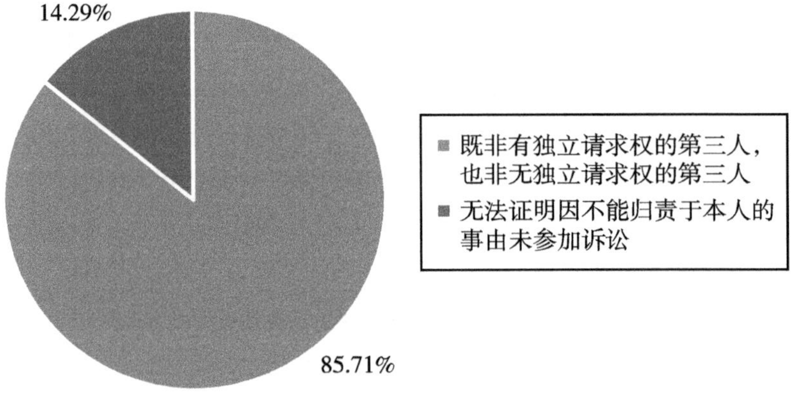

图 2-7　2013 年一审程序中因主体原因被不予受理（或驳回起诉）裁定的成因分析

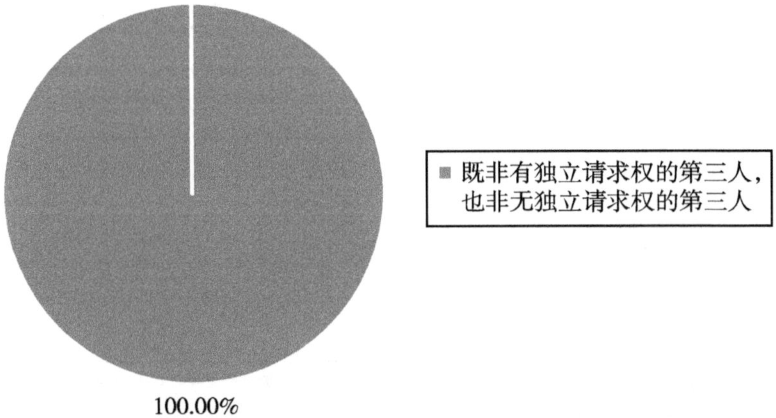

图 2-8　2013 年二审程序中因主体原因被不予受理（或驳回起诉）裁定的成因分析

表 2－18　2014 年一审、二审程序中因主体原因被不予受理（或驳回起诉）裁定的数据统计

单位：件

原因	一审		二审		
	不予受理	驳回起诉	驳回上诉，维持原一审不予受理裁定	驳回上诉，维持原一审驳回起诉裁定	撤销原判决，驳回起诉
既非有独立请求权的第三人，也非无独立请求权的第三人	24	28	19	19	4
无法证明因不能归责于本人的事由未参加诉讼	1	4	2	3	0
分属两类法律关系	0	2	0	2	0
原告主张的实体权利为普通债权	6	1	1	2	0
合计	31	35	22	26	4

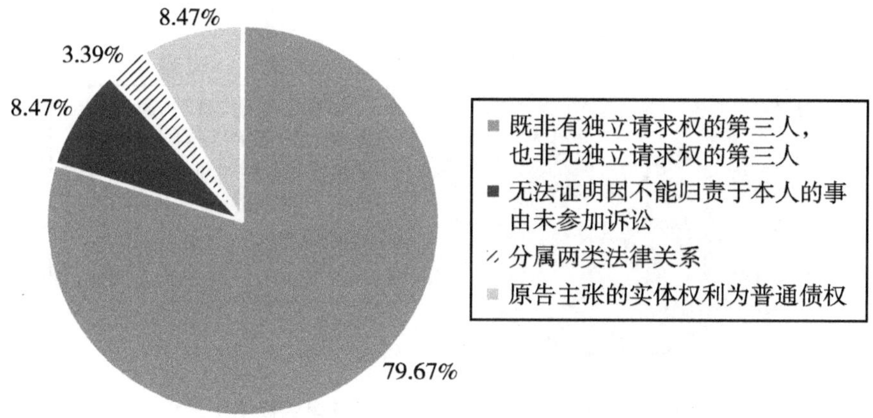

图 2－9　2014 年一审、二审程序中由于主体原因被不予受理（或驳回起诉）裁定的成因分析

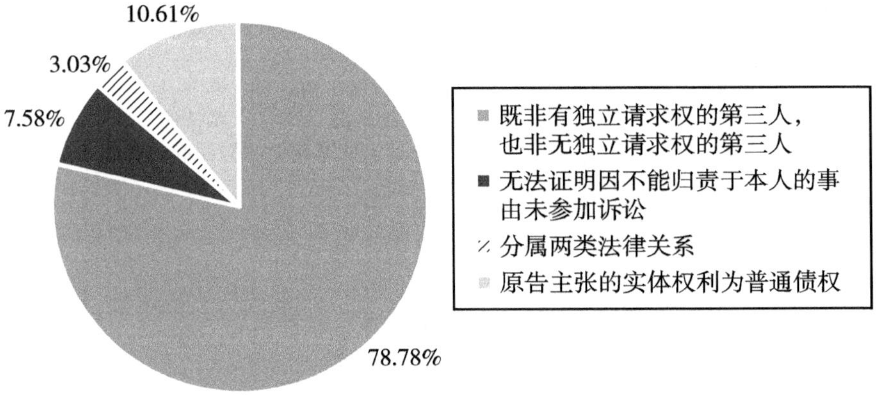

图 2-10　2014 年一审程序中因主体原因被不予受理（或驳回起诉）裁定的成因分析

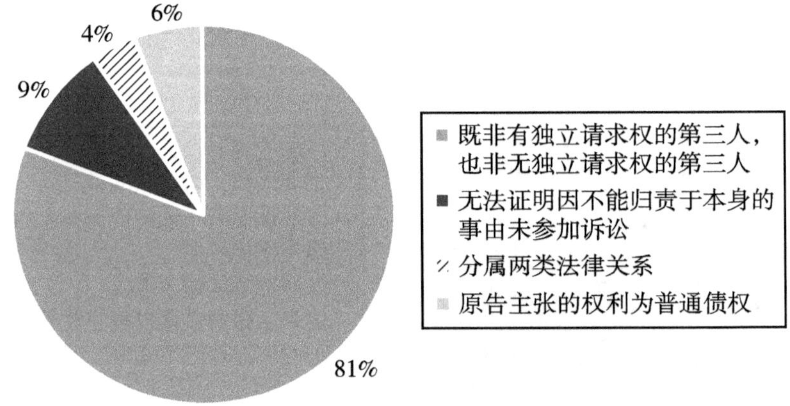

图 2-11　2014 年二审程序中因主体原因被不予受理（或驳回起诉）裁定的成因分析

表 2－19　2015 年一审、二审程序中由于主体原因被不予受理（或驳回起诉）裁定的数据统计

单位：件

原因	一审		二审		
	不予受理	驳回起诉	驳回上诉，维持原一审不予受理裁定	驳回上诉，维持原一审驳回起诉裁定	撤销原判决，驳回起诉
既非有独立请求权的第三人，也非无独立请求权的第三人	46	78	64	25	11
无法证明因不能归责于本人的事由未参加诉讼	1	6	6	2	1
诉讼地位为当事人	0	2	0	0	1
分属两类法律关系	2	0	1	3	0
不能以个人名义起诉	0	2	0	0	0
原告主张的实体权利为普通债权	10	10	7	4	2
第三人参加原审	2	1	3	0	0
合计	61	99	81	34	15

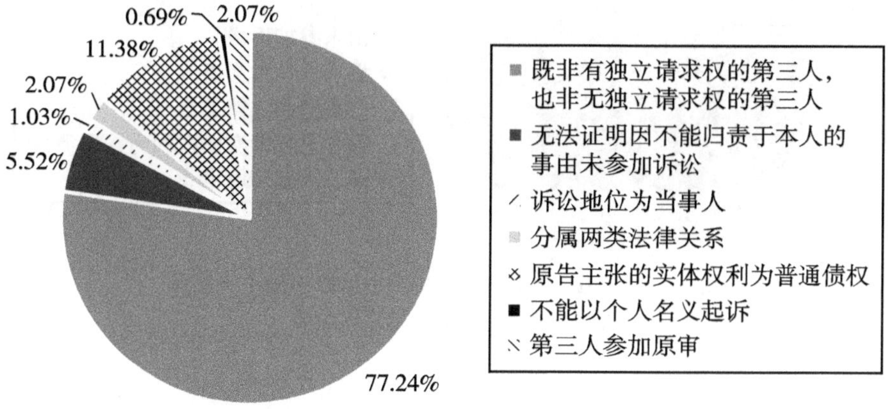

图 2－12　2015 年一审、二审程序中因主体原因被不予受理（或驳回起诉）裁定的成因分析

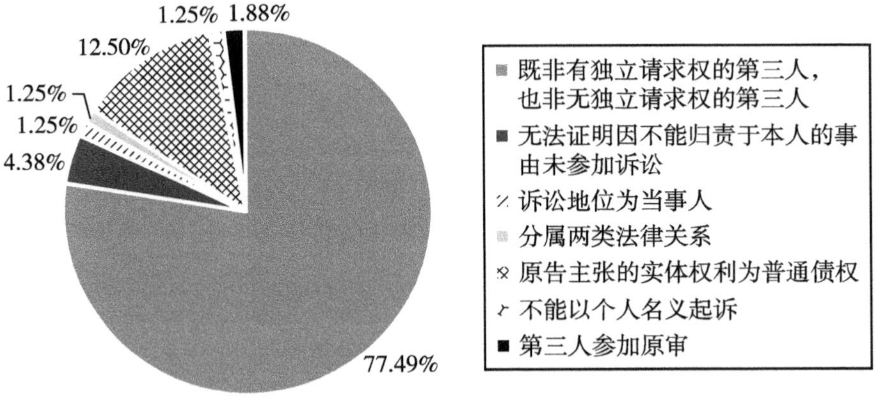

图 2-13　2015 年一审程序中由于主体原因被不予受理（或驳回起诉）裁定的成因分析

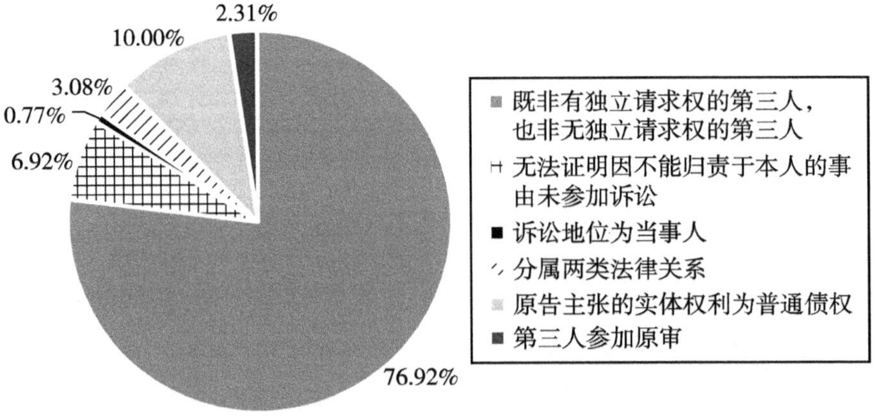

图 2-14　2015 年二审程序中因主体原因被不予受理（或驳回起诉）裁定的成因分析

表 2－20 2016 年一审、二审程序中因主体原因被不予受理（或驳回起诉）裁定的数据统计

单位：件

原因	一审		二审		
	不予受理	驳回起诉	驳回上诉，维持原一审不予受理裁定	驳回上诉，维持原一审驳回起诉裁定	撤销原判决，驳回起诉
既非有独立请求权的第三人，也非无独立请求权的第三人	47	135	72	66	25
无法证明因不能归责于本人的事由未参加诉讼	7	9	5	9	3
诉讼地位为当事人	0	5	1	0	0
分属两类法律关系	0	1	2	0	0
不能以个人名义起诉	0	0	0	2	0
原告主张的实体权利为普通债权	3	10	5	8	3
第三人参加原审	0	0	2	0	1
合计	57	160	87	85	32

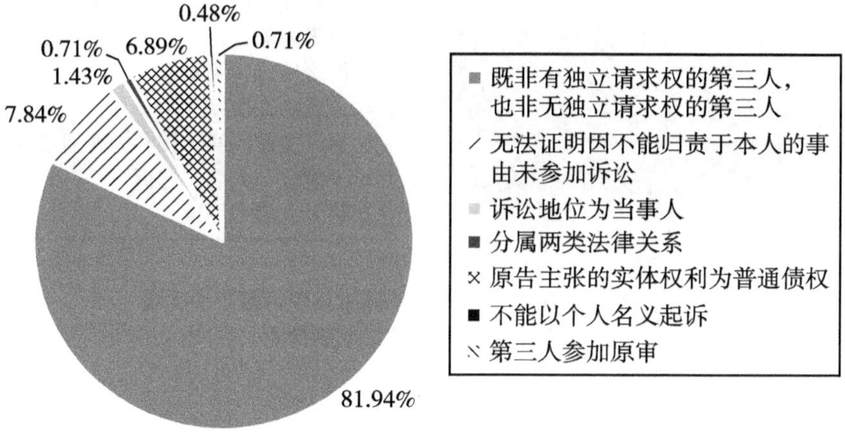

图 2－15 2016 年一审、二审程序中因主体原因被不予受理（或驳回起诉）裁定的成因分析

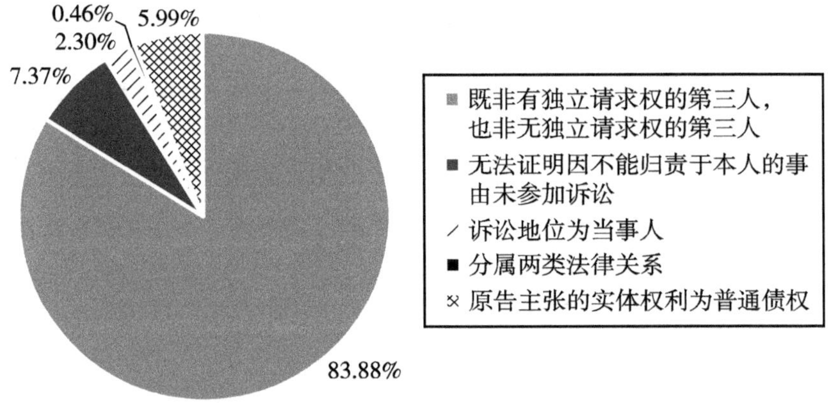

图 2－16　2016 年一审程序中因主体原因被不予受理（或驳回起诉）裁定的成因分析

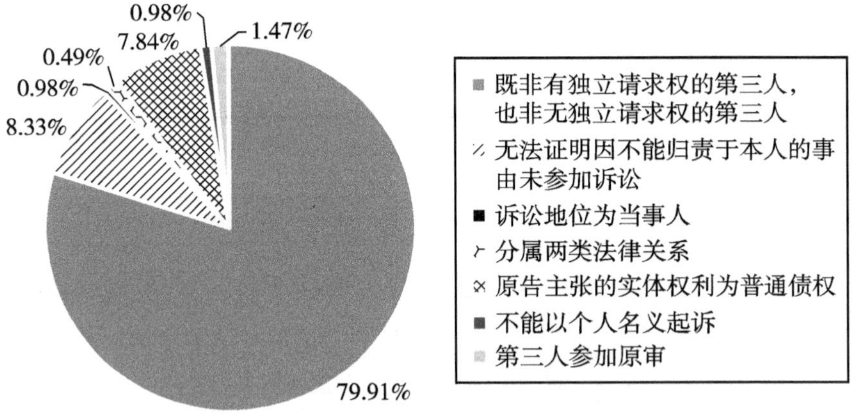

图 2－17　2016 年二审程序中因主体原因被不予受理（或驳回起诉）裁定的成因分析

表 2－21　2017 年一审、二审程序中因主体原因被不予受理（或驳回起诉）裁定的数据统计

单位：件

原因	一审		二审			
	不予受理	驳回起诉	驳回上诉，维持原一审不予受理裁定	驳回上诉，维持原一审驳回起诉裁定	撤销原判决，驳回起诉	驳回上诉，维持原判
既非有独立请求权的第三人，也非无独立请求权的第三人	160	231	102	166	61	1
无法证明因不能归责于本人的事由未参加诉讼	9	16	6	11	4	0
诉讼地位为当事人	3	6	3	4	1	0
分属两类法律关系	4	1	2	3	0	0
不能以个人名义起诉	1	3	0	1	0	0
原告主张的实体权利为普通债权	14	36	8	33	8	0
第三人参加原审	1	0	2	0	0	0
合计	192	293	123	218	74	1

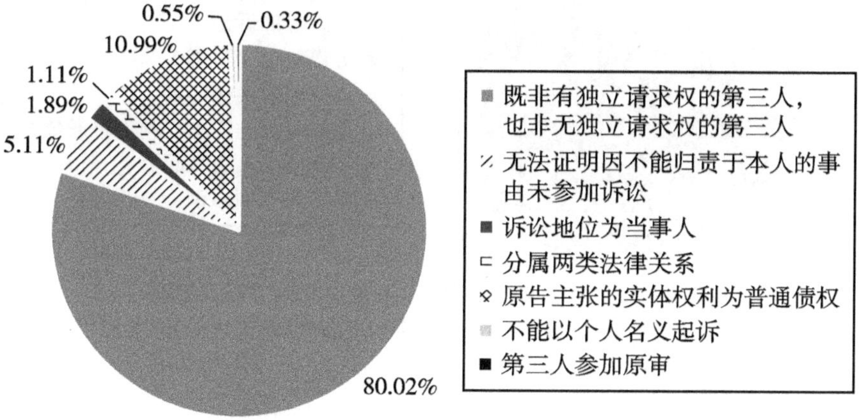

图 2－18　2017 年一审、二审程序中因主体原因被不予受理（或驳回起诉）裁定的成因分析

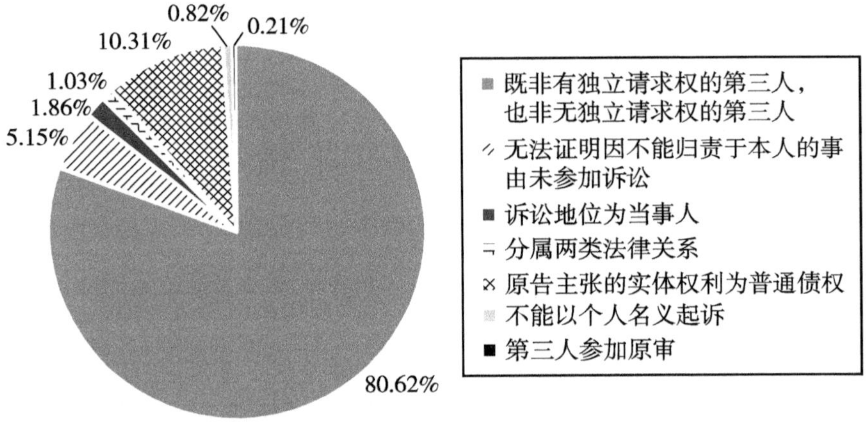

图 2－19 2017 年一审程序中因主体原因被不予受理（或驳回起诉）裁定的成因分析

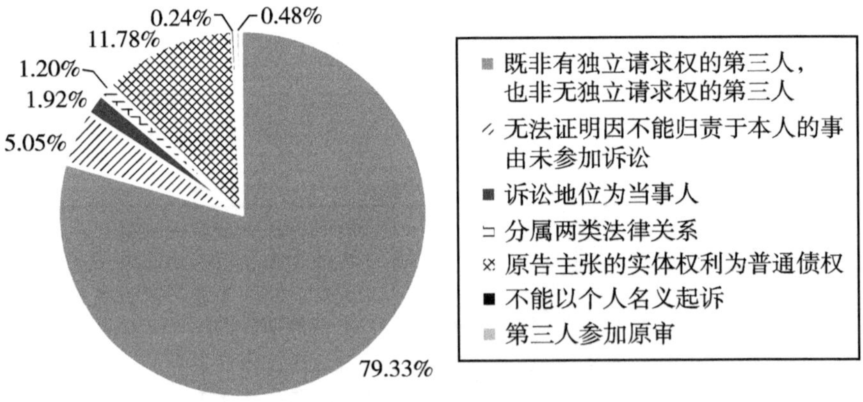

图 2－20 2017 年二审程序中因主体原因被不予受理（或驳回起诉）裁定的成因分析

表2－22　2018年一审、二审程序中因主体原因被不予受理（或驳回起诉）裁定的数据统计

单位：件

原因	一审		二审			
	不予受理	驳回起诉	驳回上诉，维持原一审不予受理裁定	驳回上诉，维持原一审驳回起诉裁定	撤销原判决，驳回起诉	驳回上诉，维持原判
既非有独立请求权的第三人，也非无独立请求权的第三人	74	118	51	130	60	2
无法证明因不能归责于本人的事由未参加诉讼	7	6	3	4	3	0
诉讼地位为当事人	1	10	2	7	2	0
分属两类法律关系	1	2	1	2	2	0
不能以个人名义起诉	22	5	23	4	0	0
原告主张的实体权利为普通债权	11	32	7	35	14	0
第三人参加原审	0	0	2	1	0	0
合计	116	173	89	183	81	2

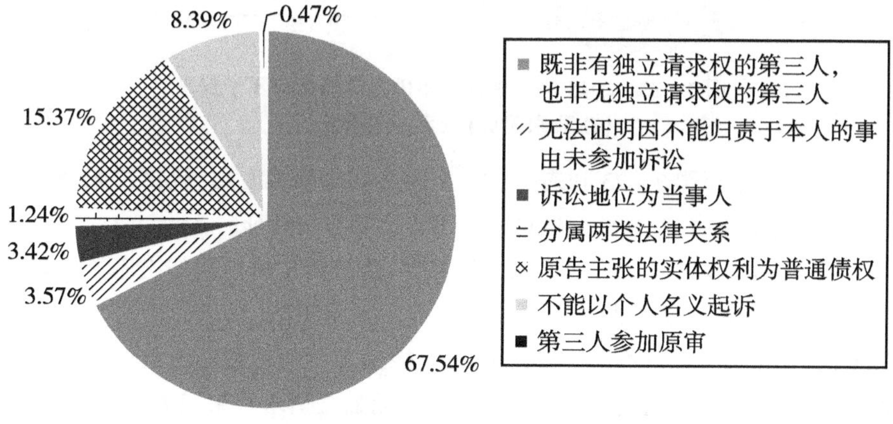

图2－21　2018年一审、二审程序中因主体原因被不予受理（或驳回起诉）裁定的成因分析

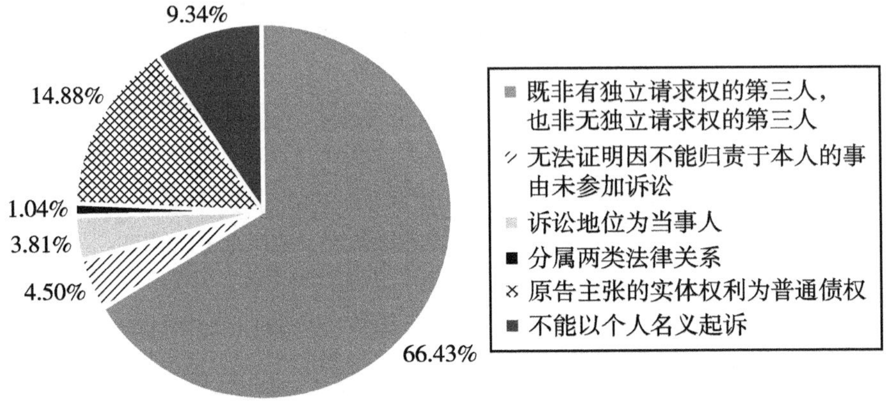

图 2-22　2018 年一审程序中因主体原因被不予受理（或驳回起诉）裁定的成因分析

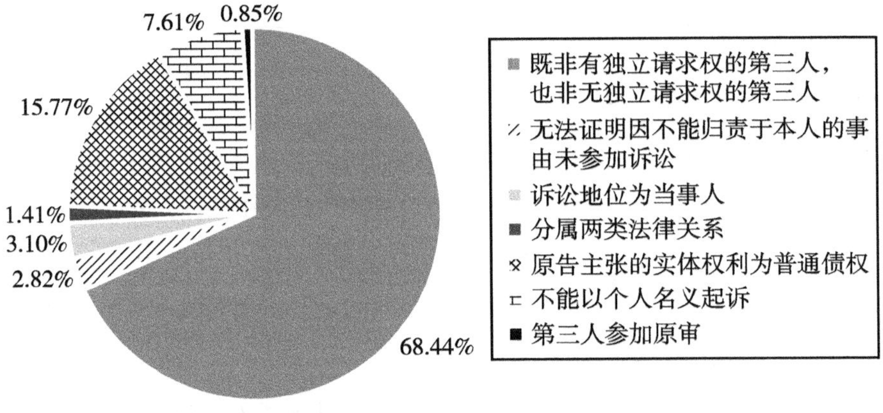

图 2-23　2018 年二审程序中因主体原因被不予受理（或驳回起诉）裁定的成因分析

从图 2-6 至图 2-23 和表 2-17 至表 2-22 不难看出，就第三人撤销之诉的适格原告而言，在司法实践中有以下 3 个明显的特征。

第一，司法实践细化了适格原告的条件，法院因主体原因作出不予受理或者驳回起诉裁定的事由越来越具体和多样。按照我国《民事诉讼法》第 56 条第 3 款及《司法解释》的相应规定，第三人撤销之诉的适格原告需要符合 3 个条件：一是原告是有独立请求权第三人或者无独立请求权第三人；二是原告非因自身原因没有参加诉讼；三是原告的合法权益遭受了损害。其中，结合我国

《民事诉讼法》第 56 条第 1 款、第 2 款的规定,有独立请求权第三人可以具体认定为“认为对当事人双方的诉讼标的有独立请求权而有权提起诉讼的人”,无独立请求权第三人则可以具体认定为“对当事人双方的诉讼标的,虽然没有独立请求权,但案件处理结果同他有法律上的利害关系的,可以申请参加诉讼,或者由人民法院通知他参加诉讼的人”。但是,有关第三人撤销之诉适格原告的既有法律规定远远不能满足司法实践的需要,司法实践将判断适格原告的条件进一步细化。通过统计 2013 ~ 2018 年一审、二审程序中因主体条件不足作出的裁定的事由,可见除立法明确规定的“既非有独立请求权的第三人也非无独立请求权的第三人”和“无法证明因不能归责于本人的事由未参加诉讼”外,还出现了“诉讼地位为当事人”“分属两类法律关系”“不能以个人名义起诉”“所主张的实体权利为普通债权”“第三人参加原审”等细化的裁判事由,以方便对具体案件的裁判。“诉讼地位为当事人”,是指第三人撤销之诉的原告为原诉讼的共同诉讼人,其诉讼地位为当事人而非第三人的情形;“分属两类法律关系”,是指第三人撤销之诉的原告请求撤销的裁判、调解书中所涉及的法律关系与其所处的法律关系属于不相关联的两类法律关系;“不能以个人名义起诉”,是指涉及公司等拥有独立法人资格的案件,公司股东不能以个人名义代表公司提起第三人撤销之诉;“所主张的实体权利为普通债权”,是指第三人撤销之诉的原告提起撤销之诉所要求保护的合法权益是普通债权;“第三人参加原审”,是指第三人作为原诉讼当事人已经参加诉讼。但需要指出的是,司法实践对判断适格原告条件的具体和细化,整体上并没有突破现有的法律规定。“诉讼地位为当事人”“分属两类法律关系”“不能以个人名义起诉”“所主张的实体权利为普通债权”实际上是对有独立请求权第三人和无独立请求权第三人的内涵的具体展开。尽管目前法院将上述 4 种情形单独作为认定不具备原告资格的条件,但从 4 种情形的实质来看,皆可归入提起撤销之诉的原告既不属于对当事人双方的诉讼标的有独立请求权的第三人,也不是案件处理结果与其有法律上利害关系的无独立请求权的第三人之列。

法院裁定中所指的“第三人不具备以个人名义起诉的资格”,是指涉及公司等拥有独立法人人格的案件,公司股东不能以个人名义代表公司提起第三人撤销之诉。这属于当事人之间的判决效力主体扩张之下的一个问题,即在公司诉讼或者人事诉讼中,判决效力如何扩张及于第三人以及第三人是否有提起诉讼予以救济的权利。按照目前作出的裁定来看,显然认为在公司诉讼中,判决效力不及于普通的股东,不将股东列入第三人范围之内,因此,股东也就不具备提起撤销之诉的权利。可见,此种情形依然可归入第三人既不是有独立请求权第三人也不是无独立请求权第三人之列。在司法实践中,虽然法院将第三人请求撤销的裁判、调解书中所涉的法律关系与其所处的法律关系不具备关联关系等单独作为认定不具备原告资格的条件,但实际上是对第三人与当事人之间的诉讼是否有利害关系的具体判断,提起撤销之诉的原告请求撤销的裁判、调解书中所涉的法律关系与其所处的法律关系不具有关联性,实质上是其与当事人之间的诉讼所涉法律关系不具有关联性的具体体现。对"所主张的实体权利为普通债权"这一事由的概括,看似是对有独立请求权第三人和无独立请求权第三人内涵的扩大,实际上是在理论上对第三人与当事人之间的诉讼的"法律上的利害关系"的一个方面的总结。需要指出的是,之所以在保留"既非有独立请求权的第三人也非无独立请求权的第三人"这一事由的基础上,又具体增加了以上 4 种细化事由,是因为"既非有独立请求权的第三人也非无独立请求权的第三人"本身就是一个概括性事由,即便不考虑直接将第三人撤销之诉的原告以有独立请求权第三人和无独立请求权第三人来界定的立法逻辑问题,仅仅因为两类第三人的丰富内涵就需要对其具体展开。目前司法实践细化适格原告的条件的任务并没有完成,一方面,有些已经出现的细化条件并不恰当,尚需要凝练;另一方面,在深入认识第三人撤销之诉性质的基础上,需要进一步细化第三人撤销之诉的适格原告的条件,满足第三人撤销之诉顺畅运行的需要。

第二,司法实践进一步凝练了适格原告的条件。从具体数据来看,2013 年因原告资格问题导致第三人提起的撤销之诉被不予受理或驳回起诉的情形较简单,主要是通过案件资料审查认为第三人"既非有独立请求权的第三人也非无独立请求权的第三人",因此直接作出了不予受理或者驳回起诉的裁定;并且,法院在裁定中也并不对判断第三人不属于有独立请求权第三人或无独立请求权第三人的依据进行详细论证,而只是简单给出结论,导致了对一审裁定的上诉或者二审裁定的再审较多。究其原因,在于 2013 年第三人撤销之诉运行伊始,立法的模糊造成了司法实践的困难,且尚不具备法官在裁定中详细而具体地解释原告资格问题的立法条件和实践经验。从 2014 年起,有关主体资格的裁判事由日益具体,除第三人"既非有独立请求权的第三人也非无独立请求权的第三人"和不具备"无法证明因不能归责于本人的事由未参加诉讼"事由外,2014 年出现了新的事由——“分属两类法律关系”和“原告主张的实体权利为普通债权”,2015 年在原有事由的基础上出现了“诉讼地位为当事人”“第三人参加原审”和“不能以个人名义起诉”三种新的事由,到了 2016 年和 2018 年裁判事由趋于稳定,延续了以上 7 种裁判事由。从 2014 ~ 2018 年的整体数据来看,因第三人“既不属于有独立请求权第三人也不属于无独立请求权第三人”而作出的不予受理(或驳回起诉)的裁定占比高居第一位,2013 ~ 2018 年一审、二审程序中因该事由作出的不予受理(或驳回起诉)裁定数量与该年因主体原因作出的不予受理(或驳回起诉)裁定的比例分别是 93.75%、79.67%、77.21%、81.94%、80.02%、67.54%。2013 ~ 2017 年因“无法证明因不能归责于本人的事由未参加诉讼”而作出的不予受理(或驳回起诉)的裁定占比位于第二位或第三位,具体而言,因“无法证明因不能归于自身的原因不能参诉”而作出的不予受理(或驳回起诉)的裁定数量与该年因主体原因作出的不予受理(或驳回起诉)裁定数量的比例分别是 6.25%、8.47%、5.52%、7.84% 和 5.11%,依次居于第二位、第二位、第三位、第二位和第三位。“原告主张的实体权利为普通债权”这一事由自 2014 年出现之后,成为一项重要的裁判事由,因该事由作出的不予受理(或驳回起诉)裁定数量与因“无法证明因不能归于自身的原因不能参诉”作出的不予受理(或驳回起诉)裁定数量交替居于第二位或第三位,2014 ~ 2018 年一审、二审程序中因该事由作出的不予受理(或驳回起诉)裁定数量与该年因主体原因作出的不予受理(或驳回起诉)裁定的比例分别是 8.47%、11.38%、6.89%、10.99% 和 15.37%,依次居于第二位、第二位、第三位、第二位和第二位。从 2017 年开始,因“原告主张的实体权利为普通债权”作出的裁定的数量远远超过“无法证明因不能归责于本人的事由未参加诉讼”作出的裁定,稳居第二位,因“无法证明因不能归责于本人的事由未参加诉讼”而作出不予受理(或驳回起诉)的裁定数量从 2017 年开始逐渐减低,到了 2018 年,随着其他事由的变化,因该事由作出的不予受理(或驳回起诉)裁定数量与该年因主体原因作出的不予受理(或驳回起诉)裁定的比例降到了 3.57%,位居第四位。此外,因 2014 年出现的新的事由——“分属两类法律关系”作出的裁定、因 2015 年出现的新事由——“诉讼地位为当事人”“第三人参加原审”和“不能以个人名义起诉”作出的裁定数量一直较少,仅到了 2018 年因“不能以个人名义起诉”作出的裁定数量方有明显增加。从数据分析可见,随着司法实践的不断深入,第三人撤销之诉的原告适格的条件越来越细化。

但从目前来看,司法实践依然需要进一步细化作出不予受理(或驳回起诉)裁定的事由,固定符合第三人撤销之诉性质的适格原告的条件。

第三,对第三人撤销之诉适格原告的判断依然困难重重。第三人撤销之诉的核心问题是对适格原告的判断,其直接关乎该诉受理以及后续审理的展开。尽管我国《民事诉讼法》第 56 条第 3 款在设置第三人撤销之诉时,试图通过与有独立请求权第三人和无独立请求权第三人一并规定的方式来简化对第三人撤销之诉适格原告的判断,然而即便不考虑立法体例安排和逻辑等问题,有独立请求权第三人和无独立请求权第三人这两个概念本身内涵的模糊便决定了这一目的难以实现。从法国和我国台湾地区的第三人撤销之诉的适格原告的规定来看,两者皆未将第三人撤销之诉的适格原告与诉讼参加人相关联,而是单独规定了适格原告的条件。尽管在规定适格原告的条件时,法国侧重对第三人实体权利的保护,而我国台湾地区则侧重对程序权益的保障,但共同认可的是第三人与当事人之间的诉讼必须有利害关系。因此,有无利害关系便成为判断适格原告的核心要件。综观我国第三人撤销之诉的适格原告的条件,依然绕不开"法律上的利害关系"这一概念。对有独立请求权第三人内涵和对无独立请求权第三人内涵的判断,实际上都是对有无"法律上的利害关系"的判断。后来在司法实践中逐渐出现的细化判断第三人撤销之诉适格原告的条件,也是围绕"有无法律上的利害关系"这一核心要件具体展开的。然而,"法律上的利害关系"这一概念的丰富内涵决定了无法以具体的法律规定穷尽所有情形。在第三人撤销之诉中,判断有无"法律上的利害关系"时并不能单纯从理论上判定,而应该结合第三人撤销之诉的性质以及第三人撤销之诉的实际运行情况进行具体判断,通过司法实践细化具体情形下的判断标准。就我国第三人撤销之诉的适格原告的条件而言,亟待在司法实践深化的过程中进一步具体和凝练。

4. 对因客体原因不予受理(或驳回起诉)裁定的具体原因的分析

直接影响第三人撤销之诉受理情况的另一重要因素是客体要件,尽管其未达到主体要件的影响程度,但在 2013 ~ 2018 年,客体要件一直是法院作出不予受理(或驳回起诉)的裁定第二大因素。我国《民事诉讼法》第 56 条第 3 款仅原则性地规定了第三人撤销之诉的客体是"损害其(第三人)民事权益"和"发生法律效力的判决、裁定、调解书的部分或者全部内容",直到 2015 年《司法解释》的出台,第三人撤销之诉的客体范围在一定程度上才得以明确,但并没有从根本上解决第三人撤销之诉的客体范围不明确的问题,而且客体范围较狭窄的问题始终没有受到重视。目前,有关第三人撤销之诉客体要件的立法问题必然会在司法实践中有所体现。表2-23至表2-28以及图2-24至图2-41为2013~2018年一审、二审程序中由于客体原因被不予受理(或驳回起诉)裁定的数据统计情况。

表2-23 2013年一审、二审程序中因客体原因被不予受理(或驳回起诉)裁定的数据统计

单位:件

原因	一审		二审	
	不予受理	驳回起诉	裁定驳回上诉,维持原不予受理裁定	驳回上诉,维持原驳回起诉裁定
没有证据证明原生效裁判、调解书错误而损害其民事权益	1	0	1	0
诉请撤销的对象是执行过程中的裁定	0	0	1	0
原告诉请撤销的裁判尚未生效	0	1	0	0
合计	1	1	2	0

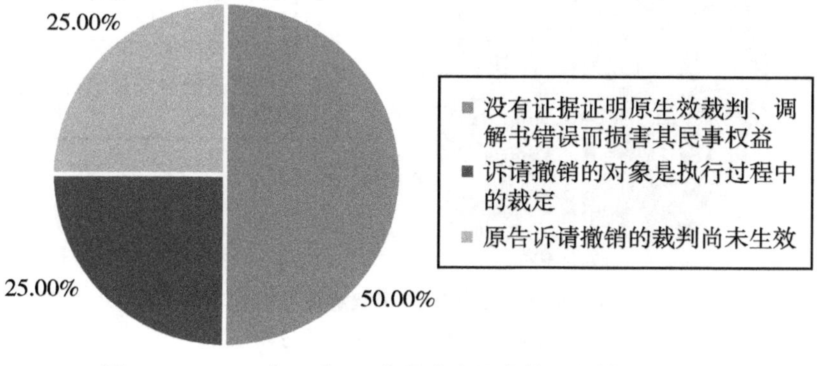

图2-24 2013年一审、二审程序中因客体原因被不予受理(或驳回起诉)裁定的成因分析

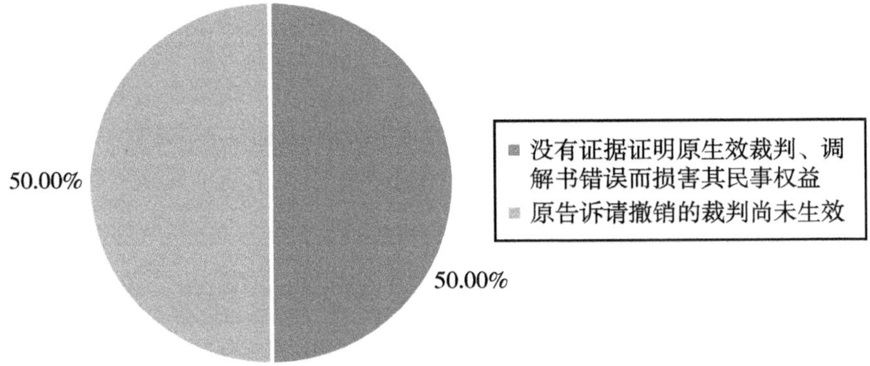

图 2-25　2013 年一审程序中因客体原因被不予受理（或驳回起诉）裁定的成因分析

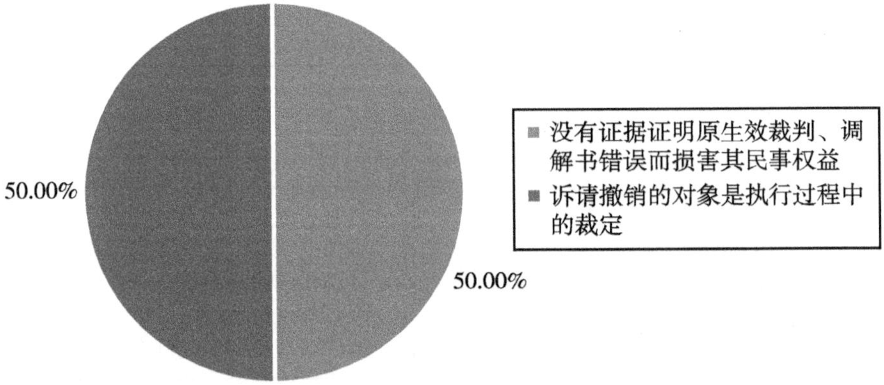

图 2-26　2013 年二审程序中因客体原因被不予受理（或驳回起诉）裁定的成因分析

表 2－24　2014 年一审、二审程序中因客体原因被不予受理（或驳回起诉）裁定的数据统计

单位：件

原因	一审		二审		
	不予受理	驳回起诉	驳回上诉，维持原一审不予受理裁定	驳回上诉，维持原一审驳回起诉裁定	撤销原判决，驳回起诉
没有证据证明原生效裁判、调解书错误而损害其民事权益	6	6	13	3	0
诉请撤销的对象是执行过程中的裁定	0	1	0	0	0
原告诉请撤销的裁判尚未生效	0	0	0	0	0
针对生效裁判的事由提起撤销之诉	1	0	0	0	1
针对再审判决书提起的第三人撤销之诉	0	0	0	1	0
合计	7	7	13	4	1

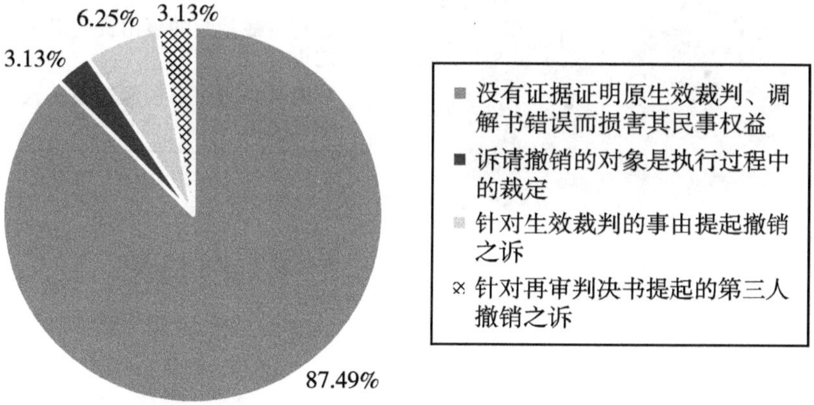

图 2－27　2014 年一审、二审程序中由于客体原因被不予受理（或驳回起诉）裁定的成因分析

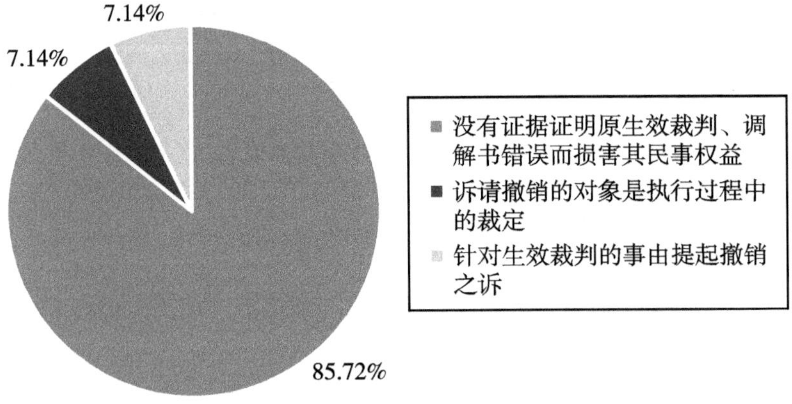

图 2－28　2014 年一审程序中由于客体原因被不予受理（或驳回起诉）裁定的成因分析

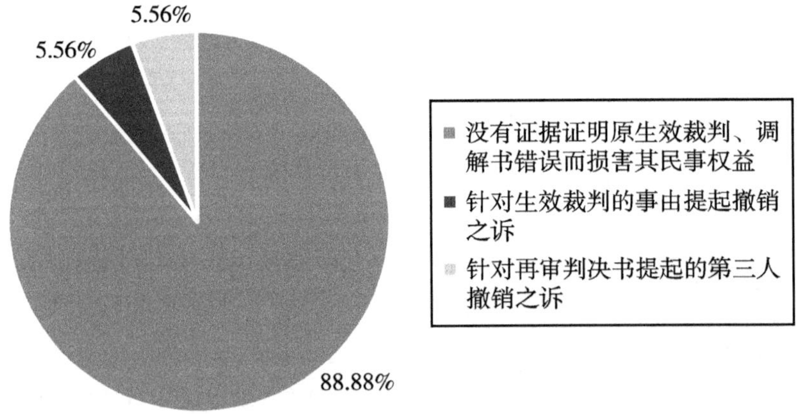

图 2－29　2014 年二审程序中因客体原因被不予受理（或驳回起诉）裁定的成因分析

表 2-25　2015 年一审、二审程序中因客体原因被不予受理（或驳回起诉）裁定的数据统计

单位：件

原因	一审		二审		
	不予受理	驳回起诉	驳回上诉，维持原一审不予受理裁定	驳回上诉，维持原一审驳回起诉裁定	撤销原判决，驳回起诉
没有证据证明原生效裁判、调解书错误而损害其民事权益	14	4	14	4	1
诉请撤销的对象是执行过程中的裁定	2	3	3	1	0
诉请撤销的对象是经非讼程序作出的裁判	4	5	0	1	0
针对生效裁判的事由提起撤销之诉	1	2	4	1	1
原告诉请撤销的裁判尚未生效	2	4	1	2	0
合计	23	18	22	9	2

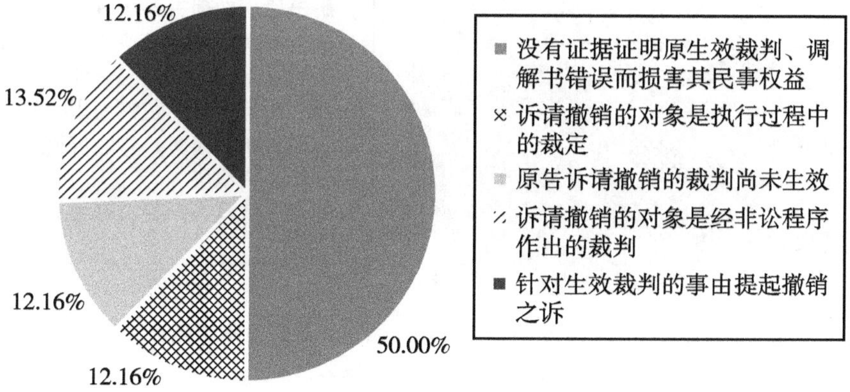

图 2-30　2015 年一审、二审程序中由于客体原因被不予受理（或驳回起诉）裁定的成因分析

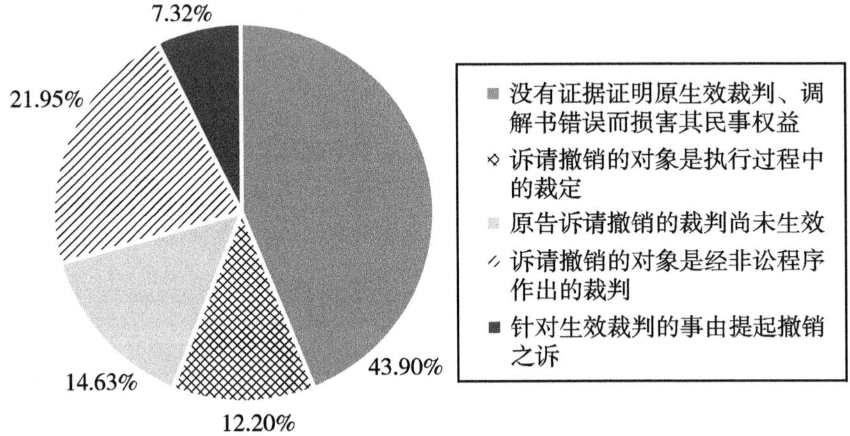

图 2-31　2015 年一审程序中由于客体原因被不予受理（或驳回起诉）裁定的成因分析

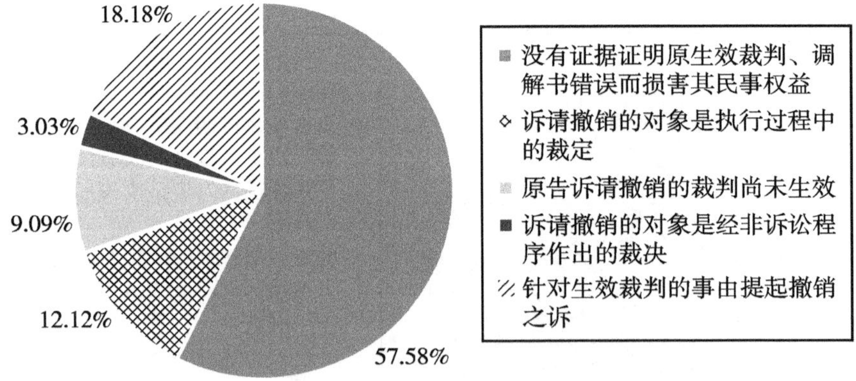

图 2-32　2015 年二审程序中因客体原因被不予受理（或驳回起诉）裁定的成因分析

表 2－26　2016 年一审、二审程序中因客体原因被不予受理（或驳回起诉）裁定的数据统计表

单位：件

原因	一审		二审			
	不予受理	驳回起诉	驳回上诉，维持原一审不予受理裁定	驳回上诉，维持原一审驳回起诉裁定	撤销原判决，驳回起诉	驳回上诉，维持原判
没有证据证明原生效裁判、调解书错误而损害其民事权益	19	10	27	9	1	0
诉请撤销的对象是执行过程中的裁定	0	1	1	0	0	0
诉请撤销的对象是经非讼程序作出的裁判	3	1	1	1	2	0
针对生效裁判的事由提起撤销之诉	9	5	4	5	1	0
原告诉请撤销的裁判尚未生效	0	0	0	0	0	1
合计	31	17	33	15	4	1

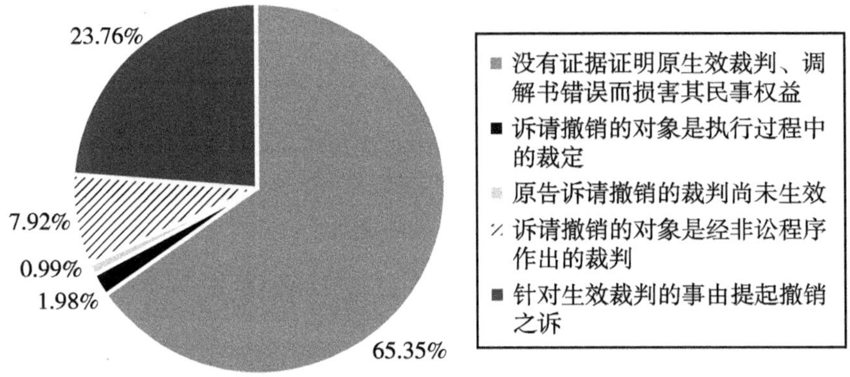

图 2－33　2016 年一审、二审程序中因客体原因被不予受理（或驳回起诉）裁定的成因分析

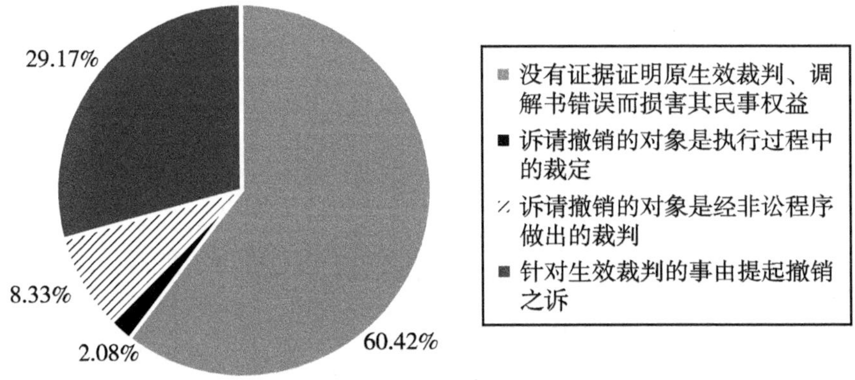

图 2－34　2016 年一审程序中因客体原因被不予受理（或驳回起诉）裁定的成因分析

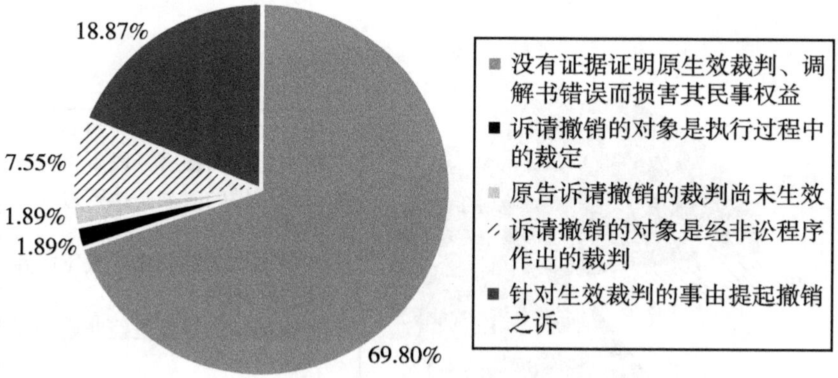

图2-35 2016年二审程序中因客体原因被不予受理（或驳回起诉）裁定的成因分析

表2-27 2017年一审、二审程序中因客体原因被不予受理（或驳回起诉）裁定的数据统计

单位：件

原因	一审		二审			
	不予受理	驳回起诉	驳回上诉，维持原一审不予受理裁定	驳回上诉，维持原一审驳回起诉裁定	撤销原判决，驳回起诉	驳回上诉，维持原判
没有证据证明原生效裁判、调解书错误而损害其民事权益	41	26	29	18	3	1
诉请撤销的对象是执行过程中的裁定	2	2	6	1	0	0
诉请撤销的对象是经非讼程序作出的裁判	2	4	1	3	0	0
针对生效裁判的事由提起撤销之诉	11	25	7	5	1	0
诉请撤销的裁判未生效（或并非终审裁判）	10	4	7	3	1	0
合计	66	61	50	30	5	1

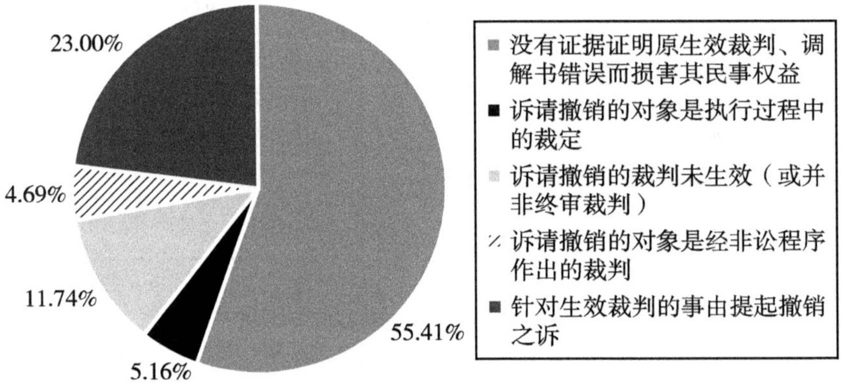

图 2-36　2017 年一审、二审程序中因客体原因被不予受理（或驳回起诉）裁定的成因分析

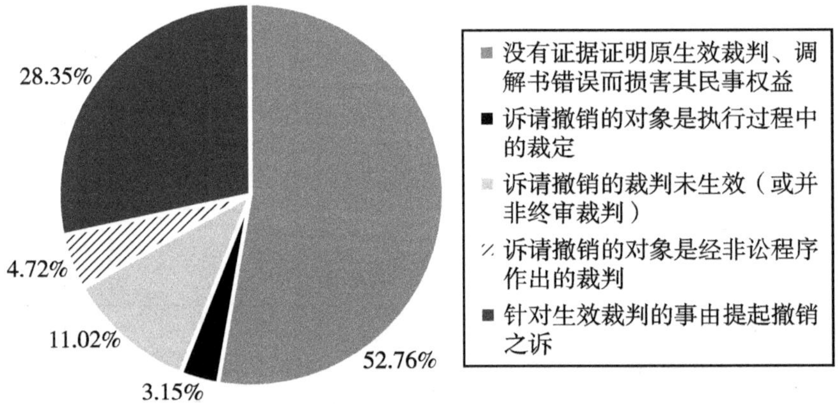

图 2-37　2017 年一审程序中因客体原因被不予受理（或驳回起诉）裁定的成因分析

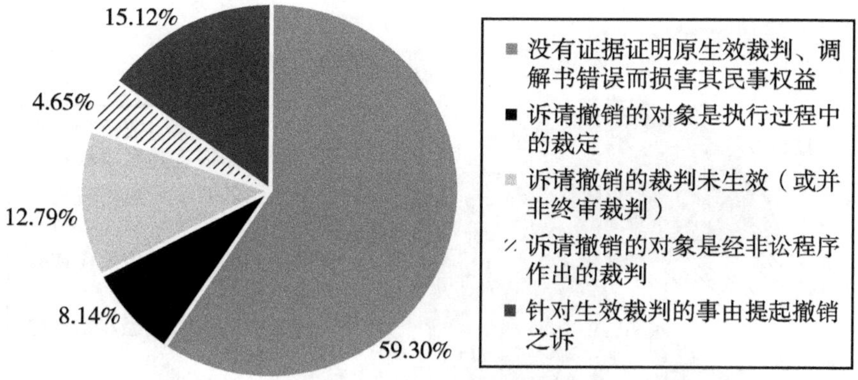

图 2－38　2017 年二审程序中因客体原因被不予受理（或驳回起诉）裁定的成因分析

表 2－28　2018 年一审、二审程序中因客体原因被不予受理（或驳回起诉）裁定的数据统计

单位：件

原因	一审		二审			
	不予受理	驳回起诉	驳回上诉，维持原一审不予受理裁定	驳回上诉，维持原一审驳回起诉裁定	撤销原判决，驳回起诉	驳回上诉，维持原判
没有证据证明原生效裁判、调解书错误而损害其民事权益	32	23	19	21	0	4
诉请撤销的对象是执行过程中的裁定	4	2	4	1	1	0
诉请撤销的对象是经非讼程序做出的裁判	2	4	4	2	0	0
针对生效裁判的事由提起撤销之诉	7	7	1	21	2	0
诉请撤销的裁判未生效(或并非终审裁判)	2	4	1	3	1	0
合计	47	40	29	48	4	4

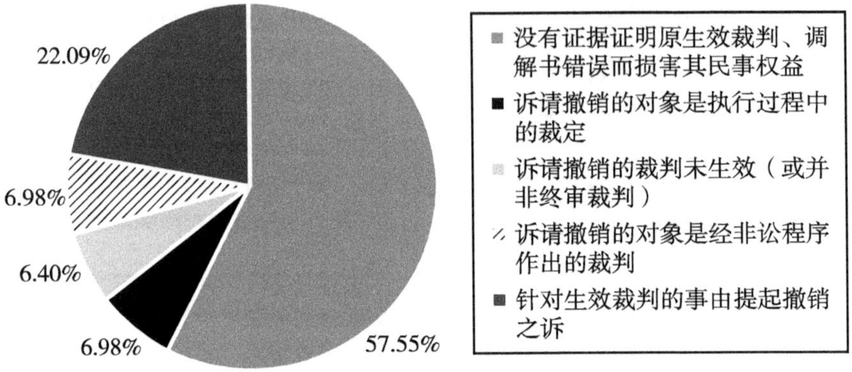

图 2-39　2018 年一审、二审程序中因客体原因被不予受理（或驳回起诉）裁定的成因分析

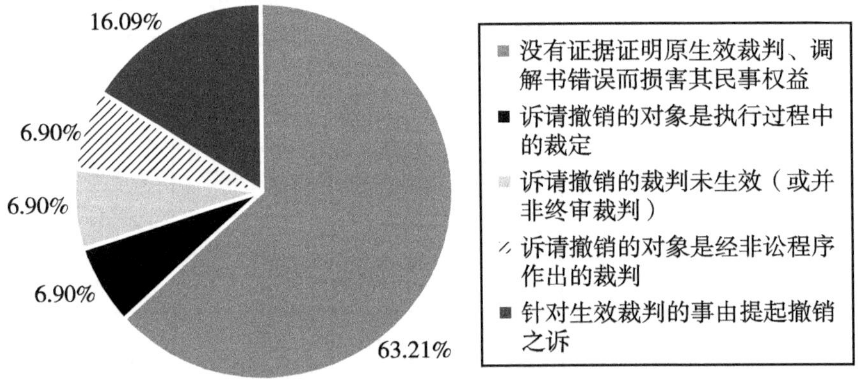

图 2-40　2018 年一审程序中因客体原因被不予受理（或驳回起诉）裁定的成因分析

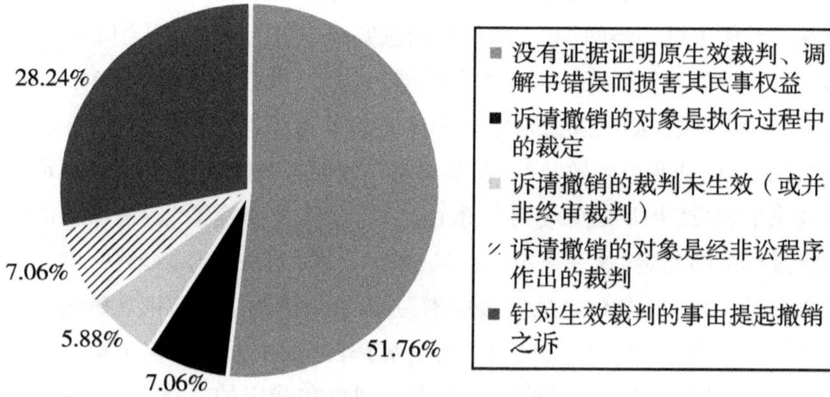

图 2－41　2018 年二审程序中因客体原因被不予受理（或驳回起诉）裁定的成因分析

图 2－24 至图 2－41，以及表 2－23 至表 2－28 中反映出了 2013～2018 年全国各级法院因客体原因作出不予受理（或驳回起诉）裁定或者在二审法院作出的维持一审不予受理（或驳回起诉）裁定的二审裁定的两个重要特点。

一方面，"没有证据证明原生效裁判、调解书错误而损害其民事权益"始终是法院作出不予受理（或驳回起诉）裁定所依据的最主要的要素。2013～2018 年在一审、二审程序中因"没有证据证明原生效裁判、调解书错误而损害其民事权益"作出的不予受理（或驳回起诉）裁定数量与该年因客体原因作出的不予受理（或驳回起诉）裁定的比例分别是 50.00%、87.49%、50.00%、65.35%、55.41% 和 57.55%。虽然以上比例本身并不能直接说明问题，但是结合该要素的内涵以及法院依据该要素作出不予受理（或驳回起诉）的裁定时对事实和理由部分的论证不难看出，过高的比例背后实际上存在立案阶段就进行实体审理的可能。

另一方面，司法实践在第三人撤销之诉的客体范围具体化方面作出了初步探索，并最终由《司法解释》固定了第三人撤销之诉的客体范围。如前所述，由于我国《民事诉讼法》第 56 条第 3 款只是原则性地规定了第三人撤销之诉的适用对象为发生效力的判决、裁定和调解书，由此所导致的第三人撤销之诉的客体范围狭窄和笼统的问题较突出。2013 年第三人撤销之诉运行之初，在客体要件方面仅能明确两点：一是诉请撤销的是生效的判决、裁定和调解书；二是生效的判决、裁定和调解书损害了第三人的民事权益。至于诉请撤销的判决和裁定包括哪些,诉请撤销的是生效的判决、裁定和调解书的哪些内容,法律并没有作出进一步的规定,亟待在司法实践中进行探索。从图2－24至图2－41,以及表2－23至表2－28中可以看出,第三人撤销之诉自2013年运行之始,就开始尝试将第三人撤销之诉客体对象的范围具体化。因此,在法律规定的“没有证据证明原生效裁判、调解书错误而损害其民事权益”和“诉请撤销的裁判未生效(或并非终身裁判)”事由之外,法院又明确了“诉请撤销的对象是执行过程中的裁定”这一事由。并且,该事由被《司法解释》最终采纳。但是经过2013年和2014年的司法实践探索,并没有解决第三人撤销之诉的客体范围过于笼统的问题。因此,2015年《司法解释》从四个方面明确了第三人撤销之诉的客体范围:第一,利用排除式限定了判决和裁定的具体范围,明确规定第三人撤销之诉不适用特别程序、督促程序、公示催告程序、破产程序等非讼程序处理的案件;第二,利用列举排除式明确了对婚姻无效、撤销或者解除婚姻关系等判决、裁定、调解书中涉及身份关系的内容不得提起第三人撤销之诉;第三,直接明确了可诉请撤销的是判决、裁定的主文,调解书中处理当事人民事权利义务的结果;第四,列举了在特殊情况下不适用第三人撤销之诉的两种生效裁判——未参加登记的权利人对代表人诉讼案件的生效裁判和损害社会公共利益行为的受害人对公益诉讼案件的生效裁判。从图2－24至图2－41以及表2－23至表2－28中可以看出,2013年法院作出不予受理(或驳回起诉)裁定的理由有3个,即“没有证据证明原生效裁判、调解书错误而损害其民事权益”“诉请撤销的裁判未生效(或并非终身裁判)”“诉请撤销的对象是执行过程中的裁定”。但随着2015年《司法解释》的实施,依据“诉请撤销的对象是经非讼程序作出的裁判”和“针对生效裁判的事由提起撤销之诉”这两种《司法解释》明确排除在第三人撤销之诉的客体范围之外的理由作出的不予受理(或驳回起诉)裁定的数量越来越多。至此,第三人撤销之诉的客体范围得以具体化和固定化。当然,《司法解释》并没有解决第三人撤销之诉客体范围较狭窄的问题,按照目前的法律规定,第三人撤销之诉依然不适用于生效的仲裁裁决。

5.第三人以虚假诉讼为事由提起撤销之诉却因原告不适格被驳回的情况分析

从我国第三人撤销之诉的目的定位来看,其旨在应对虚假诉讼等亟待解决的问题。但是,目前的立法将第三人撤销之诉的原告限定为有独立请求权的第三人和无独立请求权的第三人，而从第三人的内涵来看，无论是有独立请求权的第三人还是无独立请求权的第三人，都不包括被当事人之间的虚假诉讼侵害到的第三人。这一矛盾在司法实践中是如何体现的？有必要专门统计第三人以虚假诉讼为事由提起撤销之诉却因原告“既不是有独立请求权的第三人又不是无独立请求权的第三人”被驳回的情况。（见图4－42、图4－43）

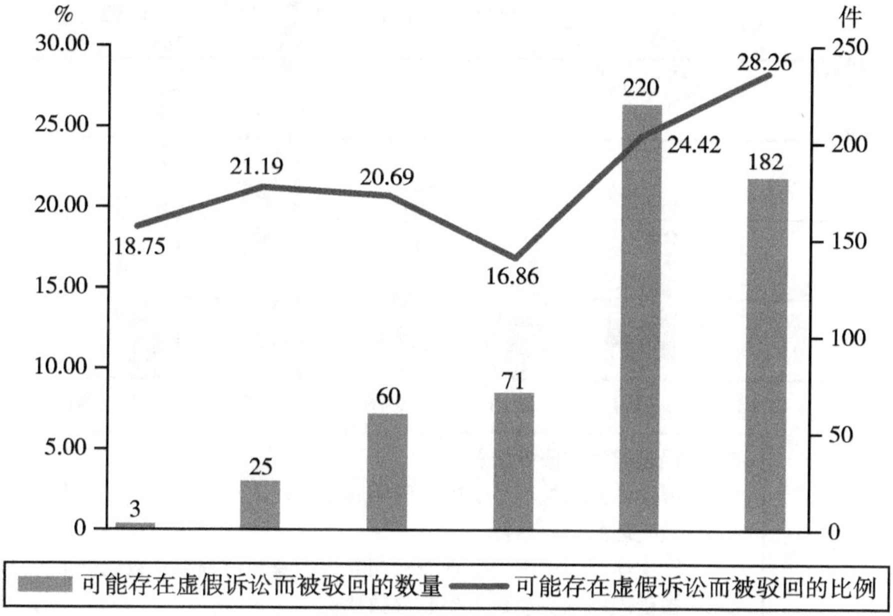

图2－42　2013～2018年原告主张存在虚假诉讼被不予受理（驳回起诉）裁定与当年因主体原因被不予受理（或驳回起诉）的裁定的比例

在分析2013～2018年因主体原因被不予受理（或驳回起诉）的裁定时可以看出，法院一审、二审程序中单纯以原告“既不是有独立请求权的第三人也不是无独立请求权第三人”这一事由作出的裁定数量与当年法院因主体原因作出的裁定总数之比分别为93.75%、79.67%、77.24%、81.94%、80.02%和67.54%（见图2－6、图2－9、图2－12、图2－15、图2－18、图2－21），一直占据绝对多数地位。但与该高比例形成鲜明对比的是，法院在作出裁定时对该事由仅给出简单的结论而未对“原告既不是有独立请求权的第三人也不是无独立请求权第三人”的具体原因进行论证。而在因“原告既不是有独立请求权的第三人也不是无独立请求权第三人”而作出的不予受理（或驳回起诉）的裁定中，有一部分是法院针对第三人以当事人之间存在虚假诉讼为由提起的撤销

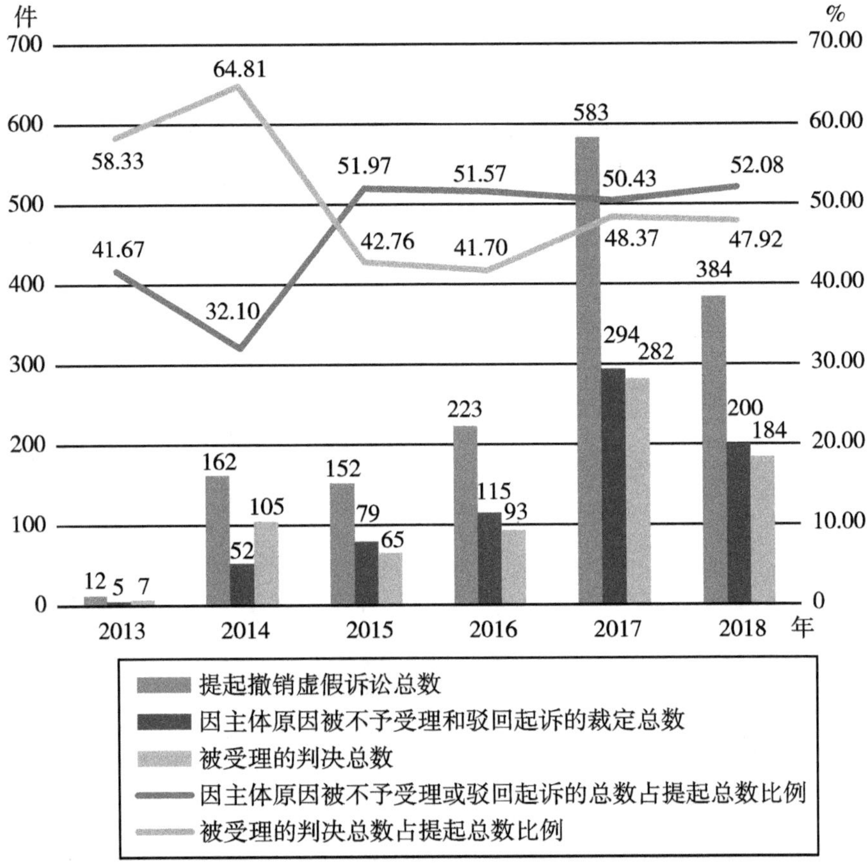

图 2-43　2013~2018 年原告主张存在虚假诉讼而提起的第三人撤销之诉中由于主体原因被不予受理(或驳回起诉)的裁定总数与受理后作出的判决总数对比

之诉而作出的裁定,即由于以当事人之间存在虚假诉讼为由提起的撤销之诉的第三人既不是对当事人双方的诉讼标的有独立请求权的第三人,也不是与当事人之间的案件处理结果有法律上利害关系的无独立请求权的第三人,所以法院认为其并非第三人撤销之诉的适格原告,因而作出了不予受理(或驳回起诉)的裁定。从图 2-42 来看,2013~2018 年原告主张存在虚假诉讼被不予受理(驳回起诉)裁定与当年因主体原因被不予受理(或驳回起诉)的裁定的比例分别是 18.75%、21.19%、20.69%、16.86%、24.42% 和 28.26%。这些裁定均是法院针对第三人主张当事人之间存在虚假诉讼而提起的撤销之诉,却简单以该第三人“既不是有独立请求权的第三人也不是无独立请求权第三人”为理由作出，而均非基于“第三人没有证据证明当事人之间不存在虚假诉讼”这一事由作出。不仅如此，从图 2-43 来看，2013~2018 年在原告主张存在虚假诉讼而提起的第三人撤销之诉中，因主体原因被不予受理（或驳回起诉）的裁定总数与提起撤销虚假诉讼的第三人撤销之诉的诉讼总数之比分别是 41.67%、32.10%、51.97%、51.57%、50.43% 和 52.08%，尤其是自 2015 年起，该比例稳定在了 50% 以上，原告主张存在虚假诉讼而提起第三人撤销之诉的立案难度可见一斑。在司法实践中，显然存在因生硬适用我国《民事诉讼法》第 56 条第 3 款的规定而将被当事人之间虚假诉讼侵害的第三人利益排除在第三人撤销之诉救济之外的风险，导致我国设置第三人撤销之诉以解决虚假诉讼的初衷难以实现。而深入分析此类裁定不难发现，此类情况主要发生在债权纠纷之中。由于债权法律关系具有相对性，相对主体之间的诉讼本身与其他主体之间不存在法律上的利害关系，没有一并解决的必要。所谓法律上的利害关系，是指当事人争议的法律关系与第三人参加的另一法律关系有牵连，在前一法律关系中，当事人是否行使权利、履行义务，对后一法律关系中当事人行使权利、履行义务具有直接影响。申言之，要具有法律上的利害关系，当事人争议的法律关系与第三人参加的另一法律关系应当具有一定的牵连关系。在司法实践中，这种所谓的牵连关系主要有以下几种情形：一是第三人在原诉讼中有可能被直接判令承担民事责任；二是原诉讼结束后，第三人在后诉中有被追偿的风险和可能；三是原诉讼的裁判结果与第三人参加的后诉之间具有先决关系，第三人参加的后诉要以原诉讼的裁判结果作为基础和依据；四是第三人的实体权利义务关系要受到原诉讼裁判结果的约束。按照理论上对“法律上的利害关系”内涵的界定，于当事人之间的虚假诉讼损害第三人的利益时，在形式上第三人与当事人之间的诉讼并不存在法律上的利害关系，按照目前的法律规定，该种类型的第三人自然不享有提起第三人撤销之诉的原告资格。然而，在当事人之间存在虚假诉讼的情况下，当事人之间的虚假诉讼与第三人之间便有事实上的利害关系，一旦当事人通过虚假诉讼对相应的权利和义务进行处分，那么在事实上与此有关的第三人的利益就会受到影响，导致在第三人与原告一方当事人之间的债权债务关系中，由于一方当事人的财产通过虚假诉讼的方式被处分，第三人的债权最终将无法实现。

由此可见，由于我国目前的第三人制度中本不存在防止诈害诉讼参加的类型,当事人之间存在诉讼欺诈或者虚假诉讼等情形所侵害的第三人,并没有于事前以"第三人"身份参加当事人之间诉讼的资格。加之,现有法律将第三人撤销之诉的原告限定为有独立请求权的第三人和无独立请求权的第三人,因此,诈害诉讼中的第三人实际上难以提起第三人撤销之诉以救济自身的合法权益,致使我国设置第三人撤销之诉的直接目的难以实现。

(三)判决情况分析

1. 对判决情况的总体分析

如前所述,是否有必要设置第三人撤销之诉,这在2012年修法时就是一个极具争议性的问题。当时,在持否定论的学者中,有学者从根本上否定设置第三人撤销之诉的必要性,认为没有必要设置任何独立的事后保护第三人利益的救济方式;亦有部分学者认为,从我国目前第三人利益保护制度构建的现状来看,在原有的案外人再审之诉的基础上适度扩大适用范围即可实现对民事诉讼第三人利益的有效保护。第三人撤销之诉设置之后,学术界对其设置的必要性的质疑并没有停止。学者们基于目前有关第三人撤销之诉的规定来分析第三人撤销之诉没有存在的必要性,认为有独立请求权的第三人,可以通过提起独立的新诉对自身的合法权益进行救济,没有专门设置第三人撤销之诉对其利益进行救济的必要性;对于无独立请求权第三人来说,如果判决第三人承担民事责任,则其针对当事人之间损害其合法权益的生效裁判可以提起再审之诉,如果无独立请求权第三人没有被判令承担民事责任,则当事人之间的生效裁判就不会对其产生效力,也就没有对其利益进行救济的必要性;对于当事人之间通过诉讼欺诈或者虚假诉讼损害第三人的情形,可以设置诉讼诈害防止参加制度对第三人的利益进行保护,而没有设置属于特殊程序的第三人撤销之诉的必要性。即便对设置第三人撤销之诉持肯定论的学者,针对第三人撤销之诉的程序构建现状,对该诉的实效性也持怀疑态度。他们认为,第三人撤销之诉的原告范围较窄,难以满足保护各种第三人的需要;第三人提起撤销之诉的事由规定并不清晰,造成在司法实践中无法正确把握受理该诉的尺度,导致该诉的实效性大打折扣。

对于质疑第三人撤销之诉设置必要性的学者们的观点,自然可以通过理论分析加以驳斥。对于认为通过扩大原有的案外人再审之诉的适用范围就可以实现对民事诉讼第三人利益进行有效保护的观点来说,前述中对第三人撤销之诉与第三人再审之诉的对比分析已经回答了这一问题,从程序保障角度来看，第三人撤销之诉相对第三人再审之诉而言是一种更优越的第三人利益事后保护制度。对于从根本上否定第三人撤销之诉的设置而认为可以通过普通诉讼对第三人利益进行救济的观点，前述中从当事人之间的生效裁判向第三人扩张的必要性对该观点已进行反驳。然而，纯粹的理论分析往往显得苍白。第三人撤销之诉设置之后，在司法实践中是否真正保护了第三人的合法权益，目前依然是一个需要实证研究的问题。通过分析2013～2018年第三人撤销之诉的判决书对原告诉讼请求的支持和驳回情况，可窥见设置第三人撤销之诉的必要性和该诉目前在司法实践中的实效性（见图2－44）。

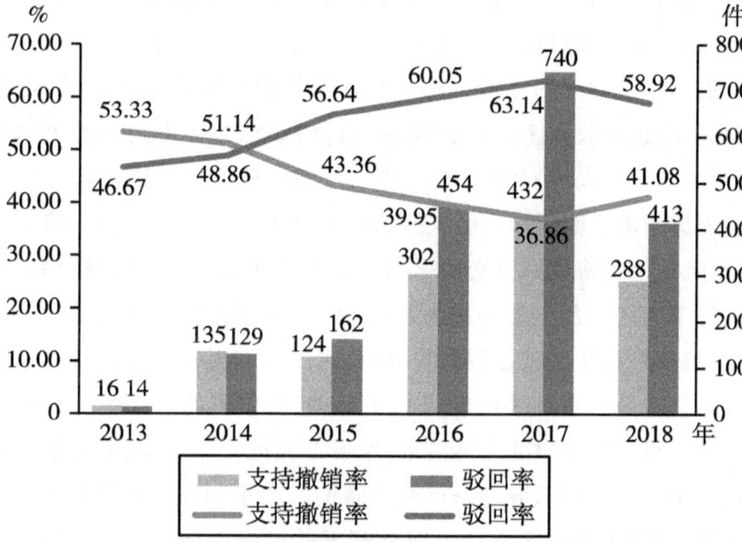

图2－44　2013～2018年对撤销原生效裁判的诉讼请求的支持率和驳回率的总体变动情况

从图2－44中可以看出，2013～2014年支持原告诉讼请求并撤销原生效裁判的比例有所提高，但是由于2013～2014年有关第三人撤销之诉的判决较少，因此该比例并不稳定。2014～2017年第三人撤销之诉判决支持诉讼请求的比例有所降低，到了2018年有所回升，但2016～2018年支持原告诉讼请求并撤销原生效裁判的比例基本保持平稳。由于判决数量较多，该比例在一定程度上反映了第三人撤销之诉的实践现状。但需要指出的是，由于总体变动情况中包含了一审、二审和再审的数据，二审和再审所面临的支持诉讼请求和驳回诉讼请求的情况较复杂,因此支持诉讼请求与驳回诉讼请求之间的比例并不能直接反映第三人撤销之诉在保护第三人利益方面的实际效用。就一审而言,判决情形较简单,无外乎驳回诉讼请求和支持诉讼请求,支持原告诉讼请求的比例直接反映了第三人撤销之诉在保护第三人利益方面起到的实际作用,而驳回诉讼请求的比例则在一定程度上反映了第三人撤销之诉被滥用的程度,并体现了对第三人撤销之诉程序予以完善的必要性,结合对裁定的分析,则可以定位第三人撤销之诉需要程序完善的具体之处。但分析二审和再审的诉讼请求支持情况,则需要进一步结合一审判决情况进行具体分析。判决撤销一审判决,意味着对上诉人的上诉请求予以支持,但上诉人在一审中的地位不同,所以并不能直接作为衡量保护第三人利益实际效用的数据支撑。上诉人提请上诉的一审判决包括驳回诉讼请求的一审判决和撤销或改变原裁判或调解书的错误部分的一审判决,因此,所作出的驳回上诉请求、维持原判的二审判决,既包括驳回上诉人针对驳回诉讼请求的一审判决提出的上诉请求,又包括驳回上诉人针对撤销或改变原裁判或调解书的错误部分的一审判决提出的上诉请求。而所作出的支持上诉人的上诉请求并撤销一审判决的二审判决,则既包括了将驳回诉讼请求的一审判决撤销,也包括将撤销或改变原裁判或调解书的错误部分的一审判决撤销。再审判决中也面临同样的问题。因此,在对总体判决状况进行数据统计时,对二审和再审驳回诉讼请求和支持诉讼请求最终按照一审判决内容进行了归纳,所作出的驳回上诉人针对驳回诉讼请求的一审判决提出的上诉请求、维持原判的二审判决,和将撤销或改变原裁判或调解书的错误部分的一审判决撤销的二审判决归于驳回诉讼请求之列;将驳回针对撤销或改变原裁判或调解书的错误部分的一审判决的上诉请求的二审判决和撤销驳回诉讼请求的一审判决的二审判决归入支持诉讼请求之中。对再审判决的分析亦是如此。因此,2013 ~ 2018 年第三人撤销之诉判决中支持撤销率和诉讼请求驳回率的总体变动情况切实反映了第三人撤销之诉在保护第三人利益方面的实际效果。由此可见,对于第三人撤销之诉来说,再无必要集中精力讨论该诉有无设置的必要性,而应该针对该诉程序构建中存在的问题寻找程序完善的方案。

通过分析图 2 – 45 和图 2 – 46 显示的第三人撤销之诉 2013 ~ 2018 年的一审、二审和再审的诉讼请求支持率和驳回率不难看出,一审对当事人提起的诉讼请求的支持率与驳回率之间的比例,基本合理,对于第三人撤销之诉这一特殊的事后救济制度来说，必然会牵涉第三人与原诉讼当事人就生效裁判是否损害了第三人的合法权益的争议，争议的激烈程度远大于普通诉讼。毕竟在第三人撤销之诉中，第三人请求保护的权利和原诉讼当事人的权利产生的法律关系往往都是合法的，只是权利的保护方式和顺序不同，因此，是否通过撤销当事人之间的生效裁判来保护第三人的合法权益是一个需要具体衡量的问题。因此，这一比率并不难以接受。同样，二审对一审判决的改判率和再审对生效裁判的纠错率，相对而言亦比较合理，原因依然在于第三人撤销之诉对权利的保护是一个错综复杂的问题，往往面临保护两种以上合法权利的难题。面对这样的问题，不同法院存在不同的认识是正常的。但是需要指出的是，第三人撤销之诉程序构建自身的缺陷也是一个重要原因。结合前面分析裁定的情况来看，至少存在两个方面的问题：一方面，受理条件不明确；另一方面，起诉事由不具体。受理条件不明确既可能是由于受理条件过于严格，导致大量的第三人撤销之诉无法被受理，也会导致大量的诉权被滥用，致使本不应该受理的第三人撤销之诉进入诉讼程序中。起诉事由的不具体，导致不同法院对于第三人提起的撤销之诉是否具有法律所保护的事由没有统一认识，因此就同一案件不同级别法院可能有不同认识，致使二审法院对一审判决的纠错率和再审法院对生效裁判的纠错率相对较高。除程序上的问题外，一审判决驳回诉讼请求的比例、二审撤销一审裁判的比例和再审纠错率为第三人撤销之诉的理论研究和立法、司法工作发出了警示，深入研究第三人撤销之诉的各种不同的起诉事由，定位第三人撤销之诉可以保护的第三人的实体权利范围是一项重要任务，与第三人撤销之诉原告资格的确定密切相关，更可以有力防范第三人滥用诉权。

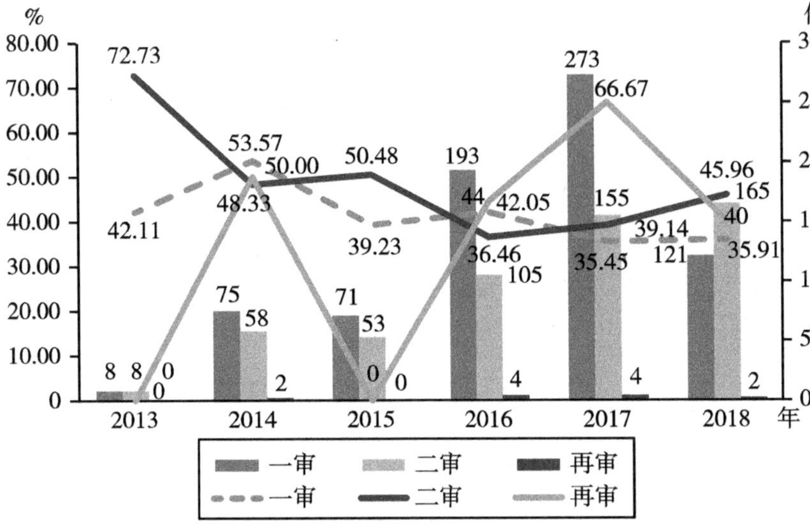

图 2-45　2013~2018 年一审、二审和再审的支持撤销率变动情况

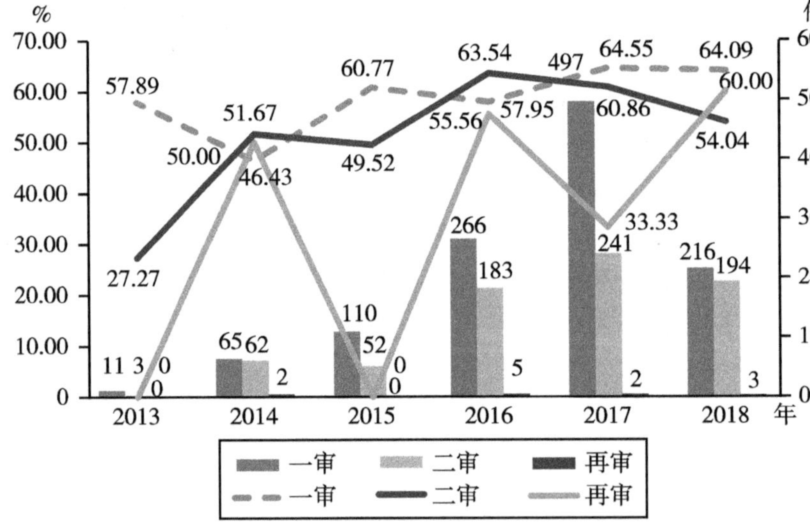

图 2-46　2013~2018 年一审、二审和再审的驳回诉讼请求的变动情况

2. 对提起第三人撤销之诉所依据的权利类型统计

第三人撤销之诉的程序构建重点在于该诉的适格原告资格问题。由于目前立法将第三人撤销之诉的适格原告直接以既有的有独立请求权的第三人和无独立请求权的第三人的资格为准，并且将适用的客体范围直接界定为发生法律效力的判决、裁定和调解书，因此，学术界鲜有结合提起诉讼所依据的权利类型,对第三人撤销之诉适格原告和适用的客体范围进行研究的成果。如此一来,对第三人撤销之诉的适格原告的确定问题一直没有进行具体化的研究,对第三人撤销之诉的适用客体范围也没有进行更深入的论证。欲具体研究第三人撤销之诉的适格原告资格和适用客体范围问题,有必要结合第三人提起撤销之诉所依据的权利类型,进行更深入而具体的研究。因此,笔者对2013~2018年所有判决中第三人提起撤销之诉所依据的权利类型进行了统计,初步了解具体案件类型中适格原告的条件和所适用的客体的范围(见表2-29)。

表2-29　2013~2018年提起第三人撤销之诉所依据的权利类型统计基础数据

单位:件

权利类型	2013年	2014年	2015年	2016年	2017年	2018年
债权	13	127	126	404	757	392
抵押权	1	21	23	46	77	43
所有权	12	84	72	199	215	149
继承权	2	17	30	35	33	36
股权	1	2	14	20	29	31
经营权	0	0	1	3	3	0
土地承包经营权	1	10	12	38	51	39
建设用地使用权	0	2	3	3	6	6
宅基地使用权	0	1	5	8	1	5

由图2-47可见,2013~2018年提起第三人撤销之诉所依据的权利类型中,债权(56.68%)占比最高,其次为所有权(22.78%)、抵押权(6.58%)、继承权(4.77%)、土地承包经营权(4.71%)、股权(3.02%),其余占据较小比例的是建设用地使用权(0.62%)、宅基地使用权(0.62%)和经营权(0.22%)。具体而言,2013年第三人提起撤销之诉所依据的权利类型及其占总数比例依次为债权44%、所有权40%、继承权7%、抵押权3%、股权3%和土地承包经营权3%(见图2-48);2014年第三人提起撤销之诉所依据的权利类型及其占总数比例依次为债权48.10%、所有权31.82%、抵押权7.95%、继承权6.44%、土地承包经营权3.79%、股权0.76%、建设用地使用权0.76%和宅基地使用权0.38%(见图2-49);2015年第三人提起撤销之诉所依据的权利类型及其占总

数比例依次为债权 44.05%、所有权 25.17%、继承权 10.49%、抵押权 8.04%、股权 4.90%、土地承包经营权 4.20%、宅基地使用权 1.75%、建设用地使用权 1.05%和经营权 0.35%(见图 2－50);2016 年第三人提起撤销之诉所依据的权利类型及其占总数比例依次为债权 53.43%、所有权 26.32%、抵押权 6.08%、土地承包经营权 5.03%、继承权 4.63%、股权 2.65%、宅基地使用权 1.06%、经营权 0.40%和建设用地使用权 0.40%(见图 2－51);2017 年第三人提起撤销之诉所依据的权利类型及其占总数比例依次为债权 64.59%、所有权 18.34%、抵押权 6.57%、土地承包经营权 4.35%、继承权 2.82%、股权 2.47%、建设用地使用权 0.51%、经营权 0.26%和宅基地使用权 0.09%(见图 2－52);2018 年第三人提起撤销之诉所依据的权利类型及其占总数比例依次为债权 55.92%、所有权 21.26%、抵押权 6.13%、土地承包经营权 5.56%、继承权 5.14%、股权 4.42%、建设用地使用权 0.86%和宅基地使用权 0.71%(见图 2－53)。从 2013～2018 年第三人提起撤销之诉所要保护的权利类型的变动情况来看,比较稳定且占较大比例的权利类型主要是债权和所有权,其次是抵押权、土地承包经营权和继承权。2013～2018 年第三人提起撤销之诉所要保护的权利类型统计情况在一定程度上为理论研究提出了要求:第一,从比较稳定的且占比较大的权利类型入手,研究具体案件类型中适格原告的判断问题;第二,根据司法实践需要,具体研究目前我国第三人撤销之诉的客体范围存在的立法问题,进一步界定第三人撤销之诉所保护的第三人的"合法权益"的类型和范围。

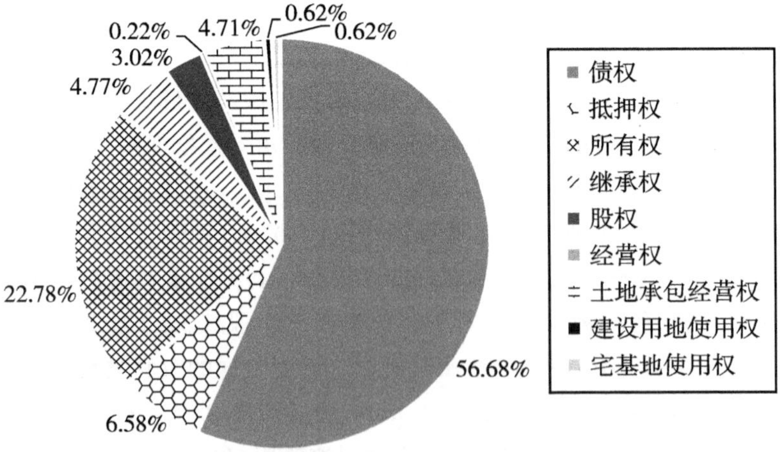

图 2－47　2013～2018 年提起第三人撤销之所依据的权利类型统计

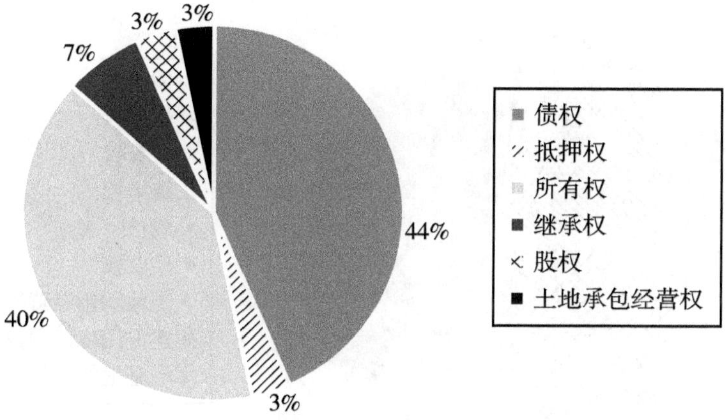

图 2－48　2013 年提起第三人撤销之诉所依据的权利类型统计

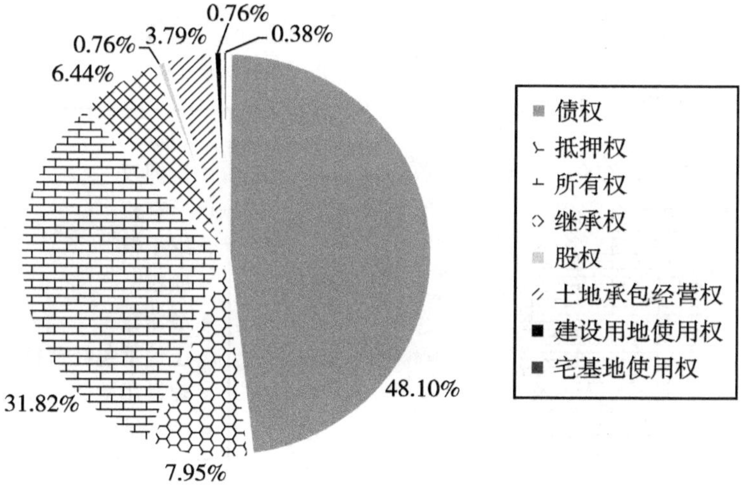

图 2－49　2014 年提起第三人撤销之诉所依据的权利类型统计

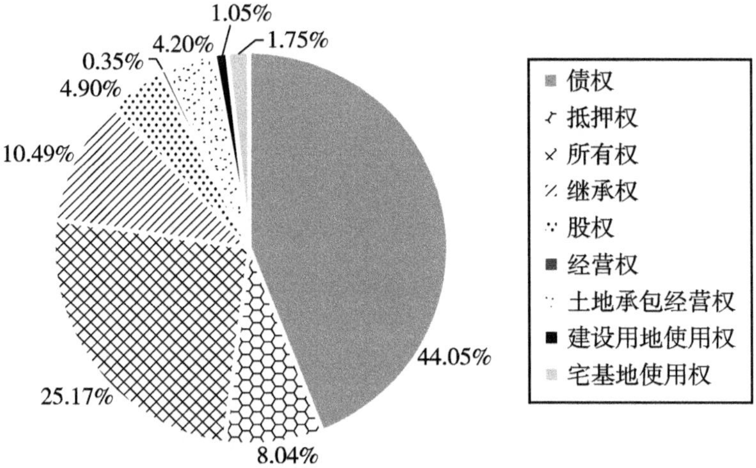

图 2-50　2015 年提起第三人撤销之诉所依据的权利类型统计

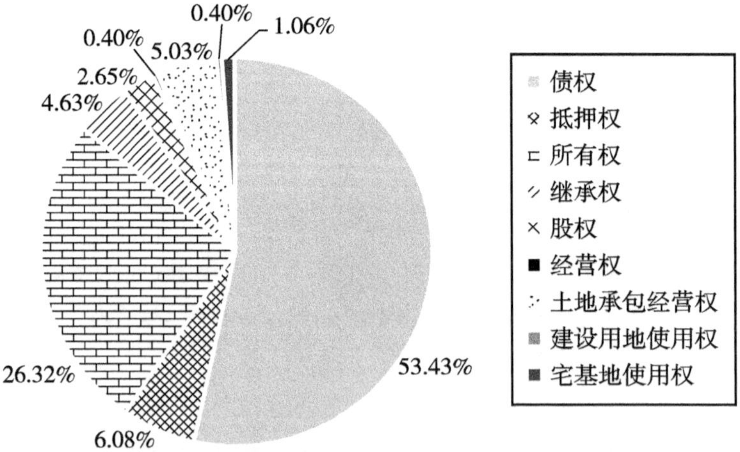

图 2-51　2016 年提起第三人撤销之诉所依据的权利类型统计

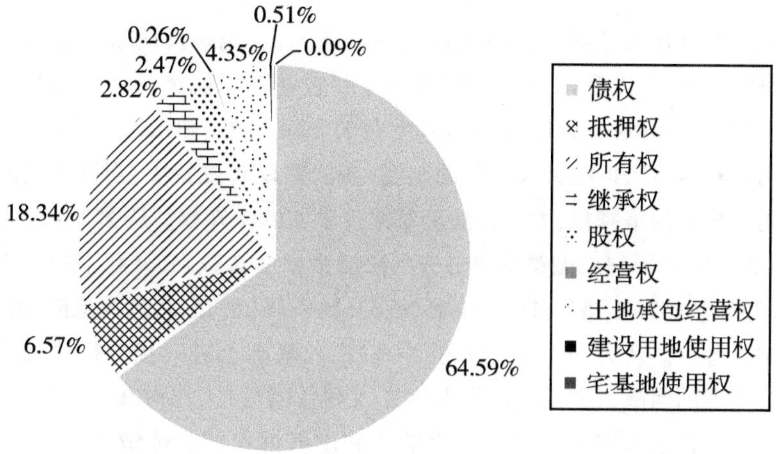

图 2－52　2017 年提起第三人撤销之诉所依据的权利类型统计

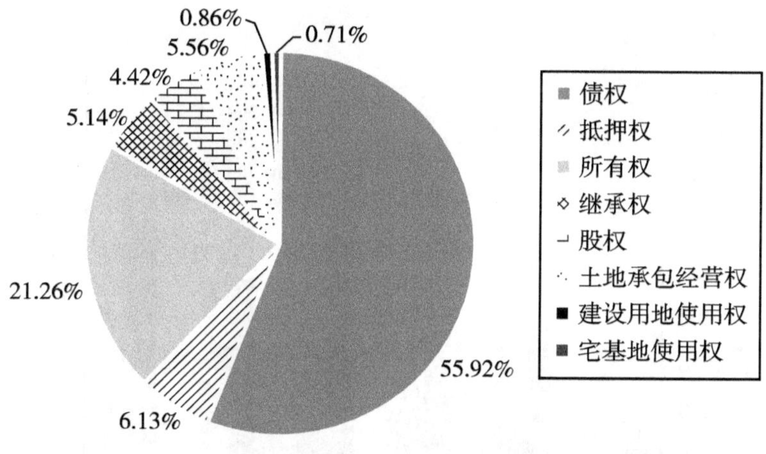

图 2－53　2018 年提起第三人撤销之诉所依据的权利类型统计

3. 对撤销调解书的判决数量与撤销生效裁判、调解书的判决总量的比例分析

我国的第三人撤销之诉适用范围与法国的最大不同在于其适用于法院调解书，即第三人如果认为当事人之间生效的法院调解书损害了其合法权益，其可以提起撤销之诉，撤销该调解书中对第三人不利的部分。这一特别规定与我国设置第三人撤销之诉的直接目的有关。如前所述，我国设置第三人撤销之诉的直接目的在于遏制日益严重的诉讼欺诈和虚假诉讼形势，而我国民事

诉讼中诉讼欺诈与虚假诉讼泛滥的"重灾区"是法院调解领域。民事诉讼的两造对立结构及在此基础上构建的封闭诉讼空间,和民事诉讼奉行处分原则和辩论原则,为当事人利用诉讼损害第三人利益埋下了隐患。具体到法院调解制度领域,虚假诉讼和诉讼欺诈赖以生存的土壤则更"肥沃"。法院调解是法院审判权和当事人诉权共同运行的制度,在法院调解过程中,当事人之间的合意限制了法院的审判权,尤其是法院对案件事实的探知权。从图2-54可以看出,2013~2018年判决撤销调解书占判决撤销原生效裁判、调解书的比例分别为81.25%、63.70%、50.81%、56.95%、53.70%和35.76%,这为法院的调解工作敲响了警钟。从另一个角度来说,可以在此基础上进一步分析法院调解中经常会出现的当事人利用诉讼损害第三人利益的情形,在对其分析的基础上,了解当事人在法院调解中进行诉讼欺诈和虚假诉讼的具体情形,寻找法院在调解过程中防范诉讼欺诈和虚假诉讼的具体方式和途径。

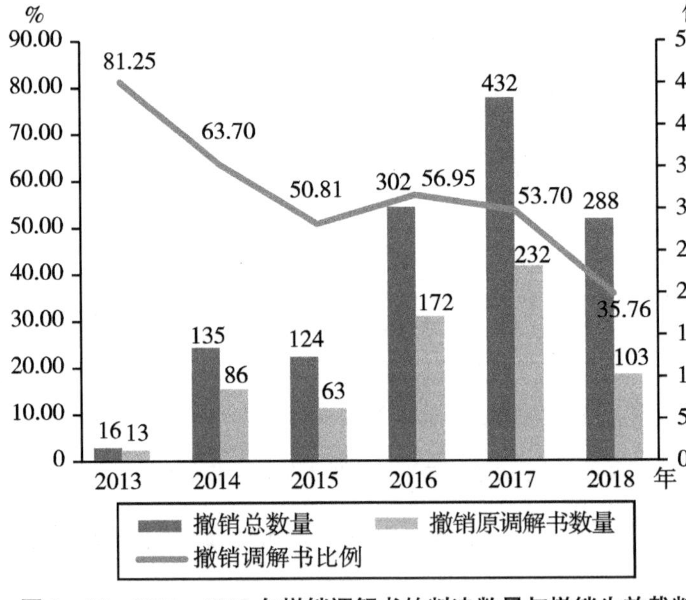

图2-54　2013~2018年撤销调解书的判决数量与撤销生效裁判、调解书的判决总量的比例分析

4. 2013～2018 年第三人撤销之诉的判决情形

按照我国《民事诉讼法》第 56 条第 3 款以及《司法解释》对第三人撤销之诉裁判方式的规定,如果第三人请求成立且确认其民事权利的主张全部或部分成立的,改变原判决、裁定、调解书内容中的错误部分;如果请求成立,但确认其全部或部分民事权利的主张不成立,或者未提出确认其民事权利请求的,则撤销原判决、裁定、调解书内容的错误部分。从立法规定来看,第三人撤销之诉的裁判范围原则上是原告提出的撤销当事人之间原生效裁判对自身不利部分的请求,只有在当事人于起诉状中明确要求确认其民事权利的,法院才将民事权利是否存在作为诉讼标的予以审判,并在确认民事权利的基础上作出变更原判决、裁定、调解书内容中错误部分的裁判。从统计结果来看(如图 2－55 所示),2013～2018 年撤销并变更原裁判的判决数量与当年第三人撤销之诉撤销判决总数(包括仅撤销原裁判和撤销并变更原裁判的判决)的比例分别是 12.50%、4.44%、10.48%、3.31%、11.11% 和 6.25%。不难看出,2013～2018 年第三人撤销之诉的判决中,极少数的判决在撤销原生效裁判对第三人不利部分的同时对原生效裁判、调解书进行了改判,其余绝大部分的第三人撤销之诉的判决,仅对原告提出的撤销原生效裁判或调解书的请求进行了裁判。如此看来,在第三人撤销之诉的裁判范围方面,司法实践现状与当前的立法规定保持了一致,原则上将第三人撤销之诉的裁判范围限定在原告提出的撤销当事人之间原生效裁判对自身不利部分的请求,除非当事人于起诉状中明确要求确认其民事权利请求的,否则法院不会对民事权利是否存在进行确认且对原判决、裁定、调解书内容中的错误部分进行改判。按照这样的立法导向和司法现状,第三人撤销之诉的主要目的仅在于将当事人之间侵害第三人利益的生效裁判予以撤销,将纠纷恢复到未解决之前的状态,而后将原诉讼当事人、第三人之间的纠纷通过另诉解决。如此界定裁判范围在理论上并不存在问题,因为第三人撤销之诉的功能即为撤销已生效的裁判中对第三人不利的部分,即当第三人未参与到当事人之间的诉讼中去且自身利益现实遭受侵害时,第三人撤销之诉可以有效地推倒当事人之间生效裁判中对第三人不利部分的既判力,恢复到纠纷未解决之前的状态。

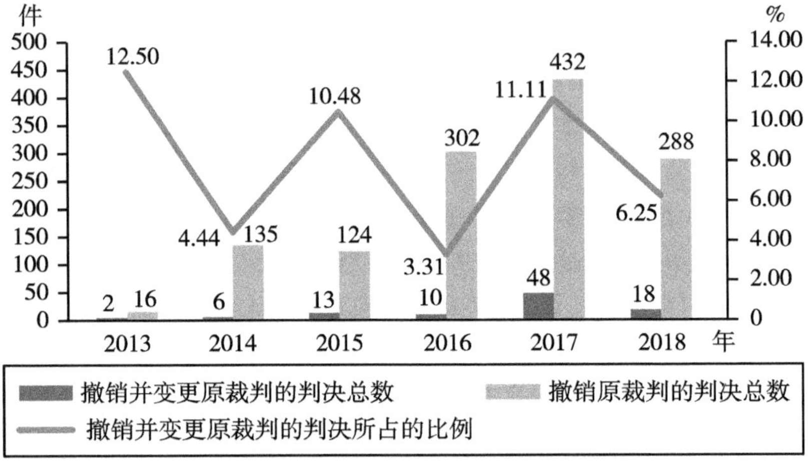

图 2-55 2013~2018 年撤销并变更原裁判的判决数量与当年第三人撤销之诉撤销判决总数(包括仅撤销原裁判和撤销并变更原裁判的判决)的比例

然而,将第三人撤销之诉的裁判范围限定在是否撤销原生效裁判中对第三人不利部分的诉讼请求,存在难以贯彻纠纷一次性解决理念的问题。仅将纠纷恢复到未解决之前的状态,将原诉讼当事人、第三人之间的纠纷通过另诉解决,如此一来,未在第三人撤销之诉中一次性解决相关联的纠纷。此时存在两个问题:一是原生效裁判被全部或部分撤销之后当事人之间的法律关系、当事人与第三人之间的法律关系的解决问题。原生效裁判被全部或者部分撤销后如果涉及原诉讼当事人之间的权利义务的变化,后续当事人自然需要重新进行诉讼。原当事人之间重新进行诉讼时,第三人的程序利益如何保障?分别进行的诉讼势必需要第三人参加进去方可实现对第三人的利益保护,此时又存在第三人非因自身原因未能参加到当事人之间新的诉讼中去的问题,第三人的利益难以得到彻底保障。况且,在第三人与原诉讼一方当事人进行诉讼时,如果涉及原诉讼另一方当事人的利益,如原诉讼另一方当事人未被通知参加诉讼,则第三人与原诉讼一方当事人进行诉讼可能会损害另一方当事人的利益,此时,原诉讼另一方当事人就会成为新的第三人,其利益同样需要保护。由此可见,仅撤销生效裁判而不一并解决纠纷,并没有彻底解决第三人利益保护的问题。二是第三人撤销之诉中对作为支撑撤销生效裁判的事实依据的认定对后诉的效力问题。不一并解决原纠纷,仅在第三人撤销之诉中对是否撤销原生效裁判中对第三人不利部分的诉讼请求进行裁判，但是否撤销原生效裁判的实体权利依据的是第三人是否享有民事权利，只有在第三人享有的民事权利是否存在得到确认后，法院方可作出是否撤销原生效裁判的判决，但该判决生效后却对第三人是否享有民事权利的事实不具有既判力，如此一来，原诉讼当事人与第三人在就他们相互之间的纠纷另诉解决时，未在判决主文中被裁判的第三人的实体权利状况就无法在后诉中发挥任何作用，埋下了矛盾判决的隐患，而矛盾判决是纠纷分别解决的直接产物。

立法和司法现状反映出来的第三人撤销之诉的裁判范围问题，需要在理论上通过解决该诉的诉讼标的理论或者通过诉的强制合并理论等予以解决。

5. 虚假诉讼

我国设置第三人撤销之诉的目的在于应对严重的虚假诉讼问题。因此，在对第三人撤销之诉的裁判进行分析时，有必要专门统计有关虚假诉讼的数据，以便了解第三人撤销之诉应对虚假诉讼的情况（见表 2－30、表 2－31）。

表 2－30　2013～2018 年第三人撤销之诉解决虚假诉讼的判决统计

单位：件

权利类型	2013 年	2014 年	2015 年	2016 年	2017 年	2018 年
债权	4	54	34	110	192	103
抵押权	0	13	6	15	9	10
所有权	3	33	14	51	52	43
继承权	0	2	6	4	4	5
股权	0	1	1	7	4	9
经营权	0	0	0	0	1	0
土地承包经营权	0	1	3	5	20	14
建设用地使用权	0	1	1	1	0	0
宅基地使用权	0	0	0	0	0	0
合计	7	105	65	193	282	184

表 2－31　2013～2018 年第三人撤销之诉解决虚假诉讼的判决情形统计

单位：件

权利类型	2013 年		2014 年						2015 年			
	一审		一审		二审		再审		一审		二审	
	支持诉讼请求	驳回诉讼请求	支持诉讼请求	驳回诉讼请求	支持诉讼请求	驳回诉讼请求	支持诉讼请求	驳回诉讼请求	支持诉讼请求	驳回诉讼请求	支持诉讼请求	驳回诉讼请求
债权	2	2	15	22	7	9	0	1	10	13	2	9
抵押权	0	0	2	0	8	3	0	0	1	2	1	2
所有权	0	3	12	9	9	3	0	0	2	6	0	6
继承权	0	0	1	1	0	0	0	0	1	2	0	3
股权	0	0	0	0	1	0	0	0	0	1	0	0
经营权	0	0	0	0	0	0	0	0	0	0	0	0
土地承包经营权	0	0	0	0	0	1	0	0	0	1	0	2
建设用地使用权	0	0	1	0	0	0	0	0	0	0	1	0
宅基地使用权	0	0	0	0	0	0	0	0	0	0	0	0
合计	2	5	31	32	25	16	0	1	14	25	4	22

权利类型	2016 年		2017 年						2018 年			
	一审		二审		一审		二审		一审		二审	
	支持诉讼请求	驳回诉讼请求	支持诉讼请求	驳回诉讼请求	支持诉讼请求	驳回诉讼请求	支持诉讼请求	驳回诉讼请求	支持诉讼请求	驳回诉讼请求	支持诉讼请求	驳回诉讼请求
债权	43	33	21	13	52	91	12	37	18	27	28	30
抵押权	8	2	3	2	3	3	1	2	1	2	1	6
所有权	19	11	6	15	15	28	4	5	13	6	10	14
继承权	1	3	0	0	2	1	1	0	1	1	1	2

续表

权利类型	2016年		2017年						2018年			
	一审		二审		一审		二审		一审		二审	
	支持诉讼请求	驳回诉讼请求	支持诉讼请求	驳回诉讼请求	支持诉讼请求	驳回诉讼请求	支持诉讼请求	驳回诉讼请求	支持诉讼请求	驳回诉讼请求	支持诉讼请求	驳回诉讼请求
股权	4	1	2	0	1	1	0	2	0	3	1	5
经营权	0	0	0	0	1	0	0	0	0	0	0	0
土地承包经营权	3	0	0	2	1	19	0	0	1	0	0	13
建设用地使用权	1	0	0	0	0	0	0	0	0	0	0	0
宅基地使用权	0	0	0	0	0	0	0	0	0	0	0	0
合计	79	50	32	32	75	143	18	46	34	39	41	70

如前所述,在司法实践中,相当一部分第三人以当事人之间存在虚假诉讼为由提起的撤销之诉难以被受理。然而,即便不考虑这些被排除在第三人撤销之诉纠纷范围之外的案件,但就已经被受理并作出判决的虚假诉讼来看,数量亦不可忽视。从原告主张撤销虚假诉讼的第三人撤销之诉所涉及的权利类型分析来看(如图2-56~图2-61所示),2013~2018年虚假诉讼所涉及的权利类型占据绝对多数地位的是债权和所有权。2013~2018年被第三人撤销之诉判决认定为虚假诉讼案件数量分别为2件、56件、18件、111件、93件和75件,分别占当年提起撤销虚假诉讼的第三人撤销之诉案件总数的28.57%、53.33%、27.69%、57.51%、32.98%和40.76%(见图2-62)。

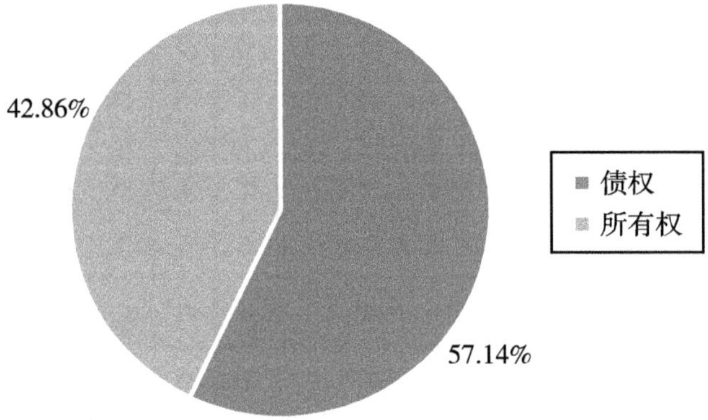

图 2－56　2013 年原告主张撤销虚假诉讼的第三人撤销之诉所涉及的权利类型分析

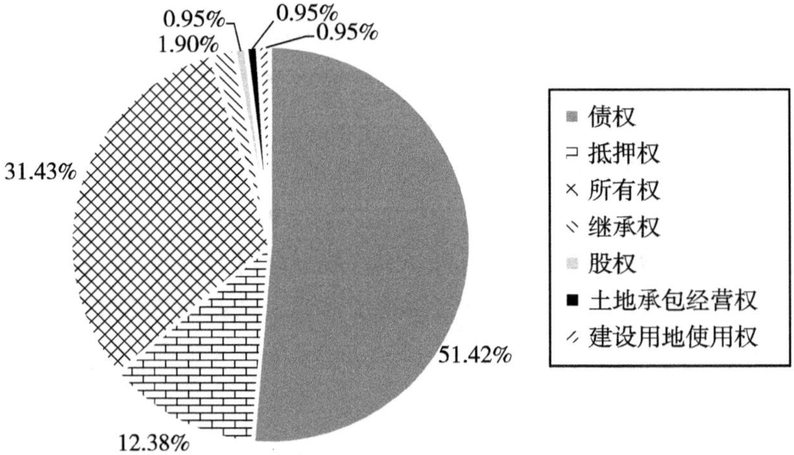

图 2－57　2014 年原告主张撤销虚假诉讼的第三人撤销之诉所涉及的权利类型分析

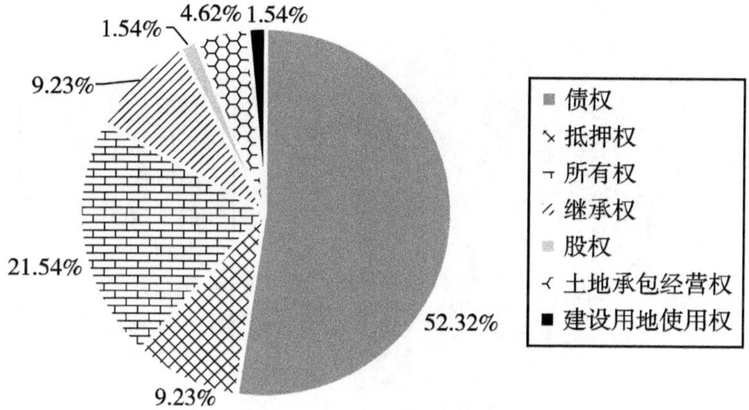

图 2－58　2015 年原告主张撤销虚假诉讼的第三人撤销之诉所涉及的权利类型分析

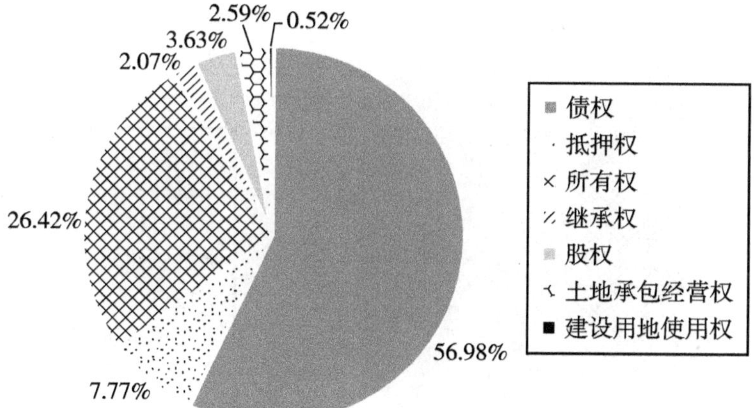

图 2－59　2016 年原告主张撤销虚假诉讼的第三人撤销之诉所涉及的权利类型分析

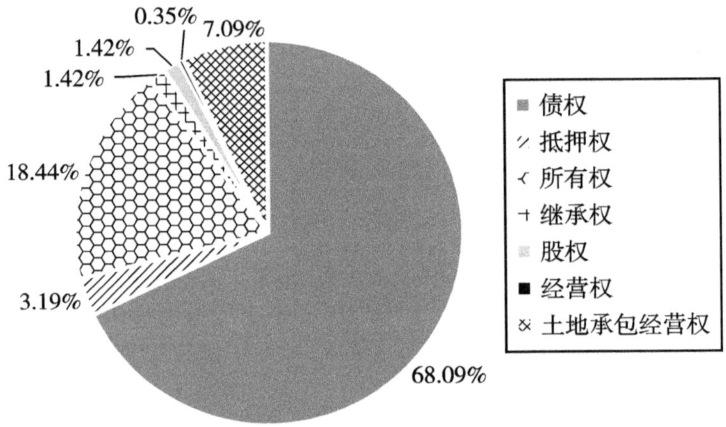

图 2-60　2017 年原告主张撤销虚假诉讼的第三人撤销之诉所涉及的权利类型分析

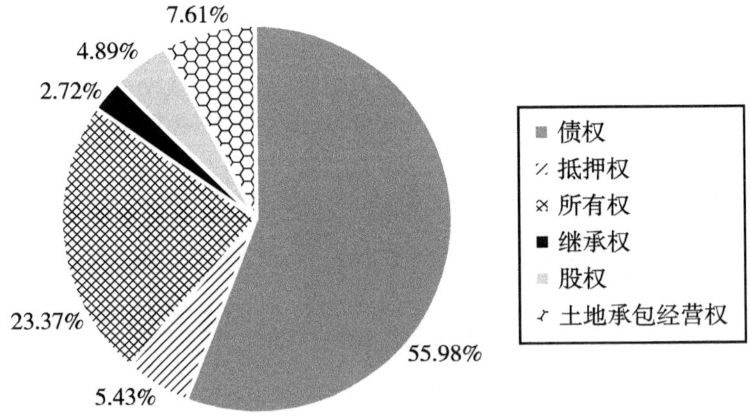

图 2-61　2018 年原告主张撤销虚假诉讼的第三人撤销之诉所涉及的权利类型分析

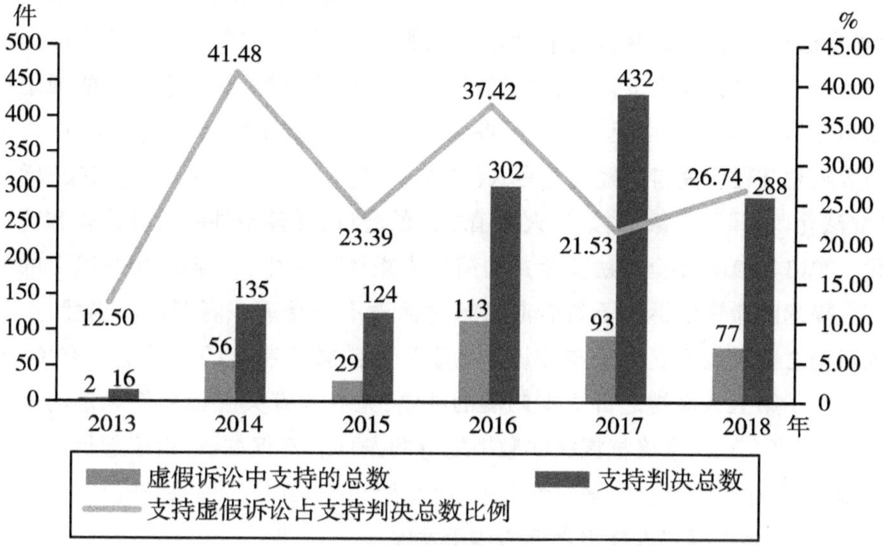

图 2-62　2013~2018 年撤销虚假诉讼判决数量与当年第三人撤销之诉支持诉讼请求判决数量的比例

三、第三人撤销之诉程序运行的司法现状小结

立法上的问题必然会导致司法实践中的难题，具体到第三人撤销之诉，诸多司法问题出现的根源皆在于立法缺陷，司法问题与立法问题保持了一致，并且在司法实践中出现的问题不但进一步印证了立法的缺陷，而且将立法缺陷放大，将问题具体化，为立法完善提供了经得起实践检验的经验。

（一）司法凸显并定位程序立法缺陷

第三人撤销之诉的裁定作出情况，在一定程度上反映出了第三人撤销之诉程序构建中的立法问题。

一方面，第三人撤销之诉的司法实践凸显了立法缺陷。第三人撤销之诉的司法实践凸显了第三人撤销之诉的两大立法缺陷。第一，2012 年我国《民事诉讼法》设置第三人撤销之诉时，对程序事项的规定得较原则和简单，留待在司法实践中予以具体和细化。比如，2013 年第三人撤销之诉的司法实践刚开始之时，法院作出不予受理或者驳回起诉的裁定的事由较单一，限于主体条件不足、客体条件不足、期间条件不足和与执行程序、再审程序衔接等，且裁定事由主要集中在主体条件不足，其他事由较少。2015 年《司法解释》实施之后，法院作出不予受理或者驳回起诉的裁定的事由变得越来越多样,进一步出现了“再审已经提起,裁定并入再审”“涉嫌犯罪”“重复诉讼”等事由。这实际上凸显了2012年我国《民事诉讼法》设置第三人撤销之诉时,对程序事项的规定较原则和简单的问题,以至于不得不将细化程序事项的重任留给司法实践,由司法实践总结程序完善的经验并写入《司法解释》。当然,也埋下了《司法解释》“立法化”的风险。第二,第三人撤销之诉的起诉、受理条件亟待具体化和清晰化。2013~2018年全国法院裁判的第三人撤销之诉中,每年有40%以上的第三人提起的撤销之诉因不符合起诉条件而被不予受理或者驳回。当然,第三人撤销之诉较低的立案率与该诉作为事后特殊救济制度的性质定位有关,但也反映了第三人撤销之诉立案制度的缺陷,尤其是有关起诉条件规定的不够清晰,当事人无法准确把握提起撤销之诉的条件。不仅如此,由于起诉条件不清晰,法院在受理案件时随意性较强,导致相同的案件在不同的法院被区别对待,严重影响了第三人撤销之诉的作用发挥。

另一方面,司法实践定位了立法缺陷。2015年《司法解释》出台之后,第三人撤销之诉程序事项得以完善,但是该诉程序构建过程中的问题依然较多。以2015年为时间节点,对前后作出的第三人撤销之诉的裁定进行对比可以发现,随着2015年《司法解释》的实施,第三人撤销之诉的程序事项得以具体和完善。例如,立案制度得到明确,立案程序相对完善;第三人撤销之诉主体要件得以具体,客体范围被进一步明确,第三人撤销之诉的程序运行有序;第三人撤销之诉与案外人再审之诉、当事人再审之诉等之间的关系被理顺,第三人撤销之诉运行的外部环境被优化等。但是,由于第三人撤销之诉的程序方面的立法依然存在问题,这些问题在司法实践中作为遗留问题仍然比较明显。其中,主要的程序问题是第三人撤销之诉适格原告条件模糊。2013~2018年法院作出第三人撤销之诉裁定的主要事由是主体条件不足,比例稳定在57.84%以上(见图2-3)。并且,法院在裁定书中对不予受理或者驳回起诉的事由论证过于简单的问题一直存在,比较明显的是,法院仅以原告“既不是有独立请求权第三人也不是无独立请求权第三人”为事由而作出大量的裁定,而未对如何认定原告“既不是有独立请求权第三人也不是无独立请求权第三人”进行论证;又如,因限定第三人撤销之诉的原告资格而导致利益被当事人之间虚假诉讼侵害的第三人提起的撤销之诉无法被受理等。这些问题目前依然存在,亟待立法的完善。

(二)丰富的司法实践不断细化、完善程序事项

第一,起诉、受理条件被司法实践予以具体化和明晰化。第三人撤销之诉的起诉、受理条件主要体现在主体要件和客体要件两个方面。对2013~2018年第三人撤销之诉的裁定分析可知,第三人撤销之诉的适格原告的条件和适用的客体范围是第三人撤销之诉起诉、受理条件的核心,也是我国第三人撤销之诉的程序事项立法存在的重点问题。因此,面对第三人撤销之诉的立法过于原则和简单的状况,司法实践持续致力完善第三人撤销之诉的起诉、受理条件,使其适格原告的条件具体化,使其适用的客体范围明确化。

首先,司法实践不断促使适格原告条件具体化。2013~2018年作出裁定的各种事由从简单到复杂的变化印证了司法实践的这一努力。由于设置第三人撤销之诉之初,立法过于简单,这一问题反映在司法实践中,体现为法院于2013年作出不予受理或者驳回起诉的裁定的事由较单一,从2014年开始,法院作出裁定的事由不断增加,开始细化和具体化。尤其到了2015年,在司法实践经验总结的基础上,《司法解释》对第三人撤销之诉的程序构建进行了具体规定,程序立法缺陷被不断克服。比如,我国《民事诉讼法》规定第三人提起撤销之诉的事由之一是"因不能归责于本人的事由未参加诉讼",旨在发挥第三人撤销之诉的程序保障作用。然而,由于我国缺失诉讼告知制度,因此,如何判断第三人"因不能归责于本人的事由未参加诉讼"的情形并非易事。《司法解释》第295条在总结司法经验的基础上将其界定为第三人"无过错或者无明显过错"的情形,具体包括:(1)不知道诉讼而未参加的;(2)申请参加未获准许的;(3)知道诉讼,但因客观原因无法参加的;(4)因其他不能归责于本人的事由未参加诉讼的。尽管这样的规定由于未与第三人参诉的诉讼告知制度相结合,存在一定的操作困难,但在一定程度上将第三人提起撤销之诉的条件具体化,促进了第三人撤销之诉程序事项的完善。

其次,适用的客体范围不断明确化。我国《民事诉讼法》第56条第3款只是原则性地规定了第三人撤销之诉的适用对象为发生效力的判决、裁定和调解书,由此所导致的第三人撤销之诉的客体范围过于狭窄和笼统的问题十分突出。2013年第三人撤销之诉运行伊始,就客体要件而言仅能明确两点:一是诉请撤销的是生效的判决、裁定和调解书;二是生效的判决、裁定和调解书损害了第三人的民事权益。至于诉请撤销的判决和裁定包括哪些,诉请撤销的是生效的判决、裁定和调解书中的哪些内容,法律并没有作出进一步的规定,

亟待司法实践去探索。从表 2 - 23 至表 2 - 28 以及图 2 - 23 至图 2 - 41 中可以看出,第三人撤销之诉自 2013 年运行之始,就开始尝试将第三人撤销之诉的客体范围具体化。因此,在法律规定的“没有证据证明原生效裁判、调解书错误而损害其民事权益”和“诉请撤销的裁判未生效(或并非终审裁判)”事由之外,法院又明确了“诉请撤销的对象是执行过程中的裁定”这一事由。并且,该事由被《司法解释》最终采纳。

第二,第三人撤销之诉和第三人再审之诉的矛盾问题被初步解决。面对我国《民事诉讼法》有关第三人撤销之诉和案外人再审之诉的并行规定,当事人在选择救济途径时往往采取逐一提起、试错排除的方式,如此浪费了大量的人力、财力,消耗了司法资源。自 2013 年起至 2015 年《司法解释》出台,第三人交替提起两种救济途径的案例大量存在,即便法院通过驳回起诉的方式解决了两者之间被重复提起的问题,但对后诉的程序性裁判依然造成了司法资源的浪费。况且,从理论上来看,第三人撤销之诉与案外人再审之诉本来在提起事由、方式以及裁判方面存在区别,案外人再审之诉对第三人利益事后保障的力度明显弱于第三人撤销之诉,加之两者的诉讼标的亦有不同之处,是否属于重复诉讼在理论上的判断成为难题。[1] 因此,在法律上未直接解决两者之间的矛盾,造成了司法实践的困难。随着司法实践的不断深入,为《司法解释》的出台积累了大量经验。随着 2015 年《司法解释》的施行,第三人撤销之诉与第三人再审之诉被重复提起的矛盾得到了初步解决。按照《司法解释》第 303 条第 1 款的规定,在第三人提起撤销之诉后,可以针对未中止的生效判决、裁定、调解书的执行提出执行异议。如果执行法院作出驳回执行异议的裁定,第三人对裁定不服,并对原判决、裁定、调解书申请再审的,人民法院不予受理。根据《司法解释》第 303 条第 2 款的规定,案外人如果不服人民法院驳回其执行异议的裁定,认为原判决、裁定、调解书内容错误并损害其合法权益的,只能根据我国《民事诉讼法》第 227 条的规定申请再审,而不得提起第三人撤销之诉。由此看来,《司法解释》直接规定了第三人撤销之诉与第三人再审之诉被先后提起时的矛盾解决方案,避免了对第三人的重复救济。当然,这种解决方案并不彻底,只是暂时缓解了第三人撤销之诉与案外人再审之诉之间的紧张关系。

---

〔1〕 参见崔玲玲:《第三人撤销之诉的事由——与再审之诉的事由比较》,载《社科纵横》2011 年第 9 期。

第三,第三人撤销之诉与当事人再审之诉的关系被理顺。第三人撤销之诉是一种于事后保护第三人利益的救济方式,第三人通过提起撤销之诉来撤销当事人之间的错误生效裁判对自身的效力。而如果当事人亦认为他们之间的生效裁判存在错误,很可能会提起再审之诉,此时,就会出现针对同一生效裁判而提起的第三人撤销之诉与当事人之间的再审之诉并存的局面。面对这样的问题,司法实践不断总结经验,最终将其写入了《司法解释》第 301 条和第 302 条。按照《司法解释》第 301 条的规定:首先,如果在第三人撤销之诉案件的审理期间,人民法院对生效判决、裁定、调解书裁定再审的,那么,受理第三人撤销之诉的人民法院应当裁定将第三人的诉讼请求并入再审程序;其次,有证据证明原审当事人之间恶意串通损害第三人合法权益的,则不将第三人的诉讼请求并入再审程序,而应当由人民法院先行审理第三人撤销之诉案件,裁定中止再审诉讼。在此基础上,《司法解释》第 302 条对并入再审程序审理的第三人诉讼请求在不同情形下的处理方式进行了规定:首先,按照一审程序审理的,人民法院应当对第三人的诉讼请求一并审理,所作的判决可以上诉;其次,按照二审程序审理的,人民法院可以调解,调解达不成协议的,应当裁定撤销原判决、裁定、调解书,发回一审法院重审,重审时应当列明第三人。此规定完全将第三人的救济从事后移到了事前,并且充分考虑了第三人的实体权益属于初次救济这一事实,灵活运用了发回重审制度,保障了第三人的审级利益。对于原审当事人之间恶意串通损害第三人合法权益的案件,一旦第三人有充足的证据予以证明,那么第三人撤销之诉就应该独立发挥打击欺诈性、虚假性诉讼的作用。因此,目前《司法解释》第 301 条规定,不将第三人的诉讼请求并入再审程序,而是由人民法院裁定中止再审诉讼、先行审理第三人撤销之诉。

(三)在司法实践中出现的程序问题

通过数据分析不难看出,第三人撤销之诉在司法实践中仍然存在诸多程序缺陷,需要在认识第三人撤销之诉性质的基础上,结合民事诉讼程序的原理予以纠正。

1. 第三人撤销之诉中的判决与裁定的混淆

第三人撤销之诉的审理程序与其他诉讼没有本质区别,亦存在一审程序、二审程序和再审程序。在各个程序阶段,作出判决还是裁定与其他诉讼亦没有本质区别。然而,在对 2013 ~ 2018 年的第三人撤销之诉的裁判进行统计时发现,第三人撤销之诉中的判决与裁定存在混用问题。在第三人撤销之诉的二审程序中,面对上诉人针对第三人撤销之诉的一审判决提起的上诉请求,如果二审法院认为一审判决正确,在实体审理之后往往作出“驳回上诉,维持原判”的裁定,而没有使用判决。从 2017 年和 2018 年的数据统计中不难发现这类裁定。需要明确的是,二审法院作出的“驳回上诉,维持原判”判定不同于“撤销判决,驳回起诉”判定,二审法院之所以会作出“驳回上诉,维持原判”的判定,是基于经过实体审理之后认可了一审判决的内容,是对第三人撤销之诉的实体事项的裁判结果,而二审法院作出的“撤销判决,驳回起诉”判定,则是基于经过审理认为一审法院不应该受理第三人撤销之诉,更不应该作出一审判决,因此决定在撤销一审判决的同时驳回起诉,这是对第三人撤销之诉程序事项的处理。同时,在对 2014 年和 2017 年的第三人撤销之诉的裁判统计时,发现了撤销调解书的裁定,亦没有使用判决。在第三人撤销之诉的诉讼实践中,应注意这一问题,并区分判决和裁定的适用情形。

2.“撤销原判决,准许撤回起诉”的特殊情况处理

在对 2013 ~ 2018 年的第三人撤销之诉的裁判进行统计时,同时发现了一种特殊裁定,即“撤销原判决,准许撤回起诉”裁定。自 2015 年起,在第三人撤销之诉的二审程序和再审程序中,经常可以见到这种裁定。在第三人撤销之诉的二审或者再审程序进行过程中,第三人撤销之诉的原告与原诉讼当事人达成和解等,决定撤回第三人撤销之诉,二审法院或者再审法院准许当事人撤回第三人撤销之诉,因此作出了“撤销原判决,准许撤回起诉”裁定。这显然是在第三人撤销之诉的司法实践中存在的一种特殊裁定类型。按照诉讼程序原理,在二审程序和再审程序中,该诉讼的原告不再享有撤回该诉讼的权利,其可以撤回上诉申请以使一审判决生效,或者撤回再审申请从而保持原生效判决的效力,但无论何种情况,原有的裁判结果皆已发生法律上的效力。但是,目前在司法实践中存在的这一第三人撤销之诉的裁定显然没有遵循既有的诉讼程序原理,后续存在的问题是,二审法院或再审法院作出“撤销原判决,准许撤回起诉”之后,第三人能否再次提起第三人撤销之诉?毕竟,没有对第三人撤销之诉进行实体审理和裁判。如果答案是否定的,显然违背基本的程序原理,且不符合法律规定;如果答案是肯定的,则造成了司法资源的浪费。

3. 涉嫌诉讼欺诈等犯罪问题的程序处理

从 2015 年起,因涉嫌犯罪被驳回起诉的裁定开始出现。其解决的程序事

项是：第三人针对原诉讼当事人之间的生效裁判提起撤销之诉以后，因原诉讼涉嫌欺诈诉讼，原诉讼当事人被立案处理。此时，第三人撤销之诉的受理法院就会作出“驳回起诉”的裁定，以此解决第三人撤销之诉与欺诈诉讼的刑事程序的衔接问题。那么，这种程序处理方式合理与否需要回答一个问题，即欺诈诉讼最终被认定，刑事判决对当事人之间已生效的判决是否有直接否定的效力？无论从我国目前的法律规定还是从诉讼原理来看，诉讼欺诈的刑事判决并不能直接用来推倒生效民事判决的效力，尚需要民事诉讼程序在认可刑事判决认定事实的基础上作出撤销原生效判决的判决。由此可见，在诉讼欺诈作为刑事案件立案时，将已经提起的第三人撤销之诉驳回，诉讼欺诈的刑事判决并不能直接用以推倒生效民事判决的效力，之后仍然需要提起第三人撤销之诉，造成了诉讼资源的浪费。更何况，如果欺诈诉讼最终未被认定，第三人撤销之诉在被驳回的情况下，后续第三人能否提起第三人撤销之诉？如果不能，显然剥夺了第三人的救济权；如果可以，则必然需要重新启动第三人撤销之诉，浪费了诉讼资源。总而言之，如果第三人针对原诉讼当事人之间的生效裁判提起撤销之诉之后，因原诉讼涉嫌欺诈诉讼，原诉讼当事人被立案处理时，受理第三人撤销之诉的法院不应该驳回起诉，而应中止审理程序，待刑事案件处理完毕后再继续进行第三人撤销之诉的审理程序。

4. 重复诉讼的判定标准不统一

在第三人撤销之诉中，重复诉讼的识别重点不在于对先后提起第三人撤销之诉的识别，因为在司法实践中，同一主体依据相同的事由提出相同的撤销请求的情况并不多见，而往往表现为更特殊的情况，即识别先后提起的第三人撤销之诉与相关诉讼之间是否重复的问题。通过统计 2013 ~ 2018 年第三人撤销之诉的裁定，可以发现有几种被作为重复诉讼判定的情况。

第一，第三人撤销之诉与当事人再审之诉的先后诉关系。就生效裁判而言，原诉讼当事人一方提起了撤销原生效裁判的再审之诉后，第三人又提起了撤销生效裁判的第三人撤销之诉。由于要求撤销的对象为同一判决，因此有法院据此裁定第三人提起的撤销之诉与之前的再审之诉重复，而作出了驳回起诉的裁定。[1] 这是比较明显的重复诉讼判断错误。按照目前《司法解释》第

---

〔1〕 参见(2017)浙 0122 民初 2861 号裁定；(2017)吉 01 民终 6208 号；(2017)鄂 05 民撤 8 号；(2017)豫 0182 民初 5847 号；(2018)豫 0502 民撤 3 号。

301 条的规定,如果在第三人撤销之诉案件的审理期间,人民法院对生效判决、裁定、调解书裁定再审的,那么受理第三人撤销之诉的人民法院应当裁定将第三人的诉讼请求并入再审程序;如果有证据证明原审当事人之间恶意串通损害第三人合法权益的,则不将第三人的诉讼请求并入再审程序,而是由人民法院先行审理第三人撤销之诉案件,裁定中止再审诉讼。

第二,第三人撤销之诉与案外人再审之诉的先后诉关系。我国民事诉讼中第三人利益保护体系的立法进程决定了,在设置第三人撤销之诉之后,第三人撤销之诉与案外人再审之诉之间必然存在亟待解决的先后诉关系。自 2013 年起至 2015 年《司法解释》发布,第三人交替提起两种救济途径的案例大量存在。在司法实践中,法院依据我国《民事诉讼法》第 227 条的规定,以"已经提起执行异议,应提起案外人再审之诉"的事由作出驳回诉讼的裁定,在一定程度上解决了两者之间重复提起的问题,但对后诉的程序性裁判依然造成了司法资源的浪费。在 2015 年《司法解释》发布时,不得不将其作为重点解决的核心问题进行了规定。针对第三人撤销之诉与我国《民事诉讼法》第 227 条规定的执行异议下的案外人再审之诉可能被重复提起的两种情形,《司法解释》第 303 条专门作出了规定:首先,第三人提起撤销之诉后,未中止生效判决、裁定、调解书执行的,执行法院对第三人依照我国《民事诉讼法》第 227 条的规定提出的执行异议,应予审查。第三人不服驳回执行异议裁定,申请对原判决、裁定、调解书再审的,人民法院不予受理。其次,案外人对人民法院驳回其执行异议裁定不服,认为原判决、裁定、调解书内容错误并损害其合法权益的,应当根据我国《民事诉讼法》第 227 条的规定申请再审,提起第三人撤销之诉的,人民法院不予受理。由此,在保留案外人再审之诉的前提下,在形式上解决了两者之间的矛盾。就第三人撤销之诉与《审判监督程序若干问题的解释》第 5 条规定的案外人再审之诉的重复诉讼问题,《司法解释》并没有解决,而是由 2021 年 1 月 1 日施行的最高人民法院《关于修改〈最高人民法院关于人民法院调解工作若干问题的规定〉等十九件民事诉讼类司法解释的决定》通过删除《审判监督程序若干问题的解释》第 5 条而被生硬地解决了。

第三,第三人撤销之诉与相关认定实体权利诉讼的先后诉关系。第三人撤销之诉与相关认定实体权利诉讼之间的先后诉关系比较常见,目前在司法实践中多将先后提起的第三人撤销之诉和相关认定实体权利诉讼作为重复诉讼认定。[1] 究其原因,在于第三人依据自身享有的实体权利提起的第三人撤销之诉与第三人另行提起的认定其享有实体权利的诉讼之间存在天然联系。但是,从目前对第三人撤销之诉的裁判范围规定来看,如果第三人撤销之诉的原告未提出确认其民事权利的请求,则法院并不对第三人享有的实体权利进行认定。从目前将第三人撤销之诉界定为诉讼法上的形成之诉的理论来看,第三人撤销之诉的诉讼标的不包括第三人的实体权利主张,该实体权利主张仅作为诉的理由存在。显然,在司法实践中将第三人在提起第三人撤销之诉后又另行提起的认定其享有实体权利的诉讼认定为重复诉讼,与《司法解释》第300条的规定和目前通过对第三人撤销之诉的性质界定相悖。就第三人撤销之诉与相关认定实体权利诉讼的先后诉关系的解决而言,亟待理论的完善和立法的明确。

第四,第三人撤销之诉与案外人执行异议之诉的先后诉关系。在司法实践中,还出现了将第三人先后提起的第三人撤销之诉与案外人执行异议之诉认定为重复诉讼的情形。比如,有法院认为,针对当事人之间的生效裁判,第三人依据我国《民事诉讼法》第227条提起了执行异议,在执行异议被驳回后,又提起了案外人执行异议之诉,两个先后提起的诉讼围绕相同的确认权利的事实展开,构成重复诉讼。[2] 这显然是对第三人撤销之诉与案外人执行异议之诉适用情形和功能的混淆。第三人撤销之诉和案外人执行异议之诉所保护的第三人的利益的情形明显不同,第三人撤销之诉保护的是遭受当事人之间生效裁判侵害的第三人的利益,案外人执行异议之诉则适用于当事人之间的生效裁判本身没有问题时,但在该生效裁判的强制执行过程中遭受损害的第三人的利益的保护。在理论上,第三人撤销之诉和案外人执行异议之诉一般不会存在被先后提起的状况(除非当事人之间的生效裁判错误地将第三人享有实体权利的财产作为诉讼标的物予以认定,一旦该生效裁判进入强制执行阶段,则会出现案外人对原判决、裁定、调解书确定的执行标的物主张权利的情况)。但在我国,按照我国《民事诉讼法》第227条的规定,案外人如果认为当事人之间生效裁判的执行损害了其利益,无论是生效裁判本身损害了案外人的合法权益,还是在生效裁判的执行过程中错误地确定执行标的物损害了

---

〔1〕 参见(2017)沪0109民初23853号;(2017)琼97民终746号。
〔2〕 参见(2017)鄂01民撤2号;(2017)鄂05民撤8号;(2018)鄂0111民初2277号。

案外人的利益,皆可以提起案外人异议。在执行异议被驳回的情况下,由于不能清晰地区分案外人执行异议之诉与第三人撤销之诉的适用情形和功能,在自身合法权益遭受当事人之间生效裁判损害的情况下,案外人可能会提起案外人执行异议之诉。但是,由于案外人执行异议之诉无法救济该情形下被损害的第三人的合法权益,因此第三人会转而提起第三人撤销之诉。如此一来,发生了第三人撤销之诉和案外人执行异议之诉被先后提起的情况。但即便如此,第三人撤销之诉与案外人执行异议之诉适用情形和功能的区别决定了,被先后提起的两诉不构成重复诉讼。

总而言之,由于我国目前《司法解释》规定的重复诉讼判断标准的可操作性不强,加之在第三人撤销之诉领域,对该诉性质的认识较浅显,未能确立完善的诉讼标的理论。因此,在司法实践中,面对被先后提起的形形色色的诉讼类型,在判断重复诉讼时就出现了标准不统一的情况。欲解决第三人撤销之诉与相关诉讼之间的先后诉判断问题,需要在深化对第三人撤销之诉的性质认识的基础上,构建完善的第三人撤销之诉的诉讼标的理论。

第三章　第三人撤销之诉程序构建的外部环境

2012年第三人撤销之诉设置之后，我国民事诉讼在形式上形成了完整的第三人利益保护体系。然而，由于创建该诉之时，未与相关制度相互融合，导致该诉的运行环境较差，运行受阻。尽管，随着2015年《司法解释》的通过并实施，第三人撤销之诉的外部运行环境在一定程度上得以优化，然而第三人撤销之诉与其他第三人利益保护制度之间的不契合之处依然存在。更何况，《司法解释》仅调和了第三人撤销之诉与第三人再审之诉、案外人执行异议之诉的矛盾，但未从根本上解决问题。总体而言，我国第三人撤销之诉的外部运行环境堪忧。

第一节　第三人撤销之诉程序运行的外部环境

民事诉讼中第三人利益遭受侵害的情形，因不同的原因，在不同的阶段，以不同的状态表现出来。其既可能表现为，因民事审判程序的构造与民事法律关系复杂性、交叉性之间的矛盾，导致当事人之间正在进行的诉讼可能会损害第三人的利益；也可能表现为，当事人之间已经完成的诉讼中所作出的生效裁判损害了案外第三人的利益；还可能表现为，在强制执行程序中执行标的物的实体权利外观与真实权利状态不一致时，对执行标的物仅进行形式审查所导致的，当事人之间的生效裁判的强制执行损害了第三人利益。各国或地区民事诉讼法针对不同阶段的第三人利益受损害的情形，设置相应的保护制度以对第三人的利益进行救济，从而形成了由审判中的事前保护制度、审判后的事后保护制度和执行程序中的保护制度构成的第三人利益保护体系。其中，一个阶段的第三人利益保护制度往往以其他阶段的第三人利益保护制度为外部运行环境。第三人撤销之诉作为一种事后第三人利益保护制度，民事诉讼中其他的第三人利益保护制度即成为该诉程序运行的外部环境。

一、事前保护阶段——第三人参诉制度

民事法律关系的复杂性往往表现为主体之间法律关系的交叉性，一旦相互交叉的民事法律关系发生无序状态，则此时的民事纠纷虽然在形式上表现为纠纷双方主体之间的权利、义务之争，但实质上与其他主体之间亦存在法律上的利害关系。只是"两造"对立的构造特点决定了民事诉讼只能解决一对纠纷主体之间的一起民事纠纷，如此一来，在一个封闭的民事诉讼空间内解决一起纠纷往往会影响其他与之相联的法律关系的主体的利益。如何解决民事诉讼"两造"对立的构造特点与民事纠纷的相连性之间的矛盾，成为不得不面对的问题。

民事诉讼的"两造"对立是传统的诉讼构造，与此相适应的是民事判决既判力的相对性原则，即民事判决只对双方当事人发生效力。但从实体法角度来看，民事法律关系的复杂性和交叉性决定了民事主体之间的关系相对复杂，民事纠纷双方主体之间的民事权利义务归属，往往同与之相关联的民事法律关系主体有利害关系，当事人之间的民事诉讼可能会影响案外第三人的利益。基于维护民事法律关系秩序协调、避免矛盾判决和确保纠纷解决的实效性之需要，当事人之间的判决效力有必要及于第三人。然而，根据民事诉讼的程序保障理论，民事判决效力向第三人扩张的合理基础应该是第三人参与到他人正在进行的诉讼中去，并在其中有提出自己的主张并提供证据资料对自身的主张加以证明的机会，只有第三人参与到当事人之间的诉讼中去，并在其中就影响其权利义务的诉讼标的或者争点，提出自身的主张并有权提供证据加以证明，则可认为第三人的程序利益得到了保障。由此，产生了第三人参诉制度。基于不同的理论思路，各国或地区最终设置了不同的第三人参诉制度，但其皆属于对第三人的权益进行事前保护之列，皆通过使第三人参加到当事人之间正在进行的诉讼中去，避免当事人之间的民事诉讼对第三人的权益造成损害。

从第三人利益保护角度来看，作为事前保护制度的第三人参诉制度是整个第三人利益保护体系的第一道防线，第三人参诉制度的构建状况直接影响事后保护制度的运行。第三人撤销之诉，作为一项重要的第三人利益事后保

障制度,与第三人参诉制度的关系密切。从功能角度来看,如果第三人参诉制度运行良好,于事前有效地保护了第三人的利益,则作为特殊救济制度的第三人撤销之诉的补充性保障功能会体现得更明显。反之,则第三人撤销之诉的特殊救济功能就会沦为常规性的救济功能,不利于民事诉讼的有序发展。从程序构建角度来看,第三人参诉制度与第三人撤销之诉的衔接状况,直接决定了第三人撤销之诉后续的程序运行。由此可见,第三人参诉制度为第三人撤销之诉的程序运行营造了第一个外部环境。

二、事后保护阶段——第三人撤销之诉与具有相同功能的第三人再审之诉

尽管各国或地区皆设置了第三人参诉制度,通过赋予第三人的程序参与权达到保护第三人合法权益的目的。然而,民事诉讼程序的"两造"对立构造特点决定了,即便存在诉讼告知这样的保障制度,亦不能确保第三人的程序参与权时时得以实现。尤其是,如果双方当事人一方或者双方本来就有虚假诉讼或者诉讼欺诈的目的,第三人往往无法得知当事人之间的诉讼正在进行,从而也就无法参与到业已开始的诉讼中去。因此,第三人非因自身原因未参与到当事人之间的诉讼中去,致使当事人之间的生效判决损害第三人利益的情况时有发生。此时,需要设置相应的程序来保障第三人的合法权益。从世界范围内来看,对第三人进行事后救济的制度目前主要有第三人再审之诉和第三人撤销之诉。当然,前述英美法系的"判决效力相对性之抗辩"亦属于第三人利益事后保护制度之列,但由于我国并不存在与第三人撤销之诉并列的判决效力相对性的抗辩制度,其不构成第三人撤销之诉的外部运行环境,故在此不赘述。

如前所述,同为第三人利益事后保护制度的第三人撤销之诉与第三人再审之诉之间具有密切的关系,总体而言,第三人再审之诉与第三人撤销之诉同为对第三人利益进行事后保障的特殊制度,其皆面临推倒当事人之间损害或影响第三人利益的生效裁判效力的问题,皆通过赋予第三人挑战生效裁判的机会,推倒当事人之间损害第三人合法权益的生效裁判的既判力以实现对第三人利益的事后保障。然而,两者的区别亦非常明显,除一些程序性的区别外,两者有本质区别。在第三人再审之诉中,一旦作出撤销裁判,其法律效果在于对案件民事纠纷重为解决结果,而第三人撤销之诉中作出的撤销裁判的

法律效果在于撤销或者变更当事人之间生效裁判中对第三人不利影响的部分。具体而言,第三人再审之诉是通过赋予第三人再审诉权,使第三人基于一定的再审事由推翻当事人之间损害其合法权益的生效裁判的既判力,使法院撤销原裁判并对原诉讼标的进行重新审理,以纠正对自身合法权益造成损害的错误裁判。第三人撤销之诉则是通过赋予第三人起诉权,使其对抗当事人之间已经生效的裁判,对抗的方式是撤销双方当事人之间的裁判中对第三人不利的部分。对于第三人来说,尽管第三人撤销之诉在形式上具有事后救济的色彩,但就第三人实体权益保护而言,第三人的实体权益初次得到程序救济,因此第三人享有的是初次救济权,即起诉权。第三人以自身的实体权利为依据,通过提起撤销之诉,推倒当事人之间生效裁判的效力,重新通过诉讼的方式使当事人之间与第三人有利害关系的民事法律关系回归安定状态。

第三人撤销之诉与第三人再审之诉既然同为第三人利益的事后保护方式,本不存在彼此成为对方外部运行环境的可能。世界各国或地区往往基于本国或地区的民事诉讼传统,设置适合本国或地区需要的第三人利益事后保护制度,因此,既可以看到日本、意大利和我国澳门特别行政区选择设置了第三人再审之诉,亦可以发现法国和我国台湾地区选择设置了第三人撤销之诉。在我国,之所以将第三人再审之诉作为第三人撤销之诉的外部运行环境进行介绍,是因为我国先后设置了第三人(案外人)再审之诉和第三人撤销之诉,直到现在,两种制度依然并存。对于我国的第三人撤销之诉来说,有必要将第三人再审之诉作为其外部运行环境的重要组成部分,处理好与该诉的关系非常重要。

三、强制执行阶段——第三人执行异议之诉

民事诉讼程序包括审判程序和强制执行程序两个阶段,尽管不是所有的民事诉讼都要经历这两个阶段,但对于给付之诉来说,民事强制执行程序是实现民事审判结果的有力保障。当国家禁止自力救济而采民事诉讼的形式来解决私人间的权利义务之争时,保障确定的权利实现的责任也随之产生。

强制执行行为的特点集中表现为迅速性、简易性和经济性,而强制执行行为的特点与强制执行程序最终实现给付请求权的任务直接相关。在债务人不主动履行给付判决的情况下,执行机关应执行申请人的申请而启动执行程序,确保依靠国家强制力迅速地实现该判决。如此一来,在执行程序中,执行行为

应迅速、简易和经济，需要对执行标的物进行形式化和简易化审查。对申请执行人所持的执行名义只作形式审查，对执行标的物的权属不作实质审查而仅依赖执行标的物形式上表现出来的权属进行认定是各国或地区执行程序立法时的通行做法。但是随着市场经济的发展，产权形式的多样化，执行标的物形式上显示的权利人与实际上的权利人很可能不一致（权利外观与权利真实状态不一致）。此时，执行机关仅进行形式审查必然会导致错误地确定了执行标的物。可见，执行程序中存在损害第三人合法利益的程序缺憾。

面对执行程序存在的错误确定执行标的物的程序缺憾，世界各国或地区的民事诉讼法往往设置了第三人执行异议之诉。所谓第三人执行异议之诉，是指"第三人请求排除对于特定标的物之强制执行为目的之强制执行救济方法，亦即第三人就执行标的物有足以排除强制执行之权利，而求为宣示不许就该物执行之判决"。[1] 简而言之，第三人执行异议之诉是第三人针对执行机关对特定标的物的执行而依据实体法上的权利向法院提出的、要求排除对该执行标的物执行的审判请求。从第三人执行异议之诉所要解决的程序问题和所保护的第三人利益来看，本不存在第三人执行异议之诉与第三人参诉制度、第三人再审之诉和第三人撤销之诉关联的可能性，亦不会存在一种制度以另一种制度为外部运行环境的可能。但是，我国第三人执行异议之诉的特殊立法模式却将第三人执行异议之诉与第三人（案外人）再审之诉和第三人撤销之诉生硬地联系在一起。

我国的第三人执行异议之诉与域外其他国家或地区的第三人执行异议之诉没有本质区别，[2]但在制度具体构建上形成了自身特色。特色之一，将第三人异议作为第三人执行异议之诉的前置程序。第三人异议不同于一般的执行异议，而是一种临时性的救济措施。第三人提起异议不在于认定执行行为具有违法性，而是认为自身对执行标的物拥有足以排除执行的权利。在这种情况下，第三人无法提出停止执行的要求，只能要求中止执行。对于第三人异议，无论成立与否，法院皆以裁定的方式作出。如此看来，第三人异议是一种临时性的救济措施，最终需要根据实体争议解决的结果来决定执行程序继续进行还是终止。特色之二，与第三人执行异议之诉相对应，存在救济债权人利

---

〔1〕 杨与龄：《强制执行法论》，中国政法大学出版社 2002 年版，第 169 页。

〔2〕 参见丁宝同：《执行异议之诉：比较法视野下的谱系解读》，载《比较法研究》2015 年第 4 期。

益的许可执行之诉。一旦第三人提出执行异议,执行程序会因法院作出的中止执行的裁定而一直陷于中止状态,这种状态的存在不仅损害债权人的利益,也使执行程序陷于未知的困境,这种困境只能依靠债权人提起许可执行之诉予以解决。从立法目的来说,事实上债权人异议之诉是一种弥补我国案外人救济制度缺憾而设置的诉。特色之三,将第三人执行异议之诉与第三人(案外人)再审之诉规定在同一法条之中,一并对执行过程中在不同情况下的第三人利益进行保护。第三人异议这一前置程序的存在,以及第三人异议之诉与第三人(案外人)再审之诉一并规定的立法模式,导致了第三人异议之诉与第三人撤销之诉、第三人(案外人)再审之诉产生了诸多关联,主要表现在为第三人撤销之诉与第三人再审之诉被重复提起搭建了"桥梁"。

第二节　第三人撤销之诉运行的外部环境形成的历史过程及现状

一、外部环境形成的历史过程

(一)第三人制度

我国民事诉讼中最先设置的第三人利益保护制度是第三人参诉制度。在1982年我国《民事诉讼法(试行)》制定之前,民事诉讼审判在实践中就有关于第三人的相关称谓,但多将第三人称为"关系人"或者"利害关系人"。然而,由于"关系人"或者"利害关系人"的概念比较模糊,并不能截然划分类型和界定其内涵。1982年我国《民事诉讼法(试行)》制定之时,参考苏联的诉讼第三人制度,明确规定了第三人制度。该法第48条规定:"对当事人争议的诉讼标的,第三人认为有独立请求权的,有权提起诉讼,成为诉讼当事人。对当事人争议的诉讼标的,第三人虽然没有独立请求权,但是案件处理结果同他有法律上的利害关系的,可以申请参加诉讼,或者由人民法院通知他参加诉讼。"如此一来,我国设置了第三人制度,并将第三人划分为有独立请求权的第三人和无独立请求权的第三人两种。

我国1991年颁行的《民事诉讼法》第56条,沿用《民事诉讼法(试行)》第48条的规定,保留了第三人制度,但在具体措辞和规定上进行了修改。首先,我国《民事诉讼法》第56条分两款对两种类型的第三人进行了规定;其次,在《民事诉讼法(试行)》第48条规定的基础上,删除了"成为诉讼当事人"的表述,在逻辑上使有关第三人的表述顺畅起来;最后,对无独立请求权第三人增加了一项规定,即"人民法院判决承担民事责任的第三人,有当事人的诉讼权利义务”。之后,我国《民事诉讼法》历经 2007 年、2012 年、2017 年三次修改,但均未对第三人制度进行调整,第三人制度的相关规定保留至今。

(二)案外人执行异议之诉(第三人执行异议之诉)

我国 1991 年颁行的《民事诉讼法》中最初并未有关于第三人执行异议之诉的规定,仅有第 208 条[1]规定了执行异议。按照该条规定,当第三人认为其对执行标的享有排除执行的权利时,其可以提起执行异议。在原判决或者裁定存在错误的情况下,按照审判监督程序处理。执行异议并不是执行异议之诉,第三人在此享有的并非诉权,而是简单的异议权。如果执行机关错误地确定执行标的,则只能通过执行异议予以救济;在原判决、裁定错误确定执行标的的情况下,第三人也只能通过向人民法院或者人民检察院申诉启动审判监督程序,而无提起再审之诉的权利(在这一时期,当事人尚没有提起再审之诉的权利)。

随着我国民事诉讼的不断发展,民事诉讼中第三人利益保护形势日益严峻,表现最突出的是强制执行程序中第三人利益的保护问题。因此,2007 年我国《民事诉讼法》修改之时,增加了一条,作为第 202 条,规定利害关系人(第三人)认为执行行为违反法律规定的,可以向负责执行的人民法院提出书面异议。同时,规定了相应的期限、裁判方式和救济方式等。不仅如此,2007 年修法之时,将原第 208 条修改为第 204 条,即“执行过程中,案外人对执行标的提出书面异议的,人民法院应当自收到书面异议之日起十五日内审查,理由成立的,裁定中止对该标的的执行;理由不成立的,裁定驳回。案外人、当事人对裁定不服,认为原判决、裁定错误的,依照审判监督程序办理;与原判决、裁定无关的,可以自裁定送达之日起十五日内向人民法院提起诉讼”。此后,最高人民法院于 2008 年 11 月 3 日公布了《关于适用〈中华人民共和国民事诉讼法〉执行程序若干问题的解释》(以下简称《执行程序若干问题的解释》),《执行程序若干问题的解释》第 15 条至第 24 条对《民事诉讼法》第 204 条专门作出了解释性规定。我国《民事诉讼法》第 204 条以及配套司法解释的规定,改善了民事诉讼法之前有关执行异议规定中存在的许多问题,尤其明确了在执行过程中有关实体权利之争的异议可通过普通诉讼程序予以解决,即通过起诉的方式

---

[1] 1991 年《民事诉讼法》第 208 条规定:“执行过程中,案外人对执行标的提出书面异议的,执行员应当按照法定程序进行审查。理由不成立的,予以驳回;理由成立的,由院长批准中止执行。如果发现判决、裁定确有错误,依照审判监督程序处理。”

解决实体权益之争。自此,我国确立了有条件的案外人异议之诉,在执行程序中形成了“案外人异议+案外人异议之诉”的第三人利益保护制度。

(三)第三人(案外人)再审之诉和第三人撤销之诉

在2007年我国《民事诉讼法》修改之时,相对执行阶段而言,有关第三人受当事人之间的裁判侵害时的利益保护问题并未凸显,加之2007年修法的重点在于审判监督程序和强制执行程序,因此,并未对审判后第三人利益保护制度进行特别规定。2007年修改后的《民事诉讼法》第204条继续沿用之前《民事诉讼法》第208条的规定,即如果发现原判决、裁定确有错误,按照审判监督程序处理。如此一来,在规定案外人执行异议之诉时,立法并未改变之前针对案外人对执行标的主张权利时的救济途径的交叉规定模式,即将案外人对执行标的主张权利时的救济与案外人对原判决、裁定错误确定执行标的物主张权利时的救济结合在一起进行规定的立法模式。但由于2007年我国《民事诉讼法》修改时规定了当事人再审之诉,因此一般认为,此时案外人可以在发现原判决、裁定错误时提起再审之诉,以此作为对第三人利益的事后保护方式。此为依附于案外人执行异议而设置的案外人再审之诉。

在2007年修法之后,最高人民法院2008年11月25日公布的《审判监督程序若干问题的解释》第5条规定,“案外人对原判决、裁定、调解书确定的执行标的物主张权利,且无法提起新的诉讼解决争议的,可以在判决、裁定、调解书发生法律效力后二年内,或者自知道或应当知道利益被损害之日起三个月内,向作出原判决、裁定、调解书的人民法院的上一级人民法院申请再审……”。且该司法解释第42条规定了案外人申请再审的具体裁判方式,如此可以认为我国设置了不依附于案外人异议的、单独的案外人再审之诉,对因当事人之间的判决损害的第三人权益进行了有限保护。

然而,即便设置了独立的案外人再审之诉,该诉在事后保护第三人利益方面,与域外法中的第三人再审之诉、第三人撤销之诉依然存在距离。随着诉讼欺诈、虚假诉讼现象的日益增多,在审判阶段于事后对第三人利益进行保护的需要越来越迫切,因此,2012年我国《民事诉讼法》修改之时,在第56条新增加一款,规定了第三人撤销之诉。自此,我国民事诉讼形式上形成了完善的第三人利益保护体系。在此之前,第三人撤销之诉的外部运行环境已经形成。2015年《司法解释》出台之时,针对第三人撤销之诉与案外人再审之诉的矛盾局面,力图通过衔接法律规定、局部解决问题的方式消除两者之间的矛盾。

二、外部环境的立法现状

目前,从形式上来看,我国民事诉讼中以第三人制度为事前保护制度,以第三人撤销之诉、案外人再审之诉为事后保护制度,以案外人异议之诉为执行阶段保护制度,业已形成环环相连的第三人利益保护体系。作为最后设置的第三人撤销之诉,在其之前,该诉的外部运行环境按照事前保护阶段、事后保护阶段(案外人再审之诉)和执行保护阶段的顺序已经形成。从立法过程来看,3 种制度循序渐进、根据诉讼实践的需要而逐渐设置,并最终在形式上形成了完整的第三人利益保护体系。

(一)事前保护阶段——第三人制度

我国的第三人制度是在参考苏联的诉讼第三人制度的基础上构建的,制度的同源性决定了我国的第三人制度与目前俄罗斯的诉讼第三人制度颇为相近。按照第三人与当事人之间诉讼标的关系(参加诉讼的依据)的不同,将第三人划分为有独立请求权的第三人和无独立请求权的第三人。

1. 有独立请求权的第三人

按照我国《民事诉讼法》第 56 条第 1 款的规定,有独立请求权的第三人是指对当事人争议的诉讼标的,主张自已有全部或者部分的实体权利,而参加到已经开始的诉讼中来的人。

就参加诉讼的依据而言,有独立请求权的第三人参加诉讼的依据在于,其对当事人之间正在进行的诉讼的标的能够提出独立的主张或者请求,对于该类型第三人来说,本诉的当事人无论哪一方胜诉,都会损害其合法权益。

就参加诉讼的方式而言,有独立请求权的第三人以起诉的方式参加到当事人之间正在进行的诉讼中来。

就诉讼地位而言,有独立请求权的第三人作为当事人,相当于原告的地位,将本诉的当事人作为被告提出了参加之诉。在其参加诉讼之后,发生了本诉与参加之诉的合并。

2. 无独立请求权的第三人

按照我国《民事诉讼法》第 56 条第 2 款的规定,无独立请求权的第三人,是指对当事人之间争议的诉讼标的没有独立的请求权,但由于案件的处理结果与其有法律上的利害关系而参加到当事人之间正在进行的诉讼中来的人。

就参加诉讼的依据而言,无独立请求权的第三人参加诉讼的依据在于其与当事人之间正在进行的诉讼的裁判结果具有法律上的利害关系。尽管无独立请求权的第三人不能对当事人之间正在进行的诉讼提出独立的主张或者请求,但由于其与当事人一方或双方存在法律上的利害关系,该当事人所参加的诉讼的结果会影响无独立请求权第三人的责任承担。因此,无独立请求权的第三人参加到当事人之间的诉讼中来。但是,在如何理解我国《民事诉讼法》第56条第2款将无独立请求权第三人参加诉讼的依据界定为"与案件的处理结果有法律上的利害关系"方面,学者们有不同主张。总体而言,围绕将"法律上的利害关系"界定为单一的"义务性关系",还是双面的"权利义务性关系"展开了争论。持"义务性关系"观点的学者认为,"法律上的利害关系"表现为本诉一方当事人与第三人存在与本诉争议的民事法律关系相牵连的另一个民事法律关系,一旦本诉中该方当事人败诉而应当承担一定的法律责任或义务,则该当事人可以在后诉中以第三人作为被告并要求其承担相应的法律责任或义务。[1] 持"权利义务性关系"观点的学者认为,将"法律上的利害关系"界定为单一的义务性关系是片面的,就第三人与本诉一方当事人的关系而言,其既可能是义务性关系也可能是权利性关系。从世界范围内各国或地区对"法律上的利害关系"的定位来看,也是从权利义务性关系的双面含义进行界定。从无独立请求权第三人制度设置的目标来看,其不仅是当事人之间的判决向第三人不利扩张的程序正当性基础,更是为了均衡地保护当事人和第三人之间的利益以及寻求纠纷一次性解决,在此基础上,"法律上利害关系"应定位为权利义务性关系。[2] 由此,应当认为无独立请求权的第三人与当事人一方存在的法律上的利害关系,既可能是义务性关系,也可能是权利性关系,还可能是权利义务性关系。

就参加诉讼的方式而言,无独立请求权的第三人参加诉讼的方式主要有申请参加和法院通知参加两种方式。申请参加,是指第三人得知当事人之间的诉讼正在进行而通过书面或者口头的方式向法院提出参加诉讼的申请,在法院允许后参加到当事人之间的诉讼中来。通知参加,是指法院根据案件情况,依职权通知第三人参加诉讼。一旦法院依职权通知第三人参加诉讼,则该第三人必须参加诉讼。

---

〔1〕 参见柴发邦主编:《民事诉讼法学》,法律出版社1987年版,第168页。

〔2〕 参见张晋红:《论无独立请求权的第三人》,载《西北政法学院学报》1986年第3期。

就诉讼地位而言，一般认为，无独立请求权的第三人参加诉讼只能辅助一方当事人提出请求和主张，其既不是原告也不是被告，在我国，作为一种广义上的当事人存在。这是传统的观点，在理论上多将其归为“诉讼参加人说”。此外，还存在“狭义当事人说”和“附条件的当事人说”。“狭义当事人说”认为，在无独立请求权的第三人参加到当事人之间的诉讼中去之后，形成了本诉与参加之诉的合并。尽管第三人不是本诉的原告或者被告，但是其为参加之诉的原告，而被告为本诉的一方当事人。在此基础上认为，无独立请求权的第三人属于狭义上的当事人。显然这种观点的理论基础极其薄弱，与大陆法系国家或地区对辅助参加人地位的界定相差甚远，也与我国民事诉讼中第三人享有的权利以及参加诉讼的方式相悖。“附条件的当事人说”认为，无独立请求权第三人的诉讼地位取决于最终的案件审理结果；如果法院判决无独立请求权的第三人承担民事责任，则此时无独立请求权的第三人处于狭义当事人地位。如果法院未判决无独立请求权第三人承担民事责任，则此时无独立请求权的第三人处于广义的当事人地位，是一种诉讼参加人。显然，我国《民事诉讼法》第 56 条第 2 款中“人民法院判决承担民事责任的第三人，有当事人的诉讼权利义务”的规定与该观点一致。

（二）事后保护阶段——与第三人撤销之诉并列的案外人再审之诉

将《民事诉讼法》第 200 条第八项规定的案外人申请再审的情况排除在外，我国的案外人再审之诉有两种情况：一种是依附案外人异议的案外人再审之诉，另一种是由《审判监督程序若干问题的解释》第 5 条规定的独立的案外人再审之诉。前者仅适用于强制执行阶段，后者虽然适用于生效判决作出之后，但在期限上受“在判决、裁定、调解书发生法律效力后二年内，或者自知道或应当知道利益被损害之日起三个月内”的限制。但如前所述，第二种类型的案外人再审之诉已随着《审判监督程序若干问题的解释》第 5 条被删除而不复存在了。

按照我国《民事诉讼法》第 227 条的规定，在执行过程中，案外人对执行标的提出书面异议的，人民法院应当自收到书面异议之日起 15 日内审查，理由成立的，裁定中止对该标的的执行；理由不成立的，裁定驳回。如果案外人对裁定不服，认为原判决、裁定错误的，依照审判监督程序办理，即提起案外人再审之诉，也就是前面提及的附设案外人异议的案外人再审之诉。从规定来看，案外人提起再审之诉需要满足两个方面的条件：一方面，以案外人针对执行标的提出执行异议为前提,案外人对驳回异议的裁定不服时方可提起;另一方面,案外人必须认为原判决、裁定错误导致对执行标的的错误执行。由此可见,依附执行异议的案外人再审之诉只能发生在执行程序中,从这个角度来看,该类型的案外人再审之诉对当事人利用虚假诉讼或进行诉讼欺诈损害第三人的利益等情形是无能为力的。然而,2012 年我国《民事诉讼法》设置第三人撤销之诉时,没有与相关制度进行融合,导致该法第 227 条规定的执行异议下的案外人再审之诉与该法第 56 条第 3 款规定的第三人撤销之诉的重复。如前所述,这种重复可能性表现为两种。面对两种重复情形,《司法解释》第 303 条作出了规定:第一,第三人提起撤销之诉后,未中止生效判决、裁定、调解书执行的,执行法院对第三人依照《民事诉讼法》第 227 条的规定提出的执行异议应予审查。第三人不服驳回执行异议裁定,申请对原判决、裁定、调解书再审的,人民法院不予受理。第二,案外人对人民法院驳回其执行异议裁定不服,认为原判决、裁定、调解书内容错误损害其合法权益的,应当根据《民事诉讼法》第 227 条的规定申请再审,提起第三人撤销之诉的,人民法院不予受理。由此在形式上解决了两者之间的矛盾。

(三)执行程序保护阶段——案外人异议与案外人异议之诉

我国 2007 年修改后的《民事诉讼法》第 204 条在原有的案外人异议的基础上规定了案外人异议之诉,以"案外人异议 + 案外人异议之诉"的方式对执行阶段的第三人利益进行保护。此后,最高人民法院于 2008 年 11 月 3 日公布了《执行程序若干问题的解释》,该解释第 15 条至第 24 条对《民事诉讼法》第 204 条专门作出了解释性规定。我国《民事诉讼法》第 204 条以及配套司法解释的规定,改善了民事诉讼法之前仅规定执行异议一种救济方式时存在的问题,尤其明确了在执行过程中有关实体权利之争的争议可通过普通诉讼程序予以解决,即通过诉的方式解决实体权益之争。2012 年修法之时,将第 204 条调整为第 227 条,内容未予修改,继续保持"案外人异议 + 案外人异议之诉"的方式对执行阶段的第三人利益进行保护。

从我国《民事诉讼法》第 227 条以及《执行程序若干问题的解释》规定来看,注重从前置程序、当事人、管辖法院、受理后的法律效果、审理与裁判等方面塑造了我国的案外人异议之诉。一般认为,案外人异议是案外人异议之诉的前置程序。尽管其间有学者认为,基于对我国《民事诉讼法》第 227 条的理解,案外人异议不应该是案外人异议之诉的前置程序,〔1〕但是从分析法条的句式结构、语言逻辑以及司法实践来看,案外人异议为提起异议之诉的前置程序。就案外人异议之诉的当事人而言,提起案外人异议之诉的是执行当事人之外的案外人。前面提到,"案外人"是我国执行过程中对第三人的称谓,其含义等同于大陆法系国家或地区可以提起执行异议之诉的"第三人",即案外人是指对执行标的主张所有权或者有其他足以阻止执行标的转让、交付的其他权利的第三人。案外人异议之诉的被告应当是申请执行人,但如果被执行人反对案外人对执行标的所主张的实体权利,案外人应当以申请执行人和被执行人为共同被告。就案外人异议之诉的管辖法院来看,我国与德国、日本等国保持了一致,即由执行法院管辖。就提起案外人异议之诉的期限来看,相关规定则体现了案外人异议之诉的特色,即在案外人异议裁定送达之日起 15 日内,案外人向人民法院提起诉讼。这显然与我国存在案外人异议这一前置程序有直接关系,而与德国、日本以及我国台湾地区提起第三人异议之诉的期限相异。就受理案外人异议之诉的法律效果来看,其并不产生停止执行的法律效果。但是,案外人的诉讼请求确有理由或者提供充分、有效的担保请求停止执行的,法院可以裁定停止对执行标的进行处分;申请执行人提供充分、有效的担保请求继续执行的,法院应当继续执行。

我国的案外人执行异议之诉与域外其他国家或地区的第三人执行异议之诉没有本质区别,〔2〕但在制度具体构建上形成了自身的特色:第一,案外人异议作为案外人执行异议之诉的前置程序,并附带前置程序,将案外人执行异议之诉提起的时间限定在案外人异议裁定送达之日起 15 日内;第二,与案外人执行异议之诉相对应,存在救济债权人利益的许可执行之诉;第三,与案外人再审之诉规定在同一法条之中,对不同情况下的案外人利益进行保护。

从我国《民事诉讼法》第 227 条的规定来看,案外人提出异议并不是认为执行行为具有违法性,而是认为自身对执行标的物享有足以排除执行的权利。案外人无法提出停止执行的要求,只能要求中止执行,最终以实体争议的解决结果来决定执行继续进行还是终止。由此看来,案外人异议区别于一般的执行异议,案外人异议是一种保护案外人实体权益的临时性救济措施。对案外

〔1〕 参见张卫平:《案外人异议之诉》,载《法学研究》2009 年第 1 期。
〔2〕 参见丁宝同:《执行异议之诉:比较法视野下的谱系解读》,载《比较法研究》2015 年第 4 期。

人异议作为异议之诉的前置程序,理论界褒贬不一。持批判观点的学者们将案外人异议理解为执行异议的一种,认为将其作为前置程序是一种错位、一种累赘。[1] 如果将案外人异议理解为执行异议的一种,则案外人异议是一种程序性救济,不具有解决当事人、案外人实体争议的能力,的确是一种错位。然而,前面提到,案外人异议不同于一般的执行异议,并不似学者们所认为的由执行机构来解决实体争议,而是一种临时性的救济措施,最终根据实体争议解决的结果来决定执行程序继续进行还是终止。而且,结合案外人异议这一前置程序的规定,进一步限定了提起异议之诉的时间。与域外法普遍将第三人执行异议之诉默认为执行程序结束之前提起相比,我国法律规定案外人在异议裁定送达之日起 15 日内提起诉讼。对于我国将案外人提起异议之诉的时间限定在异议裁定送达之日起 15 日内这一规定,学者们一般认为过于苛刻,可能损害了第三人提起异议之诉的期限利益。但结合我国《民事诉讼法》第 227 条的具体规定,不难看出立法对案外人提起异议之诉的期限限定并没有损害其期限利益。法律对案外人提起异议的期限没有特殊限定,默认在执行程序终结前提起即可。以案外人异议为前置程序的案外人执行异议之诉自然也是在执行程序终结前提起的。将案外人提起异议之诉的期限限定在异议裁定送达后 15 日提起,并没有损害到案外人的期限利益。域外法普遍将案外人执行异议之诉默认为于执行程序结束之前提起,主要是考虑到案外人发现自己享有权利的标的物作为他人之间的执行标的物这一事实的时间不易确定,可能存在于执行程序进行中的任何一个阶段。在我国,既然案外人提起异议,则说明案外人已经知道了自己主张权利的标的物遭受损害的事实,由此限定在裁定送达 15 日内提起诉讼,不存在损害案外人期限利益的问题。

受将案外人异议作为案外人执行异议之诉的前置程序这一制度特色所限,除对案外人异议之诉提起的时间限制外,我国还存在一种特殊的制度设置,即维护债权人利益的许可执行之诉。以德国、日本以及我国台湾地区为代表的大陆法系国家和地区在规定第三人执行异议之诉时并不存在第三人异议这样的前置程序,在执行过程中,只要第三人发现自己可以主张权利的财产作为他人之间正在进行的执行程序的执行标的物,不需要事先向执行法院提出执行异议,即可提起执行异议之诉。在对第三人执行异议之诉的审理过程中,

---

[1] 参见俞灵雨、赵晋山:《对执行程序中若干法律问题的理解》,载《人民司法》2010 年第 5 期。

一般不停止对执行标的物的执行。如此一来,第三人异议之诉的提起不会影响债权人(申请执行人)的利益,没有允许债权人另行提起许可执行之诉的必要。但在我国,将案外人异议这一临时救济措施作为案外人提起异议之诉的前置程序,针对案外人提起的异议,法院有可能作出驳回异议的裁定,也可能会作出中止执行的裁定。一旦法院作出驳回异议的裁定,案外人为了救济自己的权益,自然会提起异议之诉。如果法院认为异议理由确实存在,作出中止执行的裁定,则案外人就没有必要再提起异议之诉。在这种情况下,债权人的给付请求权的实现受到阻碍。对执行法院来说,执行程序的中止状态使执行工作陷入困境。因此,有必要通过债权人提起许可执行之诉来解决这一尴尬的局面。

案外人执行异议之诉与案外人再审之诉规定在同一法条之中,一并对执行过程中不同情况下的第三人利益进行保护,是案外人执行异议之诉制度构建的又一特色。我国1991年制定《民事诉讼法》之时,第208条[1]专门就案外人对执行标的物提出书面异议的情形进行了规定,但当时案外人没有提起异议之诉的权利,仅能提起程序性的执行异议。该条同时规定,如果发现判决、裁定确有错误,依照审判监督程序处理。由于当时的审判监督程序仅包括法院和检察院启动再审程序,不包括当事人申请再审,故此时的"按照审判监督程序程序处理"自然不包括案外人提起再审之诉。但是,采用不同的救济方式对不同情形下的第三人利益进行保护的立法模式已经形成。我国2007年修改后的《民事诉讼法》第204条在规定执行异议这一前置程序之下,规定了案外人执行异议之诉,同时保留了原有的交叉规定第三人利益救济方式的立法模式,明确规定"案外人、当事人对裁定不服,认为原判决、裁定错误的,依照审判监督程序办理"。由于2007年我国《民事诉讼法》修改时赋予了当事人申请再审之诉的权利,因此一般认为,此时的案外人"按照审判监督程序处理"包括案外人提起再审之诉。由此,确立了案外人执行异议之诉与案外人再审之诉交叉规定、一并保护执行过程中在不同情况下的第三人利益的立法模式。

---

[1] 2007年修改前的《民事诉讼法》第208条规定:"执行过程中,案外人对执行标的提出书面异议的,执行员应当按照法定程序进行审查。理由不成立的,予以驳回;理由成立的,由院长批准中止执行。如果发现判决、裁定确有错误,依照审判监督程序处理。"

第三节　第三人撤销之诉运行的外部环境存在的问题

一、运行环境整体状况错综复杂

我国已经在形式上构建了完整的第三人利益保护体系，实现了在审判程序之中、之后以及执行程序之中对第三人利益的保护。在设置第三人撤销之诉之前，该诉的外部运行环境已经形成。但由于各个阶段所设置的第三人保护制度的来源各不相同，交织在一起形成的第三人利益保护体系无论在整体上还是在具体制度设置方面皆存在问题。对第三人撤销之诉来说，该体系无论在整体上存在的问题还是具体制度存在的问题皆可能成为其程序运行的外部障碍。从整体来看，尽管在第三人利益保护体系形成的过程中不断平衡当事人利益保护与第三人利益保护之间的关系，但在具体制度设置上却出现了时而偏重对当事人利益的保护、时而偏重对第三人利益的保护的情况，并未形成稳定的平衡点以支撑整个第三人利益保护体系。具体而言，对第三人利益的保护出现了事前保护阶段与事后保护阶段的脱节，在利益平衡方面偏向对当事人利益的保护，缺失对第三人的程序保障，造成了对第三人利益保护的不全面。同时，由于立法上的混乱，我国的第三人利益保护体系中存在多种第三人利益救济途径竞合的情况，在利益平衡上又偏向对第三人利益的保护，导致当事人之间生效判决稳定性时时被动摇，纠纷解决的实际效果难以达到。

（一）第三人制度与第三人撤销之诉的脱节

我国民事诉讼中作为事前保护制度的第三人制度是在参考苏联的诉讼第三人制度基础上构建的，与大陆法系国家或地区的诉讼参加制度存在较大区别，尤其是无独立请求权第三人与大陆法系国家或地区的辅助参加制度存在诸多不同。作为事后保障制度的第三人撤销之诉则是在借鉴法国和我国台湾地区的第三人撤销之诉基础上构建的。两种制度之间的渊源不同，两者之间存在诸多不契合之处，难以在民事诉讼中形成事前保护阶段与事后保护阶段环环相扣的、完善的第三人利益保护体系。

分析我国《民事诉讼法》第56条第3款的规定不难看出，从我国的第三人撤销之诉提起的事由来看，其兼有纠错功能和程序保障功能。但是，由于我国的第三人制度尤其是无独立请求权第三人制度的内在缺陷明显，因此诉讼实践难以实现其立法目的。

在我国，第三人提起撤销之诉的事由是“因不能归责于本人的事由未参加诉讼,但有证据证明发生法律效力的判决、裁定、调解书的部分或者全部内容错误,损害其民事权益的”。从规定来看,第三人欲提起撤销之诉,既需要在程序上证明“因不能归责于本人的事由未参加诉讼”,又需要在实体上证明“发生法律效力的判决、裁定、调解书的部分或者全部内容错误,损害其民事权益的”。其中,有关需证明的程序事项参考我国台湾地区的相关规定。但需要指出的是,我国大陆的第三人撤销之诉与我国台湾地区第三人撤销之诉的目的定位并不相同,前者旨在应对我国目前日益严峻的诉讼欺诈和虚假诉讼现象,而我国台湾地区的第三人撤销之诉则旨在与作为事前保障制度的诉讼参加制度相衔接,实现对第三人完善的程序保障。2003 年我国台湾地区设置第三人撤销之诉时,将提起诉讼的事由之一界定为“非因可归责于己之事由而未参加诉讼”,与此同时,修改了既有的诉讼告知制度,增加了法院以职权告知的规定,由此,两者相互结合实现了对第三人的程序保障。而我国的无独立请求权的第三人,本身缺乏对第三人的程序保障,第三人参加诉讼的方式主要有自己申请参加或者由法院通知参加两种情况,而法院通知参加与判令第三人承担民事责任交织在一起,难以对第三人进行完善的程序保障。在缺失诉讼告知制度的情况下,第三人是否“非因可归责于己之事由而未参加诉讼”的证明难度较大。作为消极事项,从证明的可能性来看,主张该事项存在的第三人撤销之诉的原告不需要承担证明责任,而应该由否认该事项存在的被告提出相反的证据予以否认。但是,由于在立法上对该事项的证明规则没有具体规定,导致在司法实践中对该事项的证明有不同的认识和做法。

从前面对全国 2013~2018 年第三人撤销之诉的裁定的基本数据分析不难看出,在司法实践中当事人与法院之间、上下级法院之间时常对“非因可归责于己之事由而未参加诉讼”这一事项的证明有不同认识。尽管从诉讼原理来看,原告对消极事项没有证明的可能性,只能由法院依职权审查或者由被告提出相反的证据。然而,仍然有个别法院简单认为应该由原告就该消极事项承担证明责任,造成了司法实践的混乱与错误。即便法院不要求原告承担证明责任,而由被告提出相反的证据或者法院依职权审查,依然不能解决“非因可归责于己之事由而未参加诉讼”这一事项的证明难题。根源在于,我国缺失诉讼告知制度,被告欲提出原告知情的证据缺乏制度保障;而从法院职权审查角度来看,由于不存在诉讼告知制度,也无从查起,更无据审查。《司法解释》出台之后,在总结司法经验的基础上,第 295 条将“非因可归责于己之事由而未参加诉讼”界定为4种情形,具体包括:第一,不知道诉讼而未参加的;第二,申请参加未获准许的;第三,知道诉讼,但因客观原因无法参加的;第四,因其他不能归责于本人的事由未参加诉讼的。如此一来,将第三人“非因可归责于己之事由”具体化,以便对该事项的证明和法院审查。但是,缺失诉讼告知造成的证明困难依然存在。尽管4种情形中第二种和第三种情形比较容易判断,但第一种情形下对是否“知道诉讼”的判断仍旧是一个难题。由于在第三人制度中不存在诉讼告知制度,对于无独立请求权第三人来说,参加当事人之间的诉讼主要通过自己申请和法院通知两种方式,在法院通知而未参加的情况下,有相应的传票可以证明第三人“知道诉讼”但未参加;在第三人事前知晓诉讼但未申请参加的情况下,则于事后无法判断第三人是否“知道诉讼”。通过分析裁定可以看出,在司法实践中对于第三人是否“知道诉讼”的证明没有制度保障和规范的模式,造成了司法实践的随意性。在一些案件中,因为第三人曾经旁听过原当事人之间的庭审,或者作为证人虽然没有出庭但是出具了对一方有利的证人证言,或者通过第三人与原诉讼一方当事人之间有一定的关系(夫妻除外)推断第三人应该“知道诉讼”。但无论基于何种情况,其共性皆在于第三人没有收到法院或者原诉讼当事人告知其参加诉讼的通知,不知道自身参诉后享有的权利和不参诉承担的法律风险。法院对第三人是否“知道诉讼”的判断依据完全是在无意中获取的,并没有规范的证明规则。也有一些法院对第三人是否“知道诉讼”采取被告提供相反证据或自身依职权调查的方式,没有相反证据则不认定第三人“知道诉讼”。由于缺失诉讼告知制度,第三人是否“知道诉讼”的判断并无依据,因此,在大多数情况下认定第三人并不“知道诉讼”。如此一来,作为事前救济制度的第三人制度的功能被弱化,作为特殊的事后救济制度的第三人撤销之诉则会被任意提起。可见,在司法实践中,有关第三人是否“非因可归责于己之事由而未参加诉讼”这一事项的证明较混乱,甚至对第三人利益的保护走向了两个极端。究其原因,在于我国无独立请求权第三人制度中诉讼告知制度的缺失与设置第三人撤销之诉之时对提起撤销之诉事由的域外经验直接借鉴之间的矛盾,最终导致第三人利益保护的事前阶段与事后阶段的脱节。

(二)案外人(第三人)再审之诉与第三人撤销之诉的重合

在2012年设置第三人撤销之诉之前,我国民事诉讼法中就存在两种与第三人撤销之诉功能相同但救济范围明显狭窄的案外人再审之诉。设置第三人撤销之诉之后，并没有废除上述两种案外人再审之诉，从而形成了案外人再审之诉与第三人撤销之诉并列、重合的局面。随着2021年1月1日《审判监督程序若干问题的解释》第5条的删除，该条规定的案外人再审之诉与第三人撤销之诉的重合问题被生硬地解决了，但《民事诉讼法》第227条规定的案外人再审之诉与第三人撤销之诉被重复提起的问题依然存在。

如前所述，第三人（案外人）再审之诉与第三人撤销之诉是两种不同的第三人利益保护方式，比较而言，第三人撤销之诉是一种专门为第三人利益设置的事后保障制度，有利于对民事诉讼中第三人利益的保护。况且，我国既存的两种案外人再审之诉皆为限定性的第三人再审之诉，其范围本身就窄于第三人再审之诉在理论上的功能范围。

面对我国《民事诉讼法》中有关第三人撤销之诉和案外人再审之诉的并行规定，当事人在选择救济途径时往往采取逐一提起、试错排除的方式，这样不仅浪费了大量的人力、财力，而且消耗了司法资源。不但如此，由于2012年我国《民事诉讼法》设置第三人撤销之诉之后，一直到2015年《司法解释》的出台，近两年的司法实践是在没有明确解决第三人撤销之诉与案外人再审之诉的矛盾的规范之下进行的，司法实践的标准之不统一可见一斑。其中，有一种类型的案例较具有代表性，举例如下。

2009年11月9日邓某和刘某购买A房地产开发有限公司（以下简称A公司）开发的“×××”商住小区第二层营业房，建筑面积为1156.86平方米，在签订合同当天缴纳了部分购房款，并到房地产管理局办理了备案登记。随后，邓某和刘某向A公司支付了全部购房款380万元，并开具了不动产销售发票。2010年6月邓某和刘某在A公司交付房屋后对购买的房屋进行装修，又引进品牌家具商入驻该房屋予以经营。现邓某和刘某对该房屋占有、使用、收益已达两年多时间。邓某和刘某在购买该房后一直不知道李某与A公司之间存在房屋买卖关系。在李某起诉A公司的买卖合同纠纷中，受理该案的N人民法院没有通知邓某和刘某参加诉讼，在邓某和刘某未参诉的情况下，N人民法院将邓某和刘某合法购买的房屋判决给李某。邓某和刘某在李某案执行时才知道该判决，便立刻向N人民法院提起了执行异议，N人民法院驳回的邓某和刘某的执行异议。邓某和刘某根据我国《民事诉讼法》第56条的规定，提起第三人撤销之诉，请求：(1)确认邓某和刘某与被告A公司于2009年11月9日签订的《商品房买卖合同》有效并判决该合同房屋归邓某和刘某所有；(2)裁定终止执行(2012)川民提字第×××号民事判决。

N法院审查认为，第三人撤销之诉与案外人执行异议以及案外人申请再审均系对未能通过参加诉讼获得程序保障的第三人，因判决或诉讼调解的效力可能影响其权利时提供一种救济途径。该案原告在向执行法院提出口头执行异议时，执行法院已告知其可以提起第三人撤销之诉，但该案原告收到执行法院送达“法律释明告知书”后，向执行法院提出书面执行异议，应视为其已选择案外人执行异议的救济途径，而放弃第三人撤销之诉的救济途径。在其案外人执行异议被执行法院驳回后，依照我国《民事诉讼法》第227条的规定，该案原告对该执行裁定不服，并认为原判决错误的，可依照审判监督程序主张权利。起诉人邓某、刘某向法院提起第三人撤销之诉，不符合起诉条件，裁定驳回起诉。

类似案件在2013~2014年的司法实践中比较常见，在上述案件中，法院驳回第三人撤销之诉的原因在于案外人选择了提起执行异议，因此，只能以此为前置程序提起案外人再审之诉而不能提起第三人撤销之诉。从第三人利益的事后保护角度来看，先后提起两种诉讼对第三人来说的确属于重复救济。但是，从当时的法律规定来看，我国《民事诉讼法》和相关司法解释皆没有规定案外人提起执行异议之后，只能提起再审之诉而不能提起第三人撤销之诉，也没有对第三人撤销之诉与案外人再审之诉之间的矛盾予以解决。2015年《司法解释》作出时，似乎采纳了这一观点，规定在执行过程中如果第三人在判决生效之后未提起撤销之诉，待到执行程序开始之后提出执行异议，对人民法院驳回其执行异议裁定不服的，认为原判决、裁定、调解书内容错误损害其合法权益的，只能提起再审之诉而不得提起撤销之诉。看似对第三人重复救济的问题已得到解决，但深层次的问题在于，缘何在生效判决作出之后、强制执行程序开始之前和在强制执行程序开始之后，给予了第三人不同的事后救济方式，并且是两种对第三人利益保护力度不同的事后救济方式？在司法实践中，大量案件的第三人是在当事人之间的生效裁判的强制执行时才发现自身的利益遭受到了损害，为了阻止强制执行，往往会提起执行异议，要求中止执行。但按照目前的法律规定，一旦案外人选择了提起执行异议，则只能于事后提起再审之诉，失去了提起撤销之诉的权利。但是我国《民事诉讼法》及其司法解释并没有对案外人提起再审之诉的具体事由及程序作出任何规定。与当事人提起再审之诉的事由及程序相同，还是与提起撤销之诉的事由和程序相同？如果与当事人提起再审之诉的事由及程序相同,那么就无法对第三人利益进行有针对性的救济;如果与提起撤销之诉的事由和程序相同,那么就不再有保留案外人再审之诉的必要。

二、运行环境中具体制度的缺陷根深蒂固

我国第三人撤销之诉运行的外部环境的问题,尽管在形式上表现为各阶段的第三人利益保护制度脱节以及保护制度重置等情况,但从实质来看,集中体现为各阶段的第三人利益保护制度在构建过程中存在的缺陷。具体而言,第一,我国的无独立请求权第三人制度的异化,导致该制度缺失对第三人的程序保障;第二,为应对诉讼欺诈、虚假诉讼等情况设置的第三人撤销之诉不仅与之前的案外人再审之诉相竞合,更深层次的问题是,立法时对该诉的研究不够深入,导致对该诉的性质定位不当和程序事项定位不明,进一步导致立法体例安排的失当和程序事项规定的不明确;第三,案外人异议之诉以案外人异议为前置程序,尽管提高了执行效率,但同时也造成了立法缺陷,最终不得不设置新的诉讼来应对案外人异议成立时形成的执行中止局面,并在一定程度上搭建了第三人撤销之诉与执行异议和案外人异议之诉之间的桥梁,造成了诸多难解之处。由于后面会设专章分析我国第三人撤销之诉程序构建的问题,在此仅分析我国第三人制度和案外人异议之诉的制度缺陷。

(一)缺失第三人程序保障的第三人制度

如前所述,我国的第三人制度是在参考苏联的诉讼第三人制度基础上建立的,苏联的诉讼第三人制度构建时与大陆法系国家或地区的诉讼参加制度之间的区别和联系亦被带入我国的第三人制度构建过程之中。尽管苏联的民事诉讼制度建立之初致力划清与属于大陆法系国家俄国的资本主义性质的民事诉讼制度之间的界限,但是民事诉讼制度内在规律的相通性以及法律制度与法律文化的传承性决定了,其必然只能在形式上对具体制度进行改革而无法在实质上动摇民事诉讼制度的理论基础。如此一来,苏联的诉讼第三人制度实际上是在借鉴大陆法系国家或地区的诉讼参加制度的基础上构建起来的,但在制度设计的细节上与诉讼参加制度出现了差异。

在苏联的诉讼第三人制度构建过程中,其异于诉讼参加制度的最明显表现是对争议标的无独立请求的第三人制度,以辅助参加制度为蓝本而设置的对争议标的无独立请求的第三人制度在构建过程中增加了诸多职权因素,并

作出了诸多不同于辅助参加制度的具体规定,最终导致其无独立请求第三人制度异化为一种不同于辅助参加制度、存在诸多内在缺陷的第三人参诉制度。我国在参考苏联诉讼第三人制度的过程中融入了我国传统的诉讼方式和审判观念,设置了我国独具特色的第三人制度。但立法根源的源远流长又决定了我国的第三人制度与大陆法系国家或地区的诉讼参加制度存在诸多相似之处,正因如此,学者们多将其与大陆法系国家或地区的诉讼参加制度进行比较,以寻求制度完善的路径。我国的第三人制度在整体上存在的程序事项规定不够详尽、诉讼实践混乱等问题较明显,但就内部两种类型的第三人制度比较而言,其缺陷集中在无独立请求权第三人制度之中,有独立请求权第三人制度本身比较独立,加之第三人享有完整的诉权,因此,基本上能实现对第三人的事前保障,而无独立请求权第三人制度在立法时存在的制度构建缺陷和在司法过程中存在的制度运行混乱,导致该制度难以实现于事前对第三人的程序保障和实体利益保护的目的。

从第三人利益事前保护角度来看,就对当事人之间诉讼的标的不能提出独立的主张,但与当事人之间的诉讼有利害关系的第三人的利益的事前保护方式而言,目前成熟的模式主要有两种:一种是大陆法系国家或地区的辅助参加制度,另一种是英美法系国家或地区通过进一步区分该类型的第三人与当事人之间诉讼的关系而分别设置诉讼参加制度与引入第三人制度。辅助参加制度通过回避第三人与一方当事人之间的利益冲突而寻找利益共同点,形成了第三人参与到一方当事人之中并辅助该方当事人进行诉讼的制度框架,同时将参加效力作为理论基础来保障第三人参加的效力。英美法系国家或地区的诉讼参加制度则是通过赋予第三人以当事人的诉讼地位进行诉讼,以便对第三人利益进行保障,而引入第三人制度更是如此,通过引入第三方被告的方式直接在一次诉讼中集中解决相互关联的复杂纠纷。由此看来,大陆法系国家或地区的辅助参加制度并没有赋予第三人完整的诉权,第三人仅处于辅助一方当事人的法律地位,其行使诉讼权利受到一定限制,其参加诉讼的法律效果是仅发生参加效力。如此一来,辅助参加人的诉讼地位与其承担的诉讼结果保持了一致。英美法系国家或地区的诉讼参加制度或者引入第三人制度,皆赋予了第三人完整的诉权,尤其是在引入第三人制度中,第三人处于被告地位,享有被告所有的诉讼权利,其最终承担民事责任是建立在其被告诉讼地位并享有被告诉讼权利的程序保障基础之上的。如此看来,尽管大陆法系国家或地区的辅助参加制度与英美法系国家或地区的诉讼参加制度、引入第三人制度在诉讼理念和制度方面差异都比较大,但其制度设置皆实现了对第三人的程序保障。然而,我国的无独立请求权第三人制度在设置之初就出现了理论上的问题。

我国的无独立请求权第三人不具有独立的当事人地位,不享有一系列当事人独有的权利,其类似辅助参加人所处的辅助一方当事人进行诉讼的法律地位。但与此同时,法律又允许法院直接判令第三人承担民事责任,并根据第三人在诉讼结束时是否承担民事责任来决定其是否享有作为当事人上诉的权利。究其根源,在于我国设置无独立请求权第三人制度之时,根据诉讼实践需要增加了类似英美法系国家或地区引入第三人制度的责任追究功能,作出了允许法院直接判令无独立请求权第三人承担民事责任的规定。如此一来,我国的无独立请求权第三人制度虽然在形式上与大陆法系国家或地区的辅助参加制度存在诸多相似之处,但在实质上发生了内在功能异化,而此种功能与其采纳的辅助参加的框架已不相容。总体而言,无独立请求权第三人制度沿用了诉讼参加制度的基本框架,但却抛弃了对第三人程序保障的理论精髓;增加了引入第三人制度的功能期待,但缺失对第三人程序保障的制度规定。由此可见,我国无独立请求权第三人制度设置时的制度与理论的错位,导致我国的无独立请求权第三人在诉讼中所处的诉讼地位与其承担的诉讼责任不对等的问题十分突出。

首先,有关无独立请求权第三人所处诉讼地位与承担诉讼责任的本末倒置之规定,使第三人在一审判决作出之前的诉讼地位与其承担的民事责任相悖,对第三人的程序保障难以实现。依据目前法律的规定来看,无独立请求权第三人是否享有当事人的诉讼权利是由判决作出后其是否承担民事责任来决定的。在判决确定当事人承担民事责任之前,无独立请求权第三人处于辅助一方当事人的诉讼地位,而不享有当事人独有的一些诉讼权利,如管辖权异议、和解、承认诉讼请求等权利。无独立请求权第三人只有最后被判令承担责任,其方可享有上诉的权利。如此一来,第三人在判决作出之前的程序保障难以实现。究其原因,在于对我国无独立请求权第三人制度所强加的追责功能与无独立请求权第三人的诉讼地位不对等。

其次,无独立请求权第三人参加诉讼的方式难以实现对第三人的程序保障。按照程序保障理论,对包括第三人在内的当事人的程序保障集中体现为其程序参与权的实现。从法理上来看,程序参与权应该包括“程序之适正通知”和“程序参与机会之赋予”两个要素,[1]其中,“程序之适正通知”是保障所赋予的“程序参与机会”实现的重要因素。从大陆法系国家或地区的辅助参加制度来看,诉讼告知制度实现了对应当辅助参加的第三人以程序通知,保障了其程序参与权的实现,迈出对辅助参加制度中第三人程序保障的第一步。而且,辅助参加制度对诉讼告知制度的法律效力的定位与“程序参与机会之赋予”这一要素保持了一致。而我国的无独立请求权第三人参加诉讼的方式主要有申请参加和法院通知参加两种,而无单设的诉讼告知制度。尽管法院以职权通知第三人参加诉讼似乎隐含了诉讼告知的意味,可实现对第三人的程序保障,但是,法院依职权通知第三人参加诉讼往往与将在诉讼中判令第三人承担民事责任直接相关,而非为了保障第三人的程序利益,如此一来,第三人利益并非在一般情况下皆可以得到保障。

最后,无独立请求权第三人制度的诉讼实践缺陷加剧了缺失程序保障的立法缺陷。目前我国《民事诉讼法》第 56 条前两款以及《司法解释》对第三人参加当事人之间的诉讼仅进行了较原则的规定,尤其是对无独立请求权第三人参加诉讼的程序事项的规定较粗略,具体的程序规则缺失,造成了审判过程中随意通知无独立请求权第三人参加诉讼、随意判令第三人承担民事责任等情况。职权主义的渗入加剧了第三人程序保障状况的恶化,而法律本身对第三人程序保障规定的缺失则方便了职权主义的进一步深入。最终,导致了无独立请求权第三人制度中缺失对第三人的程序保障。

总而言之,在诉讼实践中,立法对无独立请求权第三人参加诉讼的程序事项细化规定的缺失与法院可依职权通知第三人参加诉讼融合在一起,造成了法院在无独立请求权第三人制度运行中存在较大的自由裁量权,而我国无独立请求权第三人制度在设置之初即偏向对当事人的权利保护而缺失对第三人权益的保障,第三人缺失与法院的自由裁量权相抗衡的权利。加之,在诉讼实践中存在将第三人与一方当事人之间的利害关系界定为“义务关系”的片面认识,基于各种原因,法院扩大解释第三人与一方当事人之间的利害关系,依职权通知第三人以无独立请求权第三人地位参加诉讼的情况时有存在,直接判令第三人在当事人之间的诉讼中承担责任,更不利于对第三人利益进行保护。

---

[1] 参见黄国昌:《民事诉讼理论之新开展》,北京大学出版社 2008 年版,第 266 页。

综上所述，我国目前的无独立请求权第三人制度难以有效保障第三人的程序利益和实体权益。

（二）前置程序——案外人异议造成的制度困境

从我国案外人执行异议之诉的立法现状可知，我国的案外人执行异议之诉与域外其他国家或地区的第三人执行异议之诉虽然没有本质区别，但在制度具体构建上形成了自身特色，包括案外人异议作为案外人执行异议之诉的前置程序，存在与案外人执行异议之诉相对应的救济债权人利益的许可执行之诉，和将案外人执行异议之诉与案外人再审之诉规定在同一法条之中以保护不同情况下的第三人利益。在案外人执行异议之诉的三大构造特色中，根本特色是案外人异议这一前置程序的存在。案外人异议这一前置程序的立法初衷在于提高执行效率，避免案外人随意提起异议之诉以阻碍执行程序的进行。由执行法院通过对案外人异议的裁定初步判断案外人的主张是否成立，在案外人异议被驳回的情况下，由案外人自己决定是否提起异议之诉，有效地避免案外人提起该诉的随意性，保障了执行效率。从司法实践来看，案外人异议这一前置程序的存在保证了执行效率，适应了我国目前强制执行形势的需要，短期内应该认可这一独具特色的设置。但同时应该看到，正是由于案外人异议这一前置程序的存在，才不得不设置救济债权人利益的许可执行之诉，以应对因案外人异议成立而形成的执行中止状态；也由于案外人异议这一前置程序的存在，在一定程度上连接了第三人撤销之诉与执行程序，导致《司法解释》以生硬的规定解决了第三人撤销之诉与第三人再审之诉之间的重复救济矛盾。

首先，案外人异议这一前置程序的存在导致不得不设置许可执行之诉来对债权人的相应利益进行保护，造成了程序的繁杂。从债权人申请许可执行之诉规定的背景来看，这是一种囿于案外人异议这一前置程序而不得不设置的诉讼。没有这一诉讼的设置，一旦案外人提出执行异议，执行程序会因法院作出的中止执行裁定而一直陷于中止状态，这种状态的存在不仅损害债权人的利益，也使执行程序陷于未知的困境。这种困境只能依靠债权人提起许可执行之诉予以打破。从立法目的来看，债权人许可执行之诉是一种弥补我国案外人救济制度缺憾而设置的诉。从执行程序中案外人利益保护制度的发展来看，待我国“执行难”形势有所缓解之后，应该取消案外人异议这一前置程序，而债权人许可执行之诉的临时使命随即完成，并最终回归债权人许可执行之诉的本原,即应对案外人与债务人(被执行人)制造虚假证据、虚假争议和虚假诉讼等损害债权人利益的情况。

其次,案外人异议这一前置程序的存在,在一定程度上搭建了第三人撤销之诉与执行程序之间的"桥梁",与第三人撤销之诉的立法缺陷结合在一起,造成了多阶段救济的程序烦琐。按照《司法解释》第 299 条的规定,第三人提起撤销之诉之后,原则上并不影响原当事人之间生效裁判的执行,仅在第三人撤销之诉的原告即原诉的第三人提供担保的情况下,人民法院才可以准许中止执行。如果第三人提起撤销之诉之后当事人之间的原生效裁判没有停止执行,很可能导致的后续问题是,第三人为了阻止当事人之间生效裁判的强制执行,会按照我国《民事诉讼法》第 227 条的规定提出中止执行的执行异议,此时,执行法院必须对执行异议进行审查并作出裁定。《司法解释》第 299 条的规定,看似借助案外人异议这一前置程序,实现了对我国《民事诉讼法》第 56 条与第 227 条的有效衔接,赋予了第三人对生效裁判的强制执行进行临时救济的权利。但从程序的运行角度来看,实质上是将简单问题复杂化,对第三人来说,多阶段的救济方式造成的是一种程序烦琐;对当事人来说,是一种需要持续应对第三人救济的程序负担。更何况,在很多情况下第三人撤销之诉的管辖法院与生效裁判的执行法院不是同一法院,往往是上下级法院,而管辖法院对第三人撤销之诉立案时的审查对象与执行法院对中止执行申请的审查对象并无二致,只是审查程度略有不同,如果第三人撤销之诉的管辖法院与执行法院对审查对象的认定不同,应以何者为准?又或者,第三人撤销之诉的管辖法院与生效裁判的执行法院是同一法院时,是否可能存在审判庭与执行庭对案件进行内部沟通?在第三人撤销之诉的管辖法院与生效裁判的执行法院是上下级法院关系时,作为第三人撤销之诉管辖法院的上级法院的立案裁定会不会无形地影响执行法院在作执行裁定时的判断?如果真的存在,多阶段的救济则只是一种形式而已。如果没有案外人异议这一前置程序的存在,第三人撤销之诉自身的立法缺陷不会造成多阶段救济的程序烦琐。

最后,案外人异议这一前置程序在一定情况下便利了《司法解释》生硬地解决第三人撤销之诉与第三人再审之诉之间的重复救济矛盾。如前所述,在 2015 年《司法解释》实施之前,我国民事诉讼中的第三人撤销之诉与我国《民事诉讼法》第 227 条规定的执行异议下的案外人再审之诉被重复提起的可能性有两种:一种是第三人先提起了撤销之诉,但按照目前的法律规定,第三人提起撤销之诉后原则上不停止原生效裁判的执行,如果第三人作为撤销之诉的原告申请中止,则需要提供相应的担保,在不具备提供担保能力的情况下,第三人则会按照我国《民事诉讼法》第227条的规定提出的执行异议,申请中止执行。同时,按照该条规定,对于执行裁定不服的,案外人可以对原判决、裁定、调解书申请再审,因此案外人提起再审之诉,此时就会出现第三人撤销之诉与案外人再审之诉被重复提起的局面。另一种是第三人在未提起撤销之诉的情况下,在当事人之间生效裁判执行过程中发现自己的合法权益遭受到损害,遂按照我国《民事诉讼法》第227条的规定提出执行异议,申请中止执行。案外人对人民法院驳回其执行异议裁定不服,认为原判决、裁定、调解书内容错误损害其合法权益的,根据我国《民事诉讼法》第227条的规定申请再审,此后再依据《民事诉讼法》第56条的规定提起第三人撤销之诉,此时,亦会出现第三人撤销之诉与案外人再审之诉被重复提起的局面。面对第三人撤销之诉与案外人再审之诉被重复提起的两种情形,《司法解释》第303条专门对第三人撤销之诉与依据我国《民事诉讼法》第227条的规定提起的案外人再审之诉之间的关系按照前后顺序进行了规定:第一,第三人先提起撤销之诉、后提起再审之诉时,对再审之诉不予受理;第二,第三人先提起执行异议时,对第三人撤销之诉不予受理。就前者而言,《司法解释》并没有直接解决案外人异议这一前置程序造成的程序烦琐问题,而是绕过案外人异议这一程序设置,生硬地规定了第三人撤销之诉与案外人再审之诉的解决方案,案外人异议这一程序设置造成的程序烦琐依然存在。就后者而言,《司法解释》直接借助案外人异议这一前置程序解决第三人撤销之诉与案外人再审之诉之间的矛盾,以第三人先前是否提起案外人异议作为判断提起案外人再审之诉还是第三人撤销之诉的标准。而且,该标准仅存在于给付判决,在确认判决和形成判决中没有适用该种标准的余地。进一步造成的问题依然是,缘何在生效判决作出之后强制执行程序开始之前和在强制执行程序开始之后,给予了第三人以不同的事后救济方式,并且是两种对第三人利益保护力度不同的事后救济方式?

第四章　第三人撤销之诉程序构建的域外经验

如前所述,在非因第三人自身的原因导致其未能参加当事人之间的诉讼的情况下,各国或地区往往会设置事后保障制度对第三人利益进行保护。从目前各国或地区的规定来看,大陆法系和英美法系国家或地区的第三人利益的事后保障制度有不同的立法模式。在大陆法系国家或地区,主要有第三人撤销之诉和第三人再审之诉两种;在英美法系国家或地区,则主要是判决效力相对性抗辩制度。其中,第三人撤销之诉和第三人再审之诉皆是在承认生效裁判对未参加诉讼的第三人发生效力的前提下而单独设置的第三人利益事后保障制度;判决效力相对性抗辩,则是由第三人主张限制生效裁判对未参加诉讼的第三人发生效力以保护第三人利益的救济模式,并非独立的第三人利益事后保障制度。整体而言,第三人撤销之诉和第三人再审之诉属于狭义的第三人利益事后保障制度,而判决效力相对性抗辩属于广义的第三人利益事后保障制度。我国的第三人撤销之诉的程序构建,以法国和我国台湾地区的第三人撤销之诉为参考,但与第三人再审之诉保持紧密的联系。在此,重点对世界主要国家、地区的第三人撤销之诉和第三人再审之诉的程序展开介绍。

第一节　第三人撤销之诉

面对当事人之间的生效裁判损害第三人利益的情况,法国率先规定了第三人撤销之诉(第三人取消判决异议之诉)。随后我国台湾地区于 2003 年在对“民事诉讼法”修改之时,借鉴法国制度设置了独立的第三人撤销之诉。我国 2012 年《民事诉讼法》修改时,在第 56 条第 3 款规定了第三人撤销之诉。第三人撤销之诉作为一项事后保障第三人利益的制度逐渐进入民事诉讼理论研究的视野。

一、法国的“第三人取消判决异议之诉”

法国的第三人取消判决异议之诉是在其传统的上诉途径中逐渐发展而来的一种非常上诉途径。追根溯源,其类似罗马法的非常诉讼程序中对第三人的救济制度。但在当时,由于向上诉法院提出上诉是通过君主或君主在各省的代表提出不服判决的申请来实现的,当事人、第三人的救济申请都可能得到承认,其并非一种常设性的救济制度,更非专为第三人设置的程序救济制度。[1] 因此,在很长一段时期,当事人与第三人的上诉救济权并未得到明确区分。直至法国封建时代,得益于14世纪教会法诉讼程序的创造,上诉制度、异议制度和再审制度才得以向第三人敞开。但此时,仍未设置独立的第三人救济制度。[2] 此后出现了针对第三人提起撤销之诉的相应规定,大多从防止第三人滥用撤销之诉的角度进行了规定。[3] 直到1667年的国王敕令,一种类似于第三人异议的救济途径才得以慢慢呈现其特征,但并未成为独立的救济途径。1806在制定法国《民事诉讼法典》时,对第三人取消判决异议之诉的规定仍未成型,第三人取消判决异议之诉尚未成为一种具有普遍适用意义的第三人事后保障制度,而多适用于应对诉讼欺诈等情形。但该救济途径在司法实践中逐渐扩大适用范围,逐渐由法院判例确认其更广泛的适用范围。随着法国《新民事诉讼法典》的制定,第三人取消判决异议之诉得以完整确立。[4] 目前,法国《新民事诉讼法典》第582条至第592条对第三人取消判决异议之诉进行了全面规定。

(一)主体与条件

按照法国《新民事诉讼法典》第583条的规定,任何对于取消判决有利益的第三人都可以提起第三人取消判决异议之诉,但是该第三人必须在作出受

---

〔1〕 参见[法]让·文森、[法]塞尔日·金沙尔:《法国民事诉讼法要义》(下),罗结珍译,中国法制出版社2001年版,第1285页。

〔2〕 参见[法]艾涅斯特·格拉松:《法国民事诉讼程序的起源》,巢志雄译,北京大学出版社2013年版,第99页。

〔3〕 参见巢志雄:《法国第三人撤销之诉研究——兼与我国新〈民事诉讼法〉第56条第3款比较》,载《现代法学》2013年第5期。

〔4〕 参见[法]让·文森、[法]塞尔日·金沙尔:《法国民事诉讼法要义》(下),罗结珍译,中国法制出版社2001年版,第1285~1286页。

到攻击的判决的程序中既不是当事人也没有代理人。根据该法第583条的规定，不难看出，提起第三人取消判决异议之诉的主体需要满足以下3个条件。

第一，"有利益"。第三人对于取消对其攻击的判决具有利益，但法律并未规定第三人需要证明其利益遭受判决的侵害。换言之，只要第三人的利益有可能遭受判决的侵害，其即具有提起第三人取消判决异议之诉的利益，这样的利益既可能是"物质"利益也可能是"精神"利益。由此可见，法律对第三人提起取消判决异议之诉的利益的要求是较宽松的。但需要指出的是，第三人提起取消判决异议之诉的利益，应当是"本人的""直接的"利益。

第二，"非诉讼当事人"。第三人是相对诉讼的当事人来说的，能够提起取消判决异议之诉的主体，必然是当事人之间诉讼的案外第三人。但从法国的法院判例来看，需要注意以下两点：其一，一般而言，如果案外第三人有机会针对判决向上诉法院上诉或者参加系属的上诉案件，则需要到上诉法院通过参加诉讼的方式保障其合法权益，而不能提起第三人取消判决异议之诉。其二，缺席判决的当事人仍属于判决的当事人，不可以提起第三人取消判决异议之诉。不仅如此，判决的一方当事人死亡，其全部概括权利承受人或者部分概括权利承受人不能提起第三人取消判决异议之诉；用益权人的继承人因用益权人死亡而成为当然的所有权人时，不可以提起第三人取消判决异议之诉。但是，如果一审程序中曾是当事人的人在上诉审中不是当事人，对上诉法院作出的判决可以提起第三人取消判决异议之诉。[1]

第三，"不曾有他人代理诉讼"。为了更准确地界定提起第三人取消判决异议之诉的主体范围，法律进一步对主体进行了消极要件的界定。凡是由他人代理诉讼的人，无论是法定代理还是委托代理，都无权提起第三人取消判决异议之诉，因为此时其依然具有当事人身份。但此处的"不曾有他人代理诉讼"的含义不限于此，而是指一个人的利益不曾有其他人为之代理。比如，连带债权人或者连带债务人之间视为"互为代理"。在司法实践中也有将之抽象为"利益的共同性"或"利益的同一性"，根据这一概念由法院审查受理主体提起的第三人诉讼。但该概念并不具有普适性，在不同案件中，应对是否"不曾有他人代理诉讼"进行具体判断。比如，对于概括权利继承人（全部或者部分）很容易认定该人在判决作出的诉讼中，其利益已由"向其转移权利的人"所代

[1] 参见罗结珍：《法国新民事诉讼法典》，法律出版社2008年版，第636～637页。

理而不能提起第三人取消判决异议之诉。但是,在涉及保证人或者概括遗赠权利继受人时,则需要具体判断。总而言之,对于提起第三人取消判决异议之诉的主体,需要结合具体案件进行具体判断。[1]

(二)对象

根据法国《新民事诉讼法典》第585条的规定,原则上针对任何裁判都可以提起第三人取消判决异议之诉,但是法律另有规定的除外。由此,在法国,无论是针对法院的裁判还是仲裁裁决,无论是针对法院的终局性判决还是紧急审理裁定,无论是针对诉讼案件判决还是非讼案件判决,都可以提起第三人取消判决异议之诉。

对于可提起第三人取消判决异议之诉的对象,在司法实践中通过法院判例进行了更细致的界定。第一,对于有关人的身份作出的判决、亲子关系作出的判决等"绝对权威效力"的判决,是否可以提起第三人取消判决异议之诉曾在理论和判例上存在诸多争议,但是随着判例的认可,这样的争执逐渐减少,从而肯定了对"绝对权威效力"的判决可以提起第三人取消判决异议之诉。第二,对于非讼案件的判决,只有没有得到判决通知的第三人才可以提起第三人取消判决异议之诉。这是法国《新民事诉讼法典》第583条第3款的规定,但是,由于这样的规定导致第三人利益保护中出现了空白地带,即对于终审判决,收到判决通知的第三人既不可以向上诉法院提出上诉,也不可以提起第三人取消判决异议之诉。于是,1981年5月12日第81-500号法令规定,"对终审作出的判决,即使已向其进行判决通知的人,亦允许提出第三人异议"。[2]第三,不可提起第三人取消判决异议之诉的裁判为对同意或者拒绝法国仲裁裁决签发执行令的裁定,具有"专门性质"的裁判(如离婚判决)等。

(三)期间

法国《新民事诉讼法典》第586条分3款对提起第三人取消判决异议之诉的期限分情况进行了规定。

第一,作为本诉讼请求,第三人取消判决异议之诉自判决作出后30年内均可以提起。但这只是原则性规定,法律另有规定的除外。

第二,非作为本诉讼请求,而是在诉讼过程中,因受到他人援引在另一诉

---

〔1〕 参见罗结珍:《法国新民事诉讼法典》,法律出版社2008年版,第637~638页。

〔2〕 [法]让·文森、[法]塞尔日·金沙尔:《法国民事诉讼法要义》(下),罗结珍译,中国法制出版社2001年版,第1290页;罗结珍:《法国新民事诉讼法典》,法律出版社2008年版,第634页。

讼中产生的判决,对于该判决提起第三人取消判决异议之诉没有期限限制。其原因在于,作为第三人,其不可能知晓当事人之间的判决是否损害其合法权益。

第三,对于诉讼案件,如果第三人收到当事人之间的判决通知的,则其提起第三人取消判决异议之诉的期限为自收到判决通知起两个月内。但是作为例外,如果判决通知中明确指出了第三人可以提出不服申请的方式和期限时,则不在此例。该项由第586条第3款进行了规定,但是1981年5月12日第81-500号法令中将此项规定从诉讼案件扩大至非讼案件,即非讼案件的终审判决如已向第三人进行判决通知的,则其提起第三人取消判决异议之诉的期限为自收到判决通知起两个月内。

(四)程序

法国《新民事诉讼法典》第587条至第589条分别对第三人取消判决异议之诉的管辖法院、提起诉讼的方式、适用的程序、裁判方式以及救济方式等作出了规定。

就管辖法院而言,该法典第587条、第588条根据不同的提起第三人取消判决异议之诉的形式规定了不同的管辖法院。根据法律规定,提起第三人取消判决异议之诉的形式分为两种:一种是以本诉名义提出的独立的第三人取消判决异议之诉,此种为本诉请求;另一种是附带法院受理的某一争议提出的第三人取消判决异议之诉,此种为附带请求。[1] 当以本诉请求名义提出第三人取消判决异议时,其目的和作用在于"撤销原判",即将生效的裁判文书予以撤销;当以附带请求名义提出第三人取消判决异议时,其目的和作用既可能是"撤销原判"也可能是"改变原判"。撤销原判与改变原判的功能不同时,其管辖法院自然不同。当以本诉请求名义提出第三人取消判决异议时,因其始终属于"撤销原判"的范围,故管辖法院为作出攻击第三人的判决的法院;当以附带请求名义提出第三人取消判决异议时,分不同的情形确定管辖法院:第一,如果当前受理诉讼的法院是作出攻击第三人判决的法院的上级法院,或者虽然属于同级法院,但没有与任何具有公共秩序性质的管辖权规则相抵触,则属于"改变原判"的范围,那么第三人取消判决异议之诉的管辖法院为受理当前

---

〔1〕 参见[法]让·文森、[法]塞尔日·金沙尔:《法国民事诉讼法要义》(下),罗结珍译,中国法制出版社2001年版,第1293页。

案件的法院。第二,如果当前受理诉讼的法院在审级上低于作出攻击第三人判决的法院,则第三人取消判决异议之诉需要以本诉请求的方式向作出攻击第三人判决的法院提起。此时,按照法国《新民事诉讼法典》第 589 条的规定,受理当前诉讼的法院,对于向其提交的攻击第三人的判决,既可以不予过问,也可以推迟审理。

就起诉的方式而言,无论是以本诉讼的方式还是附带请求方式向作出攻击第三人判决的原审法院提起第三人取消判决异议之诉,均以传唤状的方式开始;如果以附带请求的方式向当前受理诉讼的法院提起第三人取消判决异议之诉,则经"律师间的书状"而开始。

就审理的程序而言,原则上适用普通程序,即便是对攻击第三人的非讼案件判决提起第三人取消判决异议之诉,依然适用争讼程序的普通程序。但是,原则上适用普通程序,并不禁止取代简易形式的其他方式。

就救济途径而言,按照法国《新民事诉讼法典》第 592 条的规定,"对第三人异议所作的判决,得如同对作出此种判决的法院的所有裁判决定,提出同样的上诉"。由此可见,对在第三人取消判决异议诉讼中作出的判决的救济方式为上诉,这与第三人取消判决异议诉讼原则上适用普通程序保持了一致。

(五)法律效果

提起第三人取消判决异议之诉的法律效果主要包括该诉提起后对第三人异议的判决执行的效力、第三人取消判决异议被驳回的法律效果,以及第三人取消判决异议诉讼的判决结果对第三人和原诉当事人的法律影响等。

按照法国《新民事诉讼法典》第 590 条的规定,一旦法院决定受理第三人取消判决异议之诉,无论该诉以本诉请求的方式还是附带诉讼请求的方式提起,该法院都可以作出中止执行受异议判决的裁定。但需要注意的是,提起第三人取消判决异议之诉并不必然导致中止执行该判决的法律效果,是否中止执行的裁量权在于法官。

第三人提起取消判决异议,经过审理,既可能被受理也可能不满足受理条件而被驳回。一旦第三人提起的取消判决异议被驳回,则原判决产生效力。

如果第三人提起取消判决异议之诉后并胜诉的,则根据不同的情况产生相应的法律效果。按照法国《新民事诉讼法典》第 591 条的规定,就支持第三人提起取消判决异议的判决而言,只对原判决中有损于第三人利益的判决事项予以撤销或者变更。撤销或者变更根据案件的具体情况进行判断。原则上原判决在其当事人之间依然保持原有效力，即便是经过第三人取消判决异议之诉的判决后被撤销或者变更的事项，在当事人之间依然发生原判决认定的法律效力。由此可见，原则上第三人取消判决异议之诉的判决的效力具有相对性，其产生的法律效果是解除了原判决对第三人的效力。但是欲保持第三人取消判决异议之诉的判决效力的相对性实际上却很难做到，基于"判决的不可分性"，有时需要突破第三人取消判决异议之诉的判决效力的相对性，而使其对第三人和当事人都产生法律效力。在司法实践中，"不可分性"的案例很多。比如，基于所有权的绝对性和排他性，如果提出取消判决异议之诉的第三人证明了其是不动产的真实所有权人，则据此作出的支持第三人追还不动产请求的第三人取消判决异议之诉判决对当事人发生法律效力；又如，上诉法院作出确认解除给予债务人租约的判决，抵押债权人对该判决提起第三人取消判决异议之诉后胜诉的，则在第三人取消判决异议之诉中作出的撤销原判决的判决，因租约所产生的义务的不可分性而对当事人发生法律效力等。[1]

（六）滥诉的制裁措施

在民事诉讼中设置第三人撤销之诉的目的在于，对第三人的利益进行事后保障，避免当事人之间的诉讼损害未参与其中的第三人的合法权益。法国的第三人取消判决异议之诉是一种非常上诉救济方式，该诉会导致当事人之间的裁判的既判力时刻面临被击破的危险，对当事人之间已形成的法律关系时刻产生重要影响。因此，在赋予第三人该项救济方式的同时，防止第三人滥诉就变得十分重要，以便均衡保护第三人和当事人的程序利益。按照法国《新民事诉讼法典》第581条的规定，对于为了拖延诉讼而提起第三人取消判决异议之诉的，或者滥用法律赋予的提起第三人取消判决异议之诉的权利的，法院可以对第三人科以罚款，同时，当事人有向受理第三人取消判决异议之诉的法院提出损害赔偿的权利。就罚款这一制裁措施而言，2005年12月28日颁布并于2006年3月1日实行的第2005－1678号法令将罚款金额从原来规定的"100法郎至10,000法郎"规定为"最高3000欧元"。[2] 并且在司法实践中，只有能确认第三人在运用第三人取消判决异议之诉这一救济途径有过错时，才可能对之科以罚款。至于请求损害赔偿，则由当事人提出请求并加以证明。

---

〔1〕 参见罗结珍：《法国新民事诉讼法典》，法律出版社2008年版，第645页。

〔2〕 同上书，第631～632页。

二、我国台湾地区的第三人撤销之诉

我国台湾地区于2003年修改“民事诉讼法”之时，借鉴法国的第三人取消判决异议之诉的制度框架，与第五编的再审之诉相并列，在第五编之一新设置了第三人撤销之诉。作为事后保障制度的第三人撤销之诉与作为事前保障制度的诉讼参加制度相呼应，给予了第三人完善的程序保障，且两者作为审判阶段的第三人程序保障制度与执行阶段的第三人异议之诉结合在一起，自此，我国台湾地区的民事诉讼中形成了完善的第三人利益保护体系。我国台湾地区的“民事诉讼法”第507条分4款对第三人撤销之诉进行了特别规定，包括诉讼要件、管辖法院、对原判决效力的影响以及改判情况。不仅如此，第507条第5款对第三人撤销之诉的程序进行了准用再审程序的规定。由此，通过自足性规定和准用性规定构建了完善的第三人撤销之诉。

（一）原告与条件

按照我国台湾地区“民事诉讼法”第507－1条的规定，提起第三人撤销之诉的原告的主体资格主要有3项限定条件：第一，能提起第三人撤销之诉的主体必须是与当事人之间的生效判决有法律上利害关系之第三人；第二，该第三人非因可归责于己之事由而未参加诉讼，因此不能提出足以影响判决结果之攻击或防御方法；第三，没有其他程序供其请求救济。从上述界定不难看出，我国台湾地区的第三人撤销之诉设置的目的在于赋予第三人以程序保障权。只要是与当事人之间的诉讼有利害关系的人，非因自身的原因没有参加到当事人之间的诉讼中去，没有机会提出足以影响判决结果的攻击或者防御方法，其即具备了提起第三人撤销之诉的条件。但是，由于第三人撤销之诉是一种事后救济之诉，其应被定位为非常救济方式，因此，只要第三人能提起新的诉讼或者得采取其他的救济方式，其便不再具有提起第三人撤销之诉的资格。总而言之，由于我国台湾地区的第三人撤销之诉将目的定位为程序保障，有别于法国将第三人撤销之诉定位为突破既判力和保障第三人实体权益的目的，因此，其对原告条件的限定显然有别于法国。

（二）管辖法院

根据我国台湾地区“民事诉讼法”第507－2条的规定，第三人撤销之诉的管辖属于专属管辖，其管辖权专属于作出原生效判决的法院。细言之，第一，对于未经第二审法院裁判的判决提起的第三人撤销之诉，专属于原第一审法院管辖。所谓未经第二审法院裁判的判决，是指经过一审后生效的判决，或者虽然经过上诉审，但是二审法院未对之改判的生效判决。第二，对于审级不同之法院就同一事件所为之判决合并提起第三人撤销之诉，或仅对上级法院所为之判决提起第三人撤销之诉，专属原第二审法院管辖。由此可见，由于我国台湾地区的第三人撤销之诉不存在附带请求的方式，故不同于法国因区分本诉请求和附带请求导致的相对复杂的管辖规定。

（三）实际效果

前面提到，提起第三人撤销之诉的效果主要包括提起该诉后对当事人之间原生效判决执行的影响和第三人撤销之诉的判决结果对第三人和原诉当事人的影响等。

按照我国台湾地区“民事诉讼法”第 507－3 条的规定，第三人提起撤销之诉并被受理之后，并无必然停止原确定判决执行的效力。但同时，又赋予了法院最终的裁量权。如果受案法院发现有必要的情形，可依职权裁定中止执行原判决中有关撤销之诉声明之范围内对第三人不利的部分，或者依第三人的申请并核定相当的担保后，裁定中止执行原判决中有关撤销之诉声明之范围内对第三人不利的部分。同时，为了均衡当事人与第三人的程序利益，对于中止执行原生效判决的裁定，赋予了当事人抗告的救济权利。

对于第三人提起的撤销之诉，我国台湾地区“民事诉讼法”第 507－3 条规定，如果法院认为第三人撤销之诉的声明有理由的，则撤销原生效判决中对第三人不利的部分，这是原则性规定，符合我国台湾地区第三人撤销之诉的程序保障价值定位。但同时规定，在必要情况下，法院也可以根据第三人的声明，在可撤销范围内变更原生效判决。无论是撤销还是变更原生效裁判中对第三人不利的部分，原生效裁判依然在当事人之间发生效力。其例外情况是，如果诉讼标的对于原判决当事人及提起撤销之诉的第三人来说必须合一确定的，则不受第三人撤销判决效力相对性的限制，而广泛地对原诉当事人和第三人发生效力。

（四）程序

我国台湾地区的第三人撤销之诉准用再审程序，根据我国台湾地区“民事诉讼法”第 507－4 条的规定，分别通过准用再审之诉程序的方式对第三人撤销之诉的期间、提起第三人撤销之诉的形式、审理范围、适用的审判程序、判决的效力等进行了规定。

就期间而言,第三人提起撤销之诉,应于30日之不变期间内提起。就期间计算而言,自判决确定时起算,如果判决于送达前确定的,自送达时起算;但是如果其第三人撤销之诉的理由发生或知悉在后的,则均自第三人知该理由时起算。除30日的期限外,还规定了不变周期,即提起第三人撤销之诉的最长期限为自判决确定后的5年,自判决确定后逾5年的,不得提起第三人撤销之诉。之所以有最长期限的规定,乃源于第三人撤销之诉的存在使生效判决的既判力时刻面临被推翻的危险,如果不限制第三人提起撤销之诉的期限,将会导致当事人之间的判决难以真正确定,不利于纠纷解决结果的稳定和实体关系的恢复。但作为例外规定,如果第三人撤销之诉的提起是以我国台湾地区"民事诉讼法"第496条第1项第5款、第6款或第12款情形为理由的,则不受最长期限为5年的限制。由此可见,在提起第三人撤销之诉的期限规定方面,我国台湾地区"民事诉讼法"力求均衡保护当事人与第三人的程序利益。

就提起第三人撤销之诉的形式来看,第三人撤销之诉以诉状的方式提起,其载明的事项与再审之诉的诉状相同,主要包括4项内容:第一,当事人及其代理人;第二,声明不服之判决及提起第三人撤销之诉的陈述;第三,应以何种程度撤销原判决及就案件如何判决之声明;第四,第三人撤销之诉的理由及关于第三人撤销之诉的理由并遵守不变期间的证据。

就第三人撤销之诉的审理范围来看,对于提起撤销之诉的原判决的辩论和裁判等,应以当事人在撤销之诉的诉状中所声明不服之部分为限。

就第三人撤销之诉的审理程序来看,准用再审之诉的规定,根据原生效裁判的审级确定所适用的审判程序。

第二节　广义的第三人再审之诉

从世界范围内来看,只有少数国家或地区通过设置第三人撤销之诉这一独立的制度对民事诉讼中的第三人的利益进行事后保障,此外,尚有一些国家或地区通过扩大再审之诉的主体范围对第三人的利益进行事后保障,即通过扩大再审之诉的启动主体的范围,赋予被当事人之间的生效判决所影响的第三人启动再审之诉的诉权,以此对第三人的利益进行事后保障。此种救济方式即第三人再审之诉。由于各国或地区对生效裁判的救济方式的称谓和规定并不一致,总体有再审程序和非常上诉程序之分,因此,此处的第三人再审之诉是一个广义概念,包括再审程序和非常上诉程序两种。相对新设独立的救济制度,通过扩大赋予第三人提起再审的诉权对其合法权益进行保障是一种更便利和简单的方式。从目前的规定来看,通过设置第三人再审之诉对第三人进行事后保障的国家或地区主要有意大利和我国澳门特别行政区等。

一、意大利的"第三人裁判异议之诉"

一般认为,意大利的民事诉讼法中规定了第三人再审之诉。按照意大利《民事诉讼法》第 404 条的规定,因他人之间的确定判决或有执行力的判决而使权利受到侵害的第三人,或者因欺诈或通谋诉讼而损害自己利益的继承人及债权人,可以对该确定判决提起再审之诉。有学者将之译为"第三人裁判异议之诉"。[1]

(一)类型

意大利的第三人裁判异议之诉主要有两种类型,即"普通第三人裁判异议之诉"和"特殊第三人裁判异议之诉"。意大利《民事诉讼法》第 404 条第 1 款规定了普通第三人裁判异议之诉,是指因他人之间的确定判决或有执行力的判决而使权利受到侵害的第三人提起的裁判异议之诉;意大利《民事诉讼法》第 404 条第 2 款规定了特殊第三人裁判异议之诉,是指因欺诈或通谋诉讼而损害自己利益的继承人及债权人,对该确定判决提起的裁判异议之诉。

(二)适用范围

从意大利《民事诉讼法》第 404 条第 1 款和第 2 款的规定来看,意大利普通第三人裁判异议之诉适用于第三人对确定判决或有执行力的判决提出异议,意大利的特殊第三人裁判异议之诉适用于欺诈或通谋诉讼中作出的确定判决。但是,有学者考察认为,"意大利第三人裁判异议之诉在客体上不限于法院判决,它还包括仲裁机构作出的仲裁裁决。将仲裁裁决也作为第三人裁判异议之诉的攻击对象,就是意大利法所称的特殊情形,亦即第三人裁判异议之诉的例外适用"。[2]

(三)主体

意大利不同的第三人裁判异议之诉类型有不同的原告,普通第三人裁判异议之诉的原告是因他人之间的确定判决或有执行力的判决而使其权利受到

---

〔1〕 参见廖永安、陈逸飞:《意大利民事诉讼第三人裁判异议之诉初探——兼述对完善我国第三人撤销之诉制度的启示》,载《现代法学》2018 年第 6 期。

〔2〕 同上。

侵害的第三人;特殊第三人裁判异议之诉的原告是因欺诈或通谋诉讼而使其利益遭受损害的继承人及债权人。

(四)期间

按照意大利《民事诉讼法》第325条的规定,对于第三人裁判异议之诉的提出期限,原则上为30天,此为不变期间,自判决送达之日起开始计算。

(五)具体程序

意大利《民事诉讼法》第405条规定了第三人裁判异议之诉的管辖法院,即第三人应该向作出被攻击判决的原审法院的主审法官提出。这与一般的再审诉讼有所不同。

对于第三人裁判异议之诉案件,法院应当组成合议庭进行审理。按照意大利《民事诉讼法》第406条的规定,除本法就第三人裁判异议之诉的审理程序另有规定外,法院应当按照本院审理程序的规定审理本案。因此,对于一审法院作出的原审判决,按照一审程序进行审理;对于二审法院作出的原审判决,按照二审程序进行审理。

按照意大利《民事诉讼法》第407条的规定,对于第三人裁判异议之诉的对象判决中止执行,必须以第三人在诉状中提出申请为前提条件,即采用当事人申请原则,法院不得依职权中止原审判决的执行。对于第三人中止执行之申请,受案法院应当通过合议程序作出是否中止原审判决执行的裁定。

二、我国澳门特别行政区的"基于第三人反对而提起之上诉"

我国澳门特别行政区《民事诉讼法典》第三卷"普通宣告诉讼程序"之第一编"通常诉讼程序"之第六章"上诉"之第三节"非常上诉"之中,与再审之诉相并列,规定了基于第三人反对而提起之上诉制度。从立法体例上来看,基于第三人反对而提起之上诉作为一种第三人提起的非常上诉制度,与另一种当事人提起的非常上诉——再审制度相并列。也正是在这个意义上,将我国澳门特别行政区的"基于第三人反对而提起之上诉"归入第三人再审之诉之列。

我国澳门特别行政区《民事诉讼法典》第664条至第669条对基于第三人反对而提起之上诉进行了较细致的规定,包括该制度适用的范围、提起的条件、期限、程序等。

(一)适用的范围

根据我国澳门特别行政区《民事诉讼法典》第664条的规定,基于第三人反对而提起之上诉主要针对因当事人之间的诉讼欺诈行为而作出的裁判损害了第三人利益的情况。细言之,只有第三人认为影响其利益的裁判是在当事人之间存有虚伪行为,且法院因不知悉有关之欺诈行为而未行使法律所赋予法院的职权时作出的,则其可以此为争议,在有关终局裁判确定后,通过提起该非常上诉对已生效的裁判提出争执。相较而言,我国澳门特别行政区的因第三人反对而提起之上诉的适用范围比较狭窄,专门针对因当事人存在诉讼欺诈行为而损害第三人利益的确定裁判。无论是为推翻确定判决既判力的法国的第三人撤销之诉,还是我国台湾地区致力给予第三人程序保障的第三人撤销之诉,其适用范围都具有普遍性,而非限制于某一情形。

(二)主体

根据我国澳门特别行政区《民事诉讼法典》第 665 条之一的规定,第三人欲提起因第三人反对而提起之上诉,除满足上述适用范围外,其主体需要满足一定的正当性条件。不同的条件限制之下区分了不同的第三人,概言之,可提起基于第三人反对而提起之上诉的主体主要有 3 种:一是受争执之裁判之诉讼程序进行时无参与,亦无代理在该诉讼中败诉一方之人;二是仅通过其法定代理人以当事人身份参与有关诉讼之无行为能力人;三是原诉讼当事人故意或互相勾结为损害上诉人之利益,其任何一方当事人的继受人或债权人。

(三)期间

按照根据我国澳门特别行政区《民事诉讼法典》第 666 条的规定,第三人可以在知悉当事人之间损害或影响其利益的裁判之日起 3 个月期间内提起上诉。但同时,法律规定了最长的不变法定期间,即该裁判确定后未逾 5 年。此外,无行为能力人从其恢复行为能力之日起 1 年内提起上诉。

(四)具体程序

就该诉的管辖而言,专属于作出原生效判决的法院管辖。

就受理后的程序而言,一旦基于第三人反对而提起的上诉被受理,则需要通知被上诉人在 20 日内作出答复,但被上诉人不作答复并不影响诉讼的进行。被上诉人作出答复后或答复之期间届满后,法院在当事人双方书状诉辩的基础上,必须以简要方式证实当事人陈述的依据是否存在,并裁判上诉应否继续进行。

如上诉在以上基础继续进行,则按照被提起上诉的判决的诉讼程序(提交诉辩书状的阶段结束后的步骤和程序)进行。

（五）法律效力

按照我国澳门特别行政区《民事诉讼法典》的规定，因第三人反对而提起之上诉对原生效判决执行程序产生必然的中止效力，只有在请求执行人或其他债权人提供担保的情况下才可能恢复执行。由此可以看到，我国澳门特别行政区的相关规定更注重对第三人权利的保障。

三、小结

相较而言，我国澳门特别行政区的基于第三人反对而提起之上诉的适用范围与日本的再审之诉最初构建时将其定位为防止当事人之间的诈害诉讼损害第三人利益的规定比较类似。尽管意大利的第三人裁判异议之诉的适用范围也有类似规定，但按照意大利《民事诉讼法》第 404 条的规定，其除突出规定了因欺诈或通谋诉讼而损害自己利益的继承人及债权人，可以对该确定判决提起再审之诉外，还一般性地规定了“因他人之间的确定判决或有执行力的判决而使权利受到侵害的第三人”可以对该确定判决提起再审之诉。由此可见，意大利的第三人裁判异议之诉的适用范围大于我国澳门特别行政区的因第三人反对而提起之上诉的适用范围。

第三节　对比分析与经验总结

一、大陆法系国家或地区的第三人撤销之诉和第三人再审之诉：区别于英美法系的立法思路

整体上，大陆法系和英美法系国家或地区设置第三人利益的事后保障制度，采取了两种不同的思路。大陆法系国家或地区是在承认当事人之间的生效裁判向未参加诉讼的第三人扩张的基础上，于事后设置独立的第三人利益事后保障制度，无论是第三人再审之诉还是第三人撤销之诉，都是在承认当事人之间的生效裁判向未参加诉讼的第三人发生效力的前提下而设置的独立的、于事后保护第三人利益的制度。英美法系国家或地区则不设置独立的第三人利益的事后保障制度，而是在正当法律程序理念下限定当事人之间生效裁判对第三人发生效力。

然而，在英美法系国家或地区，亦认识到一概否定当事人之间的生效裁判向未参加诉讼的第三人发生效力是不现实的，同时认识到一旦承认当事人之间的生效裁判对第三人发生效力，则需要对第三人的利益进行程序保障，只是

“事实出发型”的诉讼模式决定了英美法系国家或地区未直接设置独立的第三人利益事后保障制度，而是以“正当法律程序”为指导理念，从第三人利益保护角度出发，通过赋予第三人对抗对其产生影响的生效裁判向其发生效力，来实现对第三人利益的保护。目前，将该理论付诸实践的主要是美国的直接抗辩模式和附带抗辩模式。直接抗辩模式通过赋予第三人直接提起诉讼以对抗当事人之间对其产生影响而其又未参加诉讼的判决的效力，以保护其合法权益。附带抗辩模式则是允许第三人在后诉中提出附带的某一诉讼请求，该诉讼请求针对前诉对第三人产生影响的判决进行抗辩。[1] 两种抗辩模式的主要区别在于，第三人行使抗辩权的具体方式不同，但两种模式结合在一起，实现了对第三人利益事后保护的需要。

在皆允许当事人之间的判决对第三人发生效力的前提下赋予第三人于事后争执该判决正确性的机会，大陆法系国家或地区的第三人再审之诉、第三人撤销之诉与英美法系国家或地区的“判决效力相对性之抗辩”制度沿着不同的思路被构建。在英美法系国家或地区，通过赋予第三人事后“判决效力相对性之抗辩”的权利，允许第三人在认为当事人之间的生效裁判对其发生不利效力时再行“判决效力相对性之抗辩”。大陆法系国家或地区的第三人撤销之诉和第三人再审之诉则是通过赋予第三人以事后争执该判决正确性的权利，允许第三人事后提起诉讼要求去除当事人之间对其错误地产生不利影响的裁判效力。前者实际上是限制当事人之间生效裁判向第三人发生效力理论的继续，只不过并非采纳事前的概括性限制，而是仅限制当事人之间生效裁判向第三人发生不利影响的效力，第三人不需要证明生效裁判错误地对其产生了不利影响，而仅需要抗辩对其发挥不利影响即可；后者是通过赋予第三人去除当事人之间的生效裁判错误地对其发挥不利影响的判决效力。因此，只有第三人证明生效裁判对第三人的不利影响是错误的，才可以去除当事人之间生效裁判对其的不利影响。

二、第三人撤销之诉与第三人再审之诉：不同的诉权赋予思路

从第三人撤销之诉与第三人再审之诉的设置体例以及具体规定来看，两者存在诸多联系和相似之处。首先，两种诉讼都是为了保护未参加到当事人

---

〔1〕 参见张妮：《第三人撤销之诉研究》，西南政法大学 2012 年博士学位论文，第 56～57 页。

之间诉讼而又受当事人之间判决影响的第三人的利益;其次,两种诉讼程序都面临推倒当事人之间生效裁判既判力的问题;最后,两种诉讼在程序设置上保持了紧密联系,第三人再审之诉基本沿用再审之诉的程序,而第三人撤销之诉尽管单独设置,但除对特殊程序进行单独规定外,也往往直接沿用再审之诉的程序。可见,第三人撤销之诉与第三人再审之诉之间有密切关系。鉴于此,学术界对于如何选择民事诉讼中的第三人利益事后保障模式一直存有争议。比如,针对我国台湾地区设置第三人撤销之诉,就有学者提出"如果可以把再审原告适格放宽的话,是否还有必要进行第三人撤销诉讼的设计"?[1]

尽管第三人撤销之诉与第三人再审之诉同为第三人对当事人之间生效裁判行使撤销权的方式,其皆面临推倒当事人之间损害或影响第三人利益的生效判决效力的问题,但两者在本质、诉权内容以及审理范围、方式等方面有诸多不同。

(一)本质不同

第三人再审之诉与第三人撤销之诉具有本质差异。第三人再审之诉沿用再审之诉的原理,采用再审程序对第三人利益进行保护,而未顾及第三人实体权利之前未经保障这一事实。从判决的效果来看,在第三人再审之诉中,一旦作出撤销生效裁判的裁判,其效果及于整个民事案件,需要对整个民事纠纷重为解决结果。而在第三人撤销之诉中作出的撤销生效裁判之裁判的效果仅及于原生效裁判中侵害第三人合法权益的部分,且顾及第三人撤销之诉对于第三人实体权利来说是初次救济,因此适用一审程序对第三人的诉讼请求进行审理。

(二)行使撤销权的基础权利——诉权不同

就第三人再审之诉和第三人撤销之诉的诉权归类来看,前者属于再审诉权,而后者属于起诉权。如此,从诉讼受理阶段看,第三人再审之诉需要沿循再审之诉的阶段性规定进行。对于第三人提起的再审之诉,至少需要经历两个阶段:一是再审事由审查阶段;二是具备再审事由下启动再审程序阶段。其中,再审事由有无的审查尤为重要,其直接决定了第三人针对当事人之间的生效裁判提起的再审请求能否得到审理。相较而言,第三人撤销之诉则不需要

---

〔1〕 吕太郎:《第三人撤销诉讼——所谓由法律上利害关系之第三人》,载《月旦法学杂志》2003年第8期。

经过这样的阶段,第三人只需要提出撤销或者变更当事人之间的判决中对其不利部分的主张,并提供相应的初步证据证明撤销理由的存在,其提起的撤销之诉即可得到受理并进入审判程序。至于撤销事由是否存在,需要通过实体审理最终作出裁判,对于该裁判,作为原告的第三人和对方当事人都有上诉的权利。

(三)审判范围和方式不同

从第三人撤销之诉的裁判方式来看,有撤销原裁判对第三人的效力和变更原裁判两种情况,并且在诉讼标的必须合一裁判时,将当事人之间原诉讼的标的与第三人撤销之诉的诉讼标的合一判决,对纠纷进行统一解决。对于第三人撤销之诉的判决,可以通过上诉的方式进行救济。如此,属于第三人的、初次受到救济的实体权利可以得到完整的审级程序的保障。而对于第三人再审之诉来说,由于受再审之诉这一特殊救济程序定性的影响,其审判范围和方式都会受到限制。从审判范围来看,在再审之诉中,一旦存在撤销原裁判的事由,则将裁判全部撤销,并对当事人和第三人全部发生效力,而后重新对纠纷进行解决。不仅如此,由于将第三人行使的撤销权定性为再审诉权,因此,第三人针对再审判决的救济即受到再审之诉的程序限制。如果第三人针对当事人之间一审生效裁判提起再审,则对再审判决不服时,可以上诉。而如果第三人针对当事人之间二审生效裁判提起再审,则对再审判决不服时,没有通过提起上诉的方式对自身权益进行救济的权利。如此一来,属于第三人的、初次受到救济的实体权利无法得到完整的审级程序的保障。

总而言之,无论何种第三人再审之诉,皆全部否定当事人之前进行的诉讼程序,损害了当事人的程序利益,彻底摧毁了当事人之间裁判的稳定性。相较而言,提起撤销之诉的第三人享有的是起诉权,该起诉权行使障碍较少,且在审判范围上仅限于撤销原裁判中对第三人不利的部分,在一般情况下不妨碍原裁判在当事人之间发生效力,既实现了对第三人的程序保障,又保障了当事人的程序权益,同时还确保了当事人之间裁判的稳定性。

三、法国与我国台湾地区的第三人撤销之诉:不同的保护范围

尽管我国台湾地区的第三人撤销之诉是在借鉴法国第三人取消判决异议之诉的制度框架的基础上建构起来的,但是两者之间存在明显区别,法国的第三人撤销之诉与我国台湾地区的第三人撤销之诉在具体制度设置上各有不

同。究其原因，在于制度设置的目的和理念不同。

一般认为，法国设置第三人撤销之诉的目的在于突破判决的既判力，这与法国的既判力理论有直接关系。与大陆法系的德国、日本等国家以及我国台湾地区将既判力置于诉讼法层面所不同，法国的既判力理论属于实体法层面。法国的判决的效力与契约效力相类似，因此，终局判决的既判力所产生的效果是发生了实体法上权利义务的确认或者变更效果，导致了实体法上新的实体法律关系的形成。如此，判决所发生的实体法效果自然可以及于与当事人在实体法上有密切关系的第三人，该第三人应与尊重当事人之间的契约效力一般来尊重当事人之间的判决。但是，由于第三人未参加到当事人之间的诉讼，当事人之间诈害诉讼等情况很可能损害第三人的利益，为了保护第三人的合法权益，迫切需要突破判决的既判力。[1] 因此，法国规定了非常上诉的救济方式——第三人取消判决异议之诉，只有经过非常救济途径之后，判决才发生不可争效力。当然，尽管法国的第三人取消判决异议之诉的设置初衷是为防止诈害诉讼，但是随着诉讼实践的不断发展，其适用范围不断扩展，已发展为一项普遍保障第三人合法权益的制度。由此可见，法国的第三人撤销之诉的目的定位和实际发挥的功能皆是为了保障第三人的实体权益。与此不同的是，我国台湾地区设置第三人的目的重在程序保障，即与诉讼参加这一事前保障制度相配合，构建了完善的对第三人进行程序保障的体系。

以法国有关第三人撤销之诉的原告资格的规定为例，从法国有关第三人撤销之诉的原告资格的规定来看，两者之间有明显区别。法国对第三人撤销之诉的原告资格界定时，侧重对第三人实体权利的保护，无论第三人是否由于本人的原因未参加诉讼则不在考虑范围之内。

四、我国第三人的撤销权行使方式的立法样本选择

我国民事诉讼中第三人利益的事后保障制度的立法经历了两次样本选择：第一次是在最初设置第三人利益的事后保障制度时选择了大陆法系的保护思路，并采日本、意大利等的第三人再审之诉的立法样本，设置了案外人再审之诉；第二次是在原有的案外人再审之诉的基础上，借鉴法国等的经验，于

---

〔1〕 参见吕太郎：《第三人撤销诉讼——所谓由法律上利害关系之第三人》，载《月旦法学杂志》2003 年第 8 期。

2012 年修改《民事诉讼法》时设置了第三人撤销之诉。完善我国第三人撤销之诉的程序事项不能绕开这一历史。

(一)第一次选择——大陆法系国家或地区的第三人再审之诉

2007 年对《民事诉讼法》修改之前,我国民事诉讼中并没有第三人利益的事后保障制度。客观来说,2007 年对《民事诉讼法》修改之时,我国民事诉讼中第三人利益事后保障的迫切性并没有显现出来,当时迫切需要解决“再审难”和“执行难”的问题。为了解决“再审难”,2007 年对《民事诉讼法》修改之时设置了当事人申请再审之诉,为了解决“执行难”,对民事强制执行程序进行了完善,并设置了案外人异议之诉对执行过程中的第三人利益进行保护。然而,在两者之间却搭建了第三人利益的事后保障制度,即 2007 年修改后的《民事诉讼法》第 204 条规定的案外人再审之诉。这是我国民事诉讼中第三人利益的事后保障制度立法的第一次选择,选择了大陆法系的保护思路。

如前所述,大陆法系和英美法系国家或地区规定第三人撤销权行使方式时,采取了两种不同的思路。在英美法系国家或地区,通过赋予第三人事后“判决效力相对性之抗辩”的权利,允许第三人在认为当事人之间的生效裁判对其发生不利效力时再行“判决效力相对性之抗辩”。大陆法系国家或地区的第三人撤销之诉和第三人再审之诉则是通过赋予第三人事后争执该判决正确性的权利,允许第三人事后提起诉讼要求去除当事人之间对其错误地产生不利影响的裁判效力。从我国的法律传统和诉讼模式来看,更适合采纳大陆法系国家或地区的第三人利益事后保护思维和模式。

大陆法系国家或地区在唯理论的指导下,根据第三人利益保护的需要,明确赋予了第三人对当事人之间生效裁判所享有的撤销权,并通过设置独立的第三人撤销权行使方式来保护第三人的利益,与大陆法系国家或地区的诉讼模式更契合。英美法系国家或地区奉行的是经验论,不同于大陆法系国家或地区的唯理论,在具体的诉讼模式上,采取的是“事实出发型”的诉讼模式,而非“规范出发型”的诉讼模式,英美法系国家或地区更侧重从“正当法律程序”理念出发,以“程序至上”的观念指导整个民事诉讼程序的构建。具体到对第三人利益进行事后保护时,并未在理论上明确赋予第三人撤销权,更未通过设置独立的第三人撤销权行使方式对第三人利益进行具体保护,而是在沿用既有的、整体的利益保护程序系统而广泛地保障第三人利益的前提下,允许“判决效力相对性之抗辩”,实际上是限制当事人之间生效裁判向第三人发生效力理论的继续,只不过并非采纳事前的概括性限制,而是于事后仅限制当事人之间生效裁判向第三人发生不利影响的效力,第三人不需要证明生效裁判错误地对其产生了不利影响,而仅需要抗辩对其发挥不利影响即可。这显然不同于大陆法系国家或地区于事后单独设置的特殊救济制度,无论是第三人再审之诉还是第三人撤销之诉,其设置前提是承认当事人之间的裁判对第三人发生效力,第三人只有证明生效裁判对其的不利影响是错误的,才可以去除当事人之间生效裁判对其的不利影响。

基于此,在2007年对《民事诉讼法》修改时,于该法第204条规定了与案外人异议之诉相并列的案外人再审之诉,保护在执行过程中被生效裁判损害的案外人的利益。在此基础上,2008年《审判监督程序若干问题的解释》第5条突破执行程序的限制,设置了一种普适意义上的案外人再审之诉,从而进一步贯彻了大陆法系的第三人利益事后保护思路。

(二)第二次选择:第三人撤销之诉

我国案外人再审之诉的不足决定了该制度并不能于事后全面地保障民事诉讼中第三人的利益,面对迫切需要解决的虚假诉讼、诉讼欺诈等问题,我国民事诉讼中的第三人利益事后保障迎来了第二次立法选择。这一次,既可以选择坚持第三人再审之诉的立法样本,建立全面的第三人再审之诉;也可以参考法国等的经验,构建独立的第三人撤销之诉程序。最终,2012年对我国《民事诉讼法》修改时,在原有的案外人再审之诉的基础上,增设了独立的第三人撤销之诉,形成了独具中国特色的立法样本。

一般认为,我国的第三人撤销之诉的设置初衷是应对虚假诉讼、诉讼欺诈等问题。但从目前的救济范围来看,第三人撤销之诉的功能不限于此。通过与法国的第三人撤销之诉对比,不难看出,我国的第三人撤销之诉在整体上与法国的第三人撤销之诉更接近。与法国的第三人撤销之诉相似的是,我国的第三人撤销之诉适用的是普通程序,从理论上来看,反映了第三人撤销之诉的本质,尤其正视了第三人利益属于初次救济这一事实。将第三人撤销之诉的程序定位为普通程序,则后续的具体程序构建围绕这一定性展开,整体更强调保障第三人的实体权益。比如,第三人提起撤销之诉时既要有实体利益保护需要,又要有程序利益保护需要,只有在实体事项和程序事项全部具备的情况下方可提起撤销之诉。相较而言,我国规定了更严苛的第三人提起撤销之诉的条件。而起诉事由的规定实际上反过来又影响了第三人撤销之诉的价值定位，使我国的第三人撤销之诉兼具实体权益保障和程序权益保障双重价值。只是在整体上，我国的第三人撤销之诉与法国的第三人撤销之诉在本质上更接近。

当然，我国第三人撤销之诉的程序完善必然会带来第三人利益事后保障制度的第三次选择。从立法进程来看，取消案外人再审之诉仅保持独立的第三人撤销之诉，并在第三人撤销之诉程序构建过程中参考法国的立法样本是一种明智的选择。

第五章　第三人撤销之诉程序构建中的问题

从前文对第三人撤销之诉的立法和司法现状的分析来看,2012 年我国《民事诉讼法》修改之时所设置的第三人撤销之诉仅有制度框架而缺少具体的程序事项,随着司法实践的不断深入,司法实践开始凸显并进一步锁定第三人撤销之诉程序构建的缺陷。直到 2015 年《司法解释》的出台,有关第三人撤销之诉程序构建的各项规定才基本完备:一方面,第三人撤销之诉内在的程序事项得以完善;另一方面,第三人撤销之诉的运行环境得到不断优化。然而,由于第三人撤销之诉是一项新型诉讼,在世界范围内可借鉴的立法经验并不多,加之我国短时间内进行的司法实践尚无法为立法完善提供丰富的经验,目前我国第三人撤销之诉的程序构建中依然存在问题。

第一节　程序定性不明晰

对第三人撤销之诉的程序构建来说,理论基础尤为重要,直接关乎该诉具体程序的完善。第三人撤销之诉程序构建的理论基础包括第三人撤销之诉的性质、诉权理论和诉讼标的理论等,最终落脚点在于对第三人撤销之诉的程序定性,并进一步作为该诉程序构建的理论支撑。目前,我国第三人撤销之诉程序构建的问题根源在于对该诉的程序定性不明,对该诉的性质、诉权本质和诉讼标的认识不足,妨碍了具体程序的构建。

一、程序性质定位不明晰的状况

(一)学术界有关程序性质定位的讨论

有关第三人撤销之诉的程序的性质,我国《民事诉讼法》第 56 条第 3 款在规定该诉时并没有予以明确。因此，第三人撤销之诉设置之后，学术界最先讨论的问题即该诉的性质以及程序定位。从当时的讨论来看，学术界对我国《民事诉讼法》于第56条第3款规定第三人撤销之诉这样的立法体例进行批判的声音较多，认为将第三人撤销之诉作为一种普通的诉讼对待，是一种认知错误。学者们在将第三人撤销之诉定性为一种特殊的事后救济之诉的同时，往往将之与再审之诉相提并论。在此基础上，有学者认为，第三人撤销之诉的程序构建应该借鉴再审之诉或者准用再审之诉的程序规定。[1] 也有学者认为，目前对第三人撤销之诉的立法定位是错误的，应将其在我国《民事诉讼法》的"审判监督程序"中予以规定。[2]

学术界有关第三人撤销之诉程序定位的争执持续到2015年《司法解释》的出台。《司法解释》第293条、第294条和第300条从立案制度、审判组织和救济方式三个方面对第三人撤销之诉的程序进行了定位。首先，《司法解释》第293条规定了第三人撤销之诉的立案方式。其次，《司法解释》第294条规定了法院对第三人撤销之诉案件，应当组成合议庭开庭审理。最后，《司法解释》第300条规定了第三人撤销之诉裁判的救济方式，即上诉。从《司法解释》的规定来看，对第三人撤销之诉的程序设置采取了近似于当事人申请再审之诉的立案模式，但与再审之诉的审判程序有别，第三人撤销之诉适用的是一审普通程序，对于第三人撤销之诉的裁判，可通过上诉的方式予以救济。

然而，《司法解释》的出台并没有终止学术界有关第三人撤销之诉的程序定性的讨论，一方面，《司法解释》并没有解决所有的程序事项的问题；另一方面，《司法解释》规定的某些具体程序事项有待讨论和深入。而且，《司法解释》出台之后，学术界对第三人撤销之诉的程序定性的讨论，由对立法体例的讨论发展至对具体的程序事项的讨论。比如，以适格原告范围为中心，对立案制度的讨论；围绕第三人撤销之诉的诉讼标的与当事人之间原诉讼的诉讼标的的关系，对第三人撤销之诉的裁判范围和裁判方式的探讨，以此解决现有法律有关裁判范围和方式的规定欠缺可操作性等问题。从客观来说，目前学术界对第三人撤销之诉的程序定性的讨论越来越具体、认识越来越深入，但在对第三

---

〔1〕 参见董少谋：《借鉴与反思：依托再审程序解决案外人救济——第三人撤销之诉的冷思考》，载《民事程序法研究》第11辑，厦门大学出版社2014年版，第53~55页。

〔2〕 参见丁宝同：《案外人撤销诉讼程序之立法方案透析——品新〈民事诉讼法〉第56条第3款》，载《时代法学》2013年第2期。

人撤销之诉的具体程序进行定性时，依然有诸多不明晰之处，影响了第三人撤销之诉的程序事项构建的进程。

（二）在司法实践中因程序性质定位不明晰而出现的无序状况

立法对第三人撤销之诉程序事项的原则性规定，加之学术界对第三人撤销之诉程序性质定位的分歧，直接影响了第三人撤销之诉的司法实践。通过统计 2013～2018 年中国裁判文书网上关于第三人撤销之诉的裁判文书，不难看出各地法院在审理该诉时，在具体程序操作层面出现了诸多不同之处，尤其是在第三人撤销之诉初设至 2015 年《司法解释》出台之前这段时间，在司法实践中的程序运行混乱状况尤甚。通过统计可见，在司法实践中出现的具体程序操作层面的问题主要有以下几项。

第一，立案审查方面。第三人撤销之诉最初运行之时，各地法院实行的立案制度和审查方式及条件并不一致，最明显的是立案条件和程序。比如，在审查立案条件时，对第三人“非由于自身原因未参加诉讼的”事由的证明上，各地采取的判断标准并不统一。又如，对于“第三人是否有证据证明当事人之间的生效裁判错误并损害了其合法权益”的问题，有法院将之作为立案条件，因欠缺该要件而作出不予受理或者驳回起诉的裁定，也有法院将之作为实体事项，因欠缺该要件而作出驳回诉讼请求的判决。随着《司法解释》第 292 条明确规定了第三人提起撤销之诉时所要提供的证据、第 293 条明确规定了第三人撤销之诉的立案程序，以及第 295 条明确规定了“因不能归责于本人的事由未参加诉讼”的情形，第三人撤销之诉的立案条件和立案程序在形式上得以明确和统一。但需要指出的是，由于《司法解释》亦有不清晰之处，因此立案庭在把握立案条件时，各地法院实际操作的差别依然明显。在审查立案条件时，比如，对第三人“非由于自身原因未参加诉讼的”事由的证明，《司法解释》第 295 条规定的“不知道诉讼而未参加的”这一标准，实质上具有证明的困难，各地采取的判断标准并不统一。又如，将“第三人是否有证据证明当事人之间的生效裁判错误并损害了其合法权益”作为立案条件，各地法院对“第三人”在何种程度上“有证据证明当事人之间的生效裁判错误并损害了其合法权益”的衡量标准却并不相同。在具体的立案操作方面，立案庭严格审查再予立案后送往审判庭还是立案庭收取起诉材料后由审判监督庭审查最终决定是否立案的做法不一。在立案时的案号编写上亦不相同，既有法院以“审监民撤初字”立案，也有法院按照一般民商事案件字号立案。总而言之，在司法实践中存在第三人撤销之诉的立案条件、立案的具体程序操作等方面不一致的现象。

第二,具体审判庭方面。尽管现有法律规定第三人撤销之诉按照普通程序审理,但并没有明确规定具体由哪一个审判庭进行。学术界有关该诉程序性质定位的相应理论最终影响了司法实践,因此,有的法院由审判监督庭审理第三人撤销之诉的案件,也有法院是由民事审判庭审理第三人撤销之诉的案件。究其根源,还是在于对第三人撤销之诉的程序性质定位的不明晰。

第三,在裁判方面,裁判范围和方式不一。对于第三人撤销之诉的裁判范围,我国《民事诉讼法》第56条第3款只是进行了概括规定,不具有可操作性。《司法解释》第300条对具体的裁判情形进行了规定。按照《司法解释》第300条的规定,第三人撤销之诉的裁判范围原则上是第三人提出的撤销当事人之间原生效裁判中对自身不利部分的请求,仅在第三人于起诉状中明确要求确认其民事权利的,法院才能将民事权利是否存在作为诉讼标的予以审判,在确认民事权利的基础上作出变更原判决、裁定、调解书内容中错误部分的裁判。从统计结果来看,[1] 2013~2018年的第三人撤销之诉的判决中,分别仅有12.50%、4.44%、10.48%、3.31%、11.11%和6.25%的裁判在撤销原生效裁判对第三人不利部分的同时对原生效裁判、调解书进行了改判,在绝大多数的第三人撤销之诉判决中,仅对原告提出的撤销原生效裁判或调解书的请求进行了裁判。可见,改判这种裁判方式在实践中发生了困难。

如此看来,有关第三人撤销之诉的裁判范围的立法规定与司法实践现状保持了一致,原则上将第三人撤销之诉的裁判范围限定在撤销当事人之间原生效裁判中对自身不利部分的请求,除非第三人于起诉状中明确要求确认其民事权利的,否则不对民事权利是否存在进行确认且不对原判决、裁定、调解书内容的错误部分进行改判。按照这样的立法导向和司法现状,第三人撤销之诉的主要目的仅在于将当事人之间侵害第三人利益的生效裁判予以撤销,将纠纷恢复到未解决之前的状态,而后将原诉讼当事人、第三人之间的纠纷通过另诉解决。问题在于,法院作出撤销或者不予撤销当事人之间生效裁判的裁定,离不开对第三人享有的民事权利的确认,如果不将第三人的权利主张作为第三人撤销之诉的诉讼标的而是作为裁判事由进行裁判,那么之后原诉讼当事人或第三人另行起诉时,第三人撤销之诉的裁判对第三人是否享有民事

[1] 见前统计图2-55。

权利的认定结果对原诉讼当事人或第三人提起的后诉产生何种法律效力？立法没有明确，学术界存在分歧，司法实践不一。

第四，与案外人执行异议、案外人再审之诉关系的处理。如前所述，立法过程决定了我国的第三人撤销之诉与案外人异议和案外人再审之诉产生了紧密联系。随着《司法解释》的作出，基本上在形式上解决了第三人撤销之诉与案外人执行异议、案外人再审之诉的冲突问题，但并没有彻底终止司法实践的无序。按照《司法解释》的规定，一旦案外人在执行中提出了执行异议，其便失去了提起第三人撤销之诉的权利，而只能提起再审之诉。如前所述，第三人撤销之诉与第三人再审之诉尽管皆是通过推倒当事人之间的生效裁判的既判力以保护第三人利益的特殊救济之诉，但第三人撤销之诉是一种不同于第三人再审之诉的、独立的救济方式，尤其是第三人撤销之诉适用的是一审普通程序，具有上诉这一救济途径，有别于再审之诉，可以对第三人的审级利益进行完整的保护。然而，面对第三人提起执行异议的问题，各地法院做法不一。有些法院对第三人不进行释明，只要第三人在执行程序中提出执行异议，执行法院即受理，待驳回执行异议裁定作出之后，第三人欲提起第三人撤销之诉进行救济时，方被告知其失去了提起第三人撤销之诉的机会而只能提起案外人再审之诉。但也有法院在司法实践中实行了比较合理的告知模式，比如，在收到案外人提出的执行异议时，执行法院会事先告知其可以提起第三人撤销之诉，并出具"法律释明告知书"。如果案外人坚持向执行法院提出书面执行异议，则视为其已选择"案外人执行异议 + 案外人再审之诉"的救济途径，放弃了第三人撤销之诉这一救济途径。如此一来，通过法院行使释明权解决了法律规定复杂、救济模式交叉的立法问题，保障了第三人的程序利益。

二、程序性质定位不明晰的原因

在对第三人撤销之诉的程序性质进行定位时，之所以会出现立法上的不清晰、学术界的争论和司法实践中的无序，根源在于对该诉本质的认识发生了偏差，集中体现为，对该诉性质定位的不明，对该诉的诉权认识的浅显和对该诉的诉讼标的的内涵揭示得不全面。

（一）对第三人撤销之诉的性质的定位不明

2012 年我国《民事诉讼法》设置第三人撤销之诉之后，学术界对该诉的程序定位存在较大偏差的根源在于对该诉的性质定位的不明。从当时学者们的观点来看,基本认同第三人撤销之诉是一种特殊的诉或者特殊救济之诉,是一种事后救济之诉。[1][2]但在此共识的基础上,学者们对第三人撤销之诉的具体程序的定位却有不同的观点。最终因《司法解释》将第三人撤销之诉适用的程序定位为一审普通程序,暂时终止了对第三人撤销之诉的整体程序性质定位的争论。

应该肯定,第三人撤销之诉是一种特殊的事后救济制度,其对第三人的救济是通过撤销当事人之间的生效裁判中对第三人不利部分来实现的。在这一点上,第三人撤销之诉与同为事后救济制度的第三人再审之诉十分相似,甚至在一定程度上可以说两者有密切关系。从法国和我国台湾地区的第三人撤销之诉的规定以及意大利、我国澳门特别行政区的第三人再审之诉的规定亦不难看出第三人撤销之诉与第三人再审之诉之间的连续性,两者之间并非存在不可逾越的“鸿沟”。但需要指出的是,无论是第三人撤销之诉还是第三人再审之诉,皆不同于一般的再审之诉。尽管第三人再审之诉以当事人再审之诉为制度构建基础,从属于再审之诉,但其为事后保护第三人利益的特别制度,其已然不同于当事人再审之诉。主要区别在于,第三人提起再审的事由不同于当事人提起再审的事由,而是专门针对第三人利益保护的特殊性而对再审事由进行了扩张解释。作为一项于事后专门保护第三人利益的制度,第三人撤销之诉与再审之诉的区别更明显。第三人提起撤销之诉的事由为当事人之间的裁判损害了第三人的合法权益,对第三人来说,是否得以撤销当事人之间的生效裁判,重点不在于原生效裁判作出时存在程序瑕疵或者缺乏实体上的依据,而在于第三人是否存在足以对抗生效裁判对其不利部分的实体权利主张。[3] 尽管第三人撤销之诉与第三人再审之诉、再审之诉同为事后救济制度,但其与第三人再审之诉相近,而与当事人再审之诉有本质区别。因此,在学术界存在的认为第三人撤销之诉的程序构建应该借鉴再审之诉或者准用再审之诉的程序规定的观点是不合适的,没有认识到第三人撤销之诉与一般再审之诉的本质区别。“事后特殊救济制度”这一定位远远不能揭示第三人撤销之诉的本质,更不能因为第三人撤销之诉与一般再审之诉同为事后特殊救济制度

---

〔1〕 参见张卫平:《中国第三人撤销之诉的制度构成与适用》,载《中外法学》2013 年第 1 期。

〔2〕 参见王福华:《第三人撤销之诉适用研究》,载《清华法学》2013 年第 4 期。

〔3〕 参见崔玲玲:《第三人撤销之诉的事由——与再审之诉的事由比较》,载《社科纵横》2011 年第 9 期。

而认为第三人撤销之诉的程序构建可以直接准用再审之诉的程序。

既然第三人撤销之诉与第三人再审之诉关系密切,是否可以直接准用第三人再审之诉的程序来构建第三人撤销之诉的程序?甚至能否以完善的第三人再审之诉直接替代第三人撤销之诉?类似观点在民事诉讼学术界一直存在。答案依然是否定的,而理论根源依然在于第三人撤销之诉的本质。第三人撤销之诉实质上是第三人依据自身享有的实体权利而提出撤销当事人之间的生效裁判中对自身效力的请求。在第三人撤销之诉中,形式上救济的是第三人对当事人之间生效裁判的异议权,实质上是对第三人实体权利的救济,并且该实体权利初次得到救济。从诉权保障角度来说,应该给予第三人完整的审级利益保障。由此,第三人撤销之诉与第三人再审之诉是并列的特殊事后救济之诉,皆面临着推倒生效裁判既判力以保护第三人利益的问题。第三人撤销之诉程序构建之时可借鉴第三人再审之诉的相关程序规定。但是,第三人撤销之诉作为一种独立的于事后保护第三人利益的诉讼,有其自身的程序特点,鉴于第三人利益保护的特殊性,其程序构建理应有自身的理论基础和独立的程序规定,而不能简单地照搬第三人再审之诉的相应理论和程序规定。

(二)对第三人撤销之诉的诉权认识的浅显

通说将第三人撤销之诉归为诉讼法上形成之诉的一种,按照诉讼法上形成之诉的相应理论界定第三人撤销之诉的本质,将第三人撤销之诉的诉讼标的界定为"诉讼法上的形成权",又称"异议权",即第三人提出的撤销当事人之间生效裁判的权利。由此认为,第三人撤销之诉是一种实现第三人异议权的诉讼,第三人得以提起撤销之诉的理论基础在于其享有异议权。可见,在传统诉的类型理论之下,第三人撤销之诉的诉权根源在于第三人享有异议权,即该诉的诉权是对异议权的救济权。目前,我国第三人撤销之诉的程序构建即是在将该诉的诉权界定为异议权的救济权的基础上进行的。将第三人撤销之诉的诉权界定为异议权的救济权,直接影响对该诉的性质认定,并进一步影响了对该诉的裁判方式以及裁判的效力的规定。

如前所述,异议权,是指当事人对生效的裁判、执行名义或者执行标的等提出不同主张的权利。为了与实体法上的形成之诉的诉讼标的相对应,学者们又将异议权界定为"诉讼法上的形成权"。将只具诉讼法意义的异议权作为诉讼法上的形成之诉的诉讼标的造成了诸多问题,首要问题是异议权作为诉讼法上形成之诉的诉讼标的与诉权本质相悖。如果将异议权作为诉讼法上形成之诉的诉讼标的，那么该诉的诉权根源只能从诉讼法上的权利中去寻找。按照诉讼法上形成之诉的理论，该诉提起的依据在于只具诉讼法意义的异议权而不是异议权背后的实体权利。换言之，诉讼法上的形成之诉实为对异议权这一仅具诉讼法意义的权利的救济。这样的结论显然与“诉权是对实体权益或实体争议的救济权”[1]这一本质相悖。需要认识到，第三人撤销之诉虽然在形式上表现为解除诉讼效果的请求，但其最终目的在于对其实体法上权利的保护，只是这种权利保护必须解除当事人之间的诉讼所形成的诉讼效果之后才可以进行。因此，在第三人撤销之诉中，隐藏在异议权背后的实体法上的权利才是焦点。第三人撤销之诉的诉权应该是对第三人实体权利的救济权。

同时，需要进一步认识到，在第三人撤销之诉中，第三人的实体权利初次得到救济。从诉权保障角度来说，应该给予第三人完整的审级利益保障。对比第三人撤销之诉与第三人再审之诉的诉权不难看出，第三人撤销之诉的诉权属于起诉权，第三人再审之诉的诉权属于再审诉权，起诉权是法律赋予当事人对自身实体权益进行救济的普通诉权，而再审诉权则是一种特殊救济权利。就第三人利益保障而言，赋予第三人起诉权最完整和全面。因为对于第三人撤销之诉的判决，可以通过上诉的方式进行救济。如此一来，属于第三人的、初次受到救济的实体权利可以得到完整的审级程序的保障。而对于第三人再审之诉来说，由于受再审之诉这一特殊救济程序定性的影响，其审判范围和方式都会受到限制。总之，正是因为没有深入认识第三人撤销之诉的诉权本质，才出现了对第三人撤销之诉的整体程序定性不明和具体程序定位不清的问题，在完善第三人撤销之诉的程序时才会出现寄希望于准用再审之诉既有程序事项的观点。

(三)对第三人撤销之诉的诉讼标的内涵揭示得不完整

按照通说，第三人撤销之诉的诉讼标的是第三人对当事人生效裁判主张的撤销权(“旧实体法学说”)或第三人提出的撤销当事人之间生效裁判的主张(“诉讼法学说”之“一分支说”)。从理论上来看，第三人得以提起撤销之诉的权利基础在于，其对他人之间损害其合法权益的生效裁判享有撤销权，即一旦第三人在审判阶段未能参加到当事人之间的诉讼中去，当事人之间的诉讼损害了第三人的利益时，赋予第三人于事后对当事人之间已经生效的裁判提出

[1] 江伟、绍明、陈刚：《民事诉权研究》，法律出版社2002年版，第157页。

异议、对自身利益进行救济的权利。目前通说认为,第三人撤销之诉是诉讼法上的形成之诉,在诉讼法上形成之诉的理论之中,第三人提起撤销之诉的权利基础——撤销权,属于诉讼法上形成之诉的权利基础——异议权的一种类型。

从目前法律规定的第三人撤销之诉的裁判范围来看,原则上我国《民事诉讼法》和《司法解释》采纳了上述诉讼标的理论,将第三人撤销之诉的诉讼标的限定在第三人提出的撤销原生效裁判中对自身不利部分的主张。但是,法律同时规定,如果第三人同时申请确认民事权利的,法院应同时将民事权利归入第三人撤销之诉的裁判范围。问题在于,第三人同时提出的确认民事权利的主张,到底是第三人撤销之诉的诉讼标的的一部分,还是基于诉的合并,是第三人撤销之诉与其他确认之诉的合并?对此法律并没有给出直接说明,但从《司法解释》对第三人撤销之诉的裁判范围的整体规定来看,显然未将民事权利确认主张作为第三人撤销之诉的诉讼标的的构成要素。况且,虽然将第三人撤销之诉的诉讼标的界定为异议权比较简单明了,然而,却无法通过异议权这一表面性权利来揭示更深层的权利根源,从而无法对第三人撤销之诉的诉讼标的进行准确界定,无法对第三人撤销之诉与当事人之间诉讼的关系以及第三人撤销之诉与之后提起的其他诉讼之间的关系作出正确判断。

从第三人撤销之诉的诉权角度来看,与民事审判中事前保护阶段所不同的是,第三人撤销之诉的诉权具有双重含义。尽管第三人撤销之诉在形式上表现为对生效判决的异议,由此将此类诉讼的诉权认为是对异议权的救济权。然而剖析异议权的本质会发现,异议权的根源不在于对已形成的诉讼效果的异议,而是解决纠纷解决过程中发生的有关实体权益之争的纠纷。尽管不同的诉讼标的理论对第三人撤销之诉(包括第三人再审之诉)的诉讼标的的界定不同,但无论哪种诉讼标的理论,都忽视了其背后的实体上权利义务关系的依据。目前将第三人撤销之诉(包括第三人再审之诉)界定为诉讼法上的形成之诉从而认定其诉讼标的为异议权("旧实体法学说")或第三人提出的撤销当事人之间生效裁判的主张("诉讼法学说"之"一分支说")存在理论缺陷,忽视了第三人撤销之诉的诉权本质。造成的最大缺陷是,难以准确地确定第三人撤销之诉的裁判范围,造成了在诉讼实践中既判力判断的困难,无法正确地判断先诉与后诉之间的重复起诉问题。

第二节　适格原告范围较窄与适格条件泛化

我国第三人撤销之诉设置之后,引起学术界争论最大的莫过于该诉的原告范围和原告适格问题。我国《民事诉讼法》第56条对“第三人”的狭隘界定，限定了该诉的适用范围；对第三人撤销之诉的原告适格条件的简单规定，难以满足丰富的司法实践的需要；对第三人撤销之诉提起条件的模糊规定，加剧了原告适格的判断困难。总而言之，在现有法律规定之下，第三人撤销之诉的适格原告范围较窄和适格条件泛化的问题较明显，导致了第三人撤销之诉适用的困难。

一、第三人撤销之诉的适格原告范围较窄

我国《民事诉讼法》第56条分为三个方面规定了第三人撤销之诉的适格原告范围：一是有独立请求权的第三人和无独立请求权的第三人；二是两种第三人因不能归责于本人的事由未参加诉讼；三是（第三人）有证据证明发生法律效力的判决、裁定、调解书的部分或者全部内容错误，损害其民事权益。其中，第一个方面直接划定了第三人撤销之诉的适格原告范围，第二个方面和第三个方面则通过规定适格条件，进一步限缩了第三人撤销之诉的适格原告的范围。

（一）现有诉讼第三人的概念限缩了适格原告的范围

从目前有关第三人撤销之诉的适格原告的规定来看，第一步是将第三人撤销之诉的适格原告直接界定为有独立请求权的第三人和无独立请求权的第三人，并以有独立请求权第三人和无独立请求权第三人的现有内涵来界定第三人撤销之诉的适格原告的内涵，从而在第一层面上将第三人撤销之诉的原告范围限缩在我国现有诉讼第三人（有独立请求权第三人和无独立请求权第三人）的概念之内。现有诉讼第三人概念的内涵和外延直接决定了，我国第三人撤销之诉的原告范围小于法国和我国台湾地区的第三人撤销之诉的原告范围。

法国和我国台湾地区对该诉的原告范围的规定均未与诉讼第三人这一诉讼主体直接保持一致。从法国和我国台湾地区的有关规定不难看出，第三人撤销之诉的原告为受到当事人之间生效裁判影响的案外第三人，该第三人与诉讼第三人非同一概念。我国《民事诉讼法》第56条将第三人撤销之诉的原告等同于诉讼第三人存在不合理之处。我国现有关于诉讼第三人的规定直接限缩了第三人撤销之诉的原告范围。一方面，我国目前的诉讼第三人的内涵和范畴直接限缩了第三人撤销之诉的原告范围。就诉讼第三人的内涵而言，

无论是有独立请求权的第三人还是无独立请求权的第三人,都不包括被当事人之间的诉讼欺诈或者虚假诉讼等情形侵害的第三人,亦不包括被当事人之间生效裁判损害的本应参加诉讼的必要共同诉讼人;而从我国的第三人撤销之诉的目的定位来看,其旨在应对诉讼欺诈和虚假诉讼等亟待解决的问题,但当事人之间存在诉讼欺诈或者虚假诉讼等情形侵害的第三人,并非于事前一定具有以“第三人”身份参加当事人之间诉讼的资格,更何况,我国目前的第三人制度中本不存在防止诈害诉讼参加类型。如此一来,目前将第三人撤销之诉的原告限定为有独立请求权的第三人和无独立请求权的第三人,实际上剥夺了诈害诉讼中第三人获得事后程序保障的机会,这使我国设置第三人撤销之诉的直接目的难以实现。并且,为了救济被当事人之间生效裁判损害的本应参加诉讼的必要共同诉讼人的利益,《民事诉讼法》第 200 条第 8 项不得不另行规定了案外人再审之诉。由此可见,以诉讼第三人作为第三人撤销之诉的原告直接缩限了第三人的范围。另一方面,对第三人范围的界定模糊。目前,学术界对无独立请求权第三人范围的界定仍存在争议,实务界对无独立请求权第三人范围的界定标准仍不统一。识别无独立请求权第三人的核心标准是“与案件处理结果具有法律上的利害关系”,但如何划定“有法律上的利害关系”的边界,“法律上的利害关系”是义务性法律关系,还是权利性法律关系,抑或是“权利义务性法律关系”?这些问题尚没有解决。我国《民事诉讼法》第 56 条将第三人撤销之诉的原告直接等同于诉讼第三人,必然将诉讼第三人范围较窄和内涵不清晰等问题直接带入第三人撤销之诉之中,造成了原告范围的狭窄和模糊化。

总而言之,目前法律将第三人撤销之诉的原告范围与诉讼第三人的范围保持一致并不合理,这造成了第三人撤销之诉适格原告的范围较狭窄,有必要将原告界定为“与当事人之间的生效判决有法律上利害关系之第三人”,脱离与诉讼第三人制度的联系。

(二)对起诉条件的严格规定和解释进一步限缩了原告范围

按照我国《民事诉讼法》第 56 条的规定,在第三人属于有独立请求权的第三人和无独立请求权的第三人的前提下,其提起撤销之诉还需要满足两个方面的条件:一是程序事项要件,即因不能归责于本人的事由未参加诉讼;二是实体事项要件,即有证据证明发生法律效力的判决、裁定、调解书的部分或者全部内容错误,损害其民事权益。我国《民事诉讼法》对提起第三人撤销之诉的条件规定过于严格，在界定原告资格时既借鉴了法国有关侧重第三人实体权益保护的原告资格条件，又参考了我国台湾地区侧重第三人程序权益保障的原告资格条件，进一步限缩了原告适格的范围。

从现有法律规定来看，第三人提起撤销之诉的程序事项要求是“因不能归责于本人的事由未参加诉讼”，旨在发挥第三人撤销之诉的程序保障作用。然而，由于我国缺失辅助参加制度中的诉讼告知制度，因此判断第三人“因不能归责于本人的事由未参加诉讼”的情形并未易事。《司法解释》第 295 条在总结司法经验的基础上，将“因不能归责于本人的事由未参加诉讼”界定为第三人“无过错或者无明显过错”的情形。从《司法解释》规定的 4 种情形来看，第二种和第三种情形比较容易判断，而对第一种“不知道诉讼”的证明则是难题。是采纳没有相反证据证明第三人“知道诉讼”即认定第三人“不知道诉讼”，还是需要第三人提供证据证明自己“不知道诉讼”？从证明的可能性来看，第三人无法提供证据证明自己“不知道诉讼”这一消极事实。而如果要求被告提供相反的证据证明第三人知道诉讼而未参加，则证明难度极大，加重了被告的程序负担。究其根源，在于我国民事诉讼中没有与第三人撤销之诉相配套的制度——诉讼告知制度。诉讼告知制度的缺失，使第三人提起撤销之诉时对程序要件的证明比较困难，如果衡量该要件时标准过于严格，势必会直接限定适格原告的范围。

我国《民事诉讼法》第 56 条第 3 款规定，第三人提起撤销之诉的实体事项要件之一是“有证据证明发生法律效力的判决、裁定、调解书的部分或者全部内容错误，损害其民事权益的”，但并未具体规定“部分或者全部内容错误”的判决、裁定、调解书的“部分或者全部内容”的范围。《司法解释》第 296 条对此进一步作出了解释，认定《民事诉讼法》第 56 条第 3 款规定的判决、裁定、调解书的部分或者全部内容，是指判决、裁定的主文以及调解书中处理当事人民事权利义务的结果。从理论上来看，当事人之间的裁判效力向第三人扩张，一般是裁判主文的认定对第三人发挥效力，但也不排除裁判事由部分的认定对第三人发挥效力。从目前对《司法解释》第 296 条的解读来看，显然在我国第三人提起撤销之诉的对象范围仅限于当事人之间生效判决、裁定的主文以及调解书中处理当事人民事权利义务的结果，而不包括裁判事由部分，第三人撤销之诉并不适用于当事人之间生效裁判的事由部分的认定效力向第三人扩张时的利益保障。这是从实体事项角度对第三人撤销之诉的适格原告范围的第一次限定。

我国《民事诉讼法》第 56 条第 3 款规定，第三人提起撤销之诉的实体事项要件之二是“有证据证明发生法律效力的判决、裁定、调解书的部分或者全部内容错误，损害其民事权益的”。该实体事项中的“错误”和“损害其民事权益”的逻辑关系是什么？按照该法第 56 条第 3 款的立法结构，很容易将两者解读为因果关系，即只有因生效裁判“错误”而“损害其民事权益”，第三人方可提起第三人撤销之诉，进一步限缩了第三人撤销之诉适格原告的范围。基于保护第三人实体权益的需要，法国《民事诉讼法典》规定，第三人对于取消对其攻击的判决必须具有利益，即只要第三人的利益有可能遭受当事人之间生效判决的侵害，其即具有提起第三人撤销之诉的利益。我国台湾地区的“民事诉讼法”第 507 – 1 条则规定，能提起第三人撤销之诉的主体必须是与当事人之间的生效判决有利害关系之第三人。由此可见，无论是法国还是我国台湾地区的第三人撤销之诉，皆不要求第三人提起撤销之诉时必须证明生效裁判的内容错误，提起第三人撤销之诉的原告只需要表明其合法利益有可能遭受当事人之间生效裁判的侵害或者其与当事人之间的生效裁判有利害关系。

第三人撤销之诉是一种特殊的事后救济制度，其对第三人的救济是通过撤销当事人之间生效裁判中对第三人不利部分来实现的。尽管其与再审之诉有诸多相似之处，但又有本质不同，集中体现为其对第三人利益救济的特殊性。第三人撤销之诉的诉权依据在于，当事人之间的生效裁判损害了第三人的实体权益，从而产生对该实体权益保护的必要，而无论在作出该生效裁判过程中是否存在程序上的缺陷或者实体依据的缺失，原生效裁判本身是否存在错误与第三人提起撤销之诉不存在直接的关系，第三人提起撤销之诉的依据应该是其合法权益受到当事人之间生效裁判的损害，第三人依据其实体法上的权利得以提出对抗原生效裁判的主张。尽管在形式上第三人得以撤销当事人之间的生效裁判的理由往往表现为当事人之间发生法律效力的裁判存在错误而损害了其利益，但从第三人撤销之诉的性质定位来看，原生效裁判是否需要撤销，对于第三人来说，重点不在于是否因当事人之间发生法律效力的判决、裁定、调解书的部分或者全部内容错误而损害该第三人的民事权益，而在于第三人是否存在足以对抗生效裁判中对其不利部分的实体权利主张。

综上所述，我国《民事诉讼法》第 56 条第 3 款规定第三人提起撤销之诉的实体事项之二，为“有证据证明发生法律效力的判决、裁定、调解书的部分或者全部内容错误，损害其民事权益的”，进一步限缩了第三人撤销之诉适格原告的范围。

二、原告适格条件的模糊与泛化

就第三人撤销之诉的适格原告而言，除范围较狭窄外，出现的另一个重要问题是原告适格条件的模糊与泛化，目前我国《民事诉讼法》及其司法解释有关第三人撤销之诉原告资格的规定难以保障在司法实践中准确确定具体案件的适格原告。

（一）诉讼第三人的内涵不明确导致原告适格条件的模糊与泛化

如前所述，按照我国《民事诉讼法》的规定，目前提起第三人撤销之诉的原告是有独立请求权的第三人和无独立请求权的第三人，看似第三人撤销之诉的原告非常明确，然而，将第三人撤销之诉的原告直接等同于有独立请求权的第三人和无独立请求权的第三人，不仅限定了第三人撤销之诉适格原告的范围，而且将诉讼第三人的内涵不清晰等问题直接带到了第三人撤销之诉之中，导致原告适格条件的模糊与泛化。

按照我国《民事诉讼法》第 56 条第 1 款的规定，有独立请求权的第三人是指对当事人争议的诉讼标的，主张自己有全部或者部分的实体权利，而参加到已经开始的诉讼中来的人。有独立请求权的第三人参加诉讼的依据在于，其对当事人之间正在进行的诉讼的标的能够提出独立的主张或者请求，对于该类型第三人来说，本诉的当事人无论哪一方胜诉，都会损害其合法权益。然而，对何为“有独立请求权”以及第三人依据何种权利提出独立请求等问题界定不清。我国《民事诉讼法》第 56 条第 2 款规定，无独立请求权的第三人是指对当事人之间争议的诉讼标的没有独立的请求权，但由于案件的处理结果与其有法律上的利害关系而参加到当事人之间正在进行的诉讼中来的人。就参加诉讼的依据而言，无独立请求权的第三人参加诉讼的依据在于，其与当事人之间正在进行的诉讼的裁判结果具有法律上的利害关系。尽管无独立请求权的第三人不能对当事人之间正在进行的诉讼提出独立的主张或者请求，但由于其与当事人一方存在法律上的利害关系，该当事人所参加的诉讼的结果会影响无独立请求权第三人的责任承担。但是，在如何理解我国《民事诉讼法》第 56 条第 2 款将无独立请求权第三人参加诉讼的依据界定为“与案件的处理结果有法律上的利害关系”方面,学者们有不同主张。总体来看,学者围绕将“法律上的利害关系”界定为单一的“义务性关系”还是双面的“权利义务性关系”展开争论。持“义务性关系”观点的学者认为,“法律上的利害关系”表现为本诉一方当事人与第三人存在与本诉争议的民事法律关系相牵连的另一个民事法律关系,一旦本诉中该方当事人败诉而应当承担一定的法律责任或义务,则该当事人可以在后诉中以第三人作为被告要求承担相应法律责任或义务。[1] 持“权利义务性关系”观点的学者认为,将“法律上的利害关系”界定为单一的义务性关系是片面的,就第三人与本诉一方当事人的关系而言,其既可能是义务性关系也可能是权利性关系。[2] 立法对无独立请求权第三人规定的模糊造成了法院在无独立请求权第三人制度运行中享有较大的自由裁量权,在诉讼实践中,基于各种原因,法院可能会扩大解释或者缩小解释第三人与一方当事人之间的利害关系。如此,当直接以有独立请求权的第三人和无独立请求权的第三人的标准来确定第三人撤销之诉的原告适格时,第三人界定的模糊问题导致了第三人撤销之诉原告界定的模糊。在分析 2013 ~ 2018 年的裁定时也不难发现,法院在作出不予受理裁定或驳回起诉的裁定时,往往直接将裁定事由表述为“既不是有独立请求权的第三人,也不是无独立请求权的第三人”或者“原告与当事人之间的生效裁判不具有法律上的利害关系”,而并不对何为“法律上的利害关系”进行具体阐释。最高人民法院的实务工作者也强调,由诉讼第三人制度中的“第三人”概念很难正面确定第三人撤销之诉的适格原告。[3]

将第三人撤销之诉的原告直接等同于有独立请求权第三人和无独立请求权第三人,限缩了第三人撤销之诉适格原告的范围,这种“限缩”进一步造成了在司法实践中对具体案件的适格原告判断的难度。在具体案件中,一旦超过既有的有独立请求权第三人和无独立请求权第三人的范围,如出现了虚假诉讼、诉讼欺诈等情形,第三人是否属于第三人撤销之诉的适格原告就变得模糊,这恰恰与我国设置第三人撤销之诉的最初目的背道而驰。加之,目前我国

---

〔1〕 参见柴发邦主编:《民事诉讼法学》,法律出版社 1987 年版,第 168 页。

〔2〕 参见陈彬:《对无独立请求权的第三人参加诉讼若干问题的探讨》,载《法律科学》1989 年第 4 期。

〔3〕 参见沈德咏主编:《最高人民法院民事诉讼法司法解释理解与适用》(下),人民法院出版社 2015 年版,第 777 ~ 778 页。

第三人撤销之诉设置时间不长,尚无丰富的司法实践经验对第三人利益所需保护的具体情形进行归纳和总结,立法的模糊势必会造成在司法实践中第三人撤销之诉原告确定的模糊和泛化,导致针对相同的第三人利益保护情形有不同的认定结果。

(二)起诉条件的不清晰导致原告适格条件的模糊与泛化

就目前第三人提起撤销之诉的条件来看,主要存在两个内涵模糊的问题:第一,如何界定"损害其民事权益"中的"民事权益"的范围?第二,如何认识"发生法律效力的判决、裁定、调解书的部分或者全部内容错误"中的"错误"?对这两个问题认识的模糊直接导致原告适格条件的模糊与泛化。

目前,立法对何为"民事权益"并没有给出明确回答。一方面,立法和司法解释没有对"民事权益"是仅包括实体性权益还是同时包括实体性权益和程序性权益给出明确的答案。从现有法律的规定来看,将第三人撤销之诉的对象规定为生效的判决、裁定和调解书,其中,明确将裁定作为第三人撤销之诉的对象似乎暗含了对第三人程序性权益的保护。之后,立法者对法条的解读文件则否认了这一暗含内容,认为"民事权益"是"民事实体权益"。[1] 2015年《司法解释》并没有明确可以针对哪些裁定提起第三人撤销之诉。但通过前面对2013~2018年第三人撤销之诉的裁定的统计可知,之后的司法实践实际上排除了针对裁定提起第三人撤销之诉的可能,实务界在解读《司法解释》时亦持相同观点。[2] 另一方面,学术界目前对何为"民事权益"并没有达成一致意见。在法国,由于设置第三人撤销之诉的核心目的在于保护第三人的实体权益,因此,第三人撤销之诉保护的民事权益只是实体性权益而非程序性权益。有学者认为,"民事权益"包括程序利益(程序上的处分权)和实体权益。[3] 探究该种理论产生的根源,在于设置第三人撤销之诉的核心目的是程序保障。

在我国,有学者认为,"'民事权益'的语义尚能够包含民事程序权利的损害,特别是对第三人另行诉讼的权利损害"。[4] 由此,将前诉生效裁判类型分为程序权利侵害型和实体权益侵害型两种,并进一步将程序权利侵害型划分

---

〔1〕 参见全国人大常委会法制工作委员会民法室编:《〈中华人民共和国民事诉讼法〉条文说明、立法理由及相关规定》(2012年修订版),北京大学出版社2012年版,第86、183页。

〔2〕 参见沈德咏主编:《最高人民法院民事诉讼法司法解释理解与适用》(下),人民法院出版社2015年版,第780页。

〔3〕 参见邱联恭:《民事诉讼法修正后的程序法学(一)》,载《月旦法学杂志》2003年第9期。

〔4〕 任重:《回归法的立场:第三人撤销之诉的体系思考》,载《中外法学》2016年第1期。

为不可另行提起诉讼的"被告型无独立请求权第三人＋实体权益侵害型"和本可另行提起诉讼的"有独立请求权第三人"和"辅助性无独立请求权第三人(狭义)",将实体权益侵害型划分为"合同被撤销后前诉当事人回复所有权"和"协议不成时请求法院分割共有财产"。[1] 这种认为"民事权益"应该并列包括实体权益和程序性权益的理论实际上忽略了第三人撤销之诉的本质,即对实体权利的救济而非单纯对程序性权利的保障。就我国台湾地区而言,虽然设置第三人撤销之诉的重要目的在于保护第三人的程序权益,确保没有参加到当事人之间的诉讼中去的第三人,于事后通过第三人撤销之诉的方式来保障其程序参与权,但从立案条件来看,并非所有非因自身原因没有参加到当事人之间诉讼中的第三人都可以提起第三人撤销之诉,同时要求该第三人与当事人之间的诉讼具有"利害关系",该"利害关系"意指第三人与原诉讼当事人之间的实体权利义务关系,因为第三人撤销之诉并非仅保障第三人的程序参与权,更保障第三人程序参与权背后的实体权益。上述我国大陆的学者提出民事权益尚能够包含民事程序权利的观点,与我国台湾地区学者的观点没有本质区别,但在理论根据上有所不同。我国大陆学者实际上从我国原《物权法》的规定先回答了直接变动物权的法院生效裁判的范围,在此基础上将第三人撤销之诉的撤销对象进行划分,认为第三人提请撤销的是我国原《物权法》规定的可以直接导致变动物权的法院生效裁判时,受到保护的"民事权益"是实体性权益;当第三人提请撤销的是未直接导致变动物权的法院生效裁判时,受到保护的"民事权益"是程序性权益。该观点依然没有正视第三人撤销之诉并非单纯保护程序性权益的本质,同时亦存在拘泥于现有法律规定而忽略第三人撤销之诉本质及功能的风险。

总而言之,目前立法和理论皆没有明确"民事权益"的内涵和外延,在第三人撤销之诉最初运行时,一度造成了法院判断原告适格时标准的模糊和泛化。随着司法实践的不断深入,目前实务界实际上将"民事权益"等同于民事实体权益。但在立法未明确的情况下,依然存在可能导致在司法实践中判断原告适格标准的模糊与泛化的风险。不仅如此,回答何为"民事权益"时,更深层次的问题是民事权益的具体范围,即民事权益包括哪些具体的权利类型。目前,实务界比较一致的观点是"民事权益"不包括"普通债权",但是对民事权益包

---

〔1〕 参见任重:《回归法的立场:第三人撤销之诉的体系思考》,载《中外法学》2016 年第 1 期。

括哪些具体的权利类型仍不明确,进一步造成了第三人撤销之诉适格原告的判断标准的模糊与泛化。

如何认识“发生法律效力的判决、裁定、调解书的部分或者全部内容错误”中“错误”的内涵?得出的答案不同,判断适格原告的结论亦不同。由于目前的立法并没有定义“错误”的内涵,直接导致学术界和实务界对“错误”的内涵产生了不同的认识。在实务界,囿于我国《民事诉讼法》有关“错误”的既有规定而产生的惯性认识,将第三人撤销之诉所解决的“错误”等同于我国《民事诉讼法》第198条[1]和第199条[2]规定的已经发生法律效力的判决、裁定、调解书的错误,从而进一步认为第三人提起撤销之诉所要撤销的生效裁判或者调解书在作出过程中发生了与再审事由相同的错误。在学术界,也有观点认为,第三人撤销之诉的事由即再审事由中的实体事项。[3] 这显然是对第三人撤销之诉本质的忽视,目前这种观点在学术界和实务界并没有完全消失,导致在司法实践中不同的裁判主体对“错误”有不同的认识,造成了第三人撤销之诉客体范围的不稳定,并进一步影响了第三人撤销之诉适格原告范围的明确界定。由此可见,目前对“发生法律效力的判决、裁定、调解书的部分或者全部内容错误”中的“错误”内涵以及“错误”与“损害其民事权益”之间的逻辑关系规定不明和认识不清,直接导致了第三人撤销之诉适格原告的判断标准的模糊与泛化。

第三节　客体范围的狭窄和笼统

如前所述,我国《民事诉讼法》第56条第3款只是原则性地规定了第三人撤销之诉的适用对象为发生效力的判决、裁定和调解书,由此导致的第三人撤销之诉的客体范围过于狭窄和笼统的问题十分突出。尽管随着《司法解释》的

---

[1] 《民事诉讼法》第198条规定,各级人民法院院长对本院已经发生法律效力的判决、裁定、调解书,发现确有错误,认为需要再审的,应当提交审判委员会讨论决定。最高人民法院对地方各级人民法院已经发生法律效力的判决、裁定、调解书,上级人民法院对下级人民法院已经发生法律效力的判决、裁定、调解书,发现确有错误的,有权提审或者指令下级人民法院再审。

[2] 《民事诉讼法》第199条规定,当事人对已经发生法律效力的判决、裁定,认为有错误的,可以向上一级人民法院申请再审;当事人一方人数众多或者当事人双方为公民的案件,也可以向原审人民法院申请再审。当事人申请再审的,不停止判决、裁定的执行。

[3] 参见肖建华、杨兵:《论第三人撤销之诉——兼论民事诉讼再审制度的改造》,载《云南大学学报》(法学版)2006年第4期;蔡虹:《民事再审程序立法的完善:以〈中华人民共和国民事诉讼法修正案(草案)〉为中心的考察》,载《法商研究》2012年第2期。

出台,第三人撤销之诉的客体范围在一定程度上得以明确,但并没有从根本上解决第三人撤销之诉的客体范围不明确的问题,且客体范围较狭窄的问题始终没有被重视。目前,第三人撤销之诉的客体范围较狭窄和笼统的立法现状影响了司法实践,限制了第三人撤销之诉功能的发挥。

一、客体范围过于狭窄

(一)目前有关第三人撤销之诉客体范围的规定

根据我国《民事诉讼法》第 56 条第 3 款和《司法解释》第 296 条、第 297 条的规定可以看出,目前法律从以下 5 个方面明确规定了第三人撤销之诉的客体范围。

1. 适用于生效的判决、裁定和调解书而不适用于生效的仲裁裁决

我国《民事诉讼法》第 56 条增加的第 3 款规定第三人撤销之诉时,即明确了第三人撤销之诉适用于生效的判决、裁定和调解书,而未规定适用于生效的仲裁裁决。尽管学术界对此进行了批判,并呼吁立法的完善,但是随后《司法解释》出台时,没有规定可以针对仲裁裁决提起第三人撤销之诉。这与法国的第三人撤销之诉的适用范围明显不同,我国未赋予第三人撤销当事人之间损害其合法权益的生效仲裁裁决的权利。

2. 适用于诉讼程序中作出的裁判而不适用于非讼程序中作出的裁判

我国《民事诉讼法》第 56 条第 3 款并没有明确第三人撤销之诉适用于何种程序作出的生效裁判,因此,引起学术界和实务界对于第三人撤销之诉是否如法国第三人撤销之诉亦适用于非讼程序中作出的裁判的讨论。《司法解释》第 297 条第 1 项在《民事诉讼法》第 56 条第 3 款规定的基础上,利用排除式的规定方式限定了判决和裁定的具体范围,明确规定第三人撤销之诉不适用特别程序、督促程序、公示催告程序、破产程序等非讼程序处理的案件。

3. 适用于财产关系裁判、调解书但不适用于特定人身关系裁判、调解书

我国《民事诉讼法》第 56 条第 3 款过于原则性的规定并没有回答第三人撤销之诉是否适用于人身关系的生效裁判、调解书的问题,而这一问题本来就存有争议。《司法解释》第 297 条第 2 项在我国《民事诉讼法》第 56 条第 3 款规定的基础上,利用列举排除式的规定方式,明确了对婚姻无效、撤销或者解除婚姻关系等判决、裁定、调解书中涉及身份关系的内容不得提起第三人撤销之诉。

4. 仅适用于撤销裁判主文而不适用于裁判理由

我国《民事诉讼法》第 56 条第 3 款只是笼统地规定第三人可对生效判决、裁定、调解书的部分或者全部内容提起第三人撤销之诉，但未界定“内容”的内涵。因此，第三人撤销之诉运行伊始，面对当事人针对生效裁判的裁判事由提起的第三人撤销之诉，不同的法院基于对“内容”理解的不同而作出了不同的裁判。《司法解释》第 296 条明确了“内容”的内涵，规定：“民事诉讼法第五十六条第三款规定的判决、裁定、调解书的部分或者全部内容，是指判决、裁定的主文，调解书中处理当事人民事权利义务的结果。”通过《司法解释》明确规定了第三人撤销之诉仅适用于撤销裁判主文而不适用于裁判理由。从对2013～2018 年的裁定事由分析亦不难得知，从 2015 年开始，全国范围内因针对裁判事由而被不予受理或者驳回起诉的第三人撤销之诉的裁定不断出现，这源于《司法解释》第 296 条明确了“内容”的内涵。

5. 不适用第三人撤销之诉的其他生效裁判

除以上对第三人撤销之诉的客体范围进行了比较原则性的规定外，《司法解释》第 297 条第 3 项、第 4 项还对特殊情况下不适用第三人撤销之诉的两种生效裁判进行了列举：第一，《民事诉讼法》第 54 条规定的未参加登记的权利人对代表人诉讼案件的生效裁判；第二，《民事诉讼法》第 55 条规定的损害社会公共利益行为的受害人对公益诉讼案件的生效裁判。

从上面对第三人撤销之诉的客体范围的总结不难看出，我国《民事诉讼法》及《司法解释》对第三人撤销之诉的客体范围进行了限定，该诉仅适用于第三人针对在诉讼程序中作出的、有关财产法律关系的生效裁判（或调解书）的主文（或调解书中处理当事人民事权利义务的结果），提起撤销之诉以保护自身合法权益的情形。排除了适用于非讼程序和一些特殊案件的情形，同时也排除了适用于撤销仲裁裁决的可能。

（二）对第三人撤销之诉的客体范围较狭窄的表现的具体分析

应该结合我国目前的立法与司法状况以及既有理论进行具体分析，探知第三人撤销之诉的客体范围较狭窄的表现。

1. 在我国目前仲裁过程中第三人利益保护形势严峻的背景下，将仲裁裁决排除在第三人撤销之诉适用范围之外，成为第三人撤销之诉的客体范围较窄的主要表现

仲裁作为一种古老的纠纷解决机制，因其“一裁终局”的制度设置和作

出的仲裁裁决具有强制执行力，一直在民事纠纷解决领域发挥重要作用。在我国，近年来仲裁在民事纠纷解决中所占比重越来越大，仲裁程序中第三人利益保护问题亦日益凸显并亟待解决。从目前来看，我国《仲裁法》并没有关于仲裁第三人利益保护的相关规定，既没有保障第三人在事前可以参加当事人之间的仲裁的第三人制度，也没有赋予第三人于事后就对其合法权益造成影响的当事人之间的仲裁裁决向法院申请撤销的权利。从立法理念来看，我国未设置仲裁第三人制度源于仲裁的基石——仲裁协议，仲裁协议由当事人达成，应该对双方当事人发生效力，第三人参加当事人之间的仲裁程序缺少纠纷解决方式的合意。不仅如此，亦有理论认为，第三人不会受到当事人之间仲裁裁决的影响，因为仲裁裁决只在当事人之间发生效力，所以没有赋予第三人于事后主张撤销当事人之间生效仲裁裁决的权利之必要。然而，如前所述，实体法律关系的交叉性决定了当事人之间的纠纷解决与第三人会产生法律上的利害关系，而不会因当事人之间通过仲裁解决两者之间的纠纷就割裂了与第三人在法律上的利害关系。一旦第三人的利益受到当事人之间仲裁裁决的影响，赋予第三人保护自身合法权益的途径显然是必然选择。尤其是在我国《仲裁法》未对仲裁程序中第三人参加当事人之间的仲裁程序进行规定的情况下，赋予第三人事后针对当事人之间的仲裁裁决主张撤销的权利更为必要。因此，有必要将第三人撤销之诉的适用范围扩大至仲裁裁决。

2. 从目前我国《民事诉讼法》有关立法来看，排除第三人撤销之诉对非讼程序中的生效裁判的适用并不会导致非讼程序中第三人利益事后救济无门的状况

我国《民事诉讼法》第 56 条第 3 款并没有明确第三人撤销之诉适用于何种程序作出的生效裁判，因此引发学术界和实务界对于第三人撤销之诉是否如法国第三人撤销之诉亦适用于非讼程序中作出的裁判的讨论。随着《司法解释》的出台，实务界已经明确第三人撤销之诉不适用于非讼程序处理的案件，然而学术界有关第三人是否应该适用于非讼程序处理的案件的讨论却并没有停止。目前，《司法解释》明确规定，第三人撤销之诉不适用特别程序、督促程序、公示催告程序、破产程序等非讼程序处理的案件，但并没有列举说明是否适用于确认调解协议案件和实现担保物权案件。因此有必要结合目前我国《民事诉讼法》及《司法解释》等现有规定，分析第三人撤销之诉是否有适用

于非讼案件的必要。

就特别程序、确认调解协议案件，以及实现担保物权案件中的第三人利益保护而言，《司法解释》第374条规定了救济方式，即"适用特别程序作出的判决、裁定，当事人、利害关系人认为有错误的，可以向作出该判决、裁定的人民法院提出异议。人民法院经审查，异议成立或者部分成立的，作出新的判决、裁定撤销或者改变原判决、裁定；异议不成立的，裁定驳回。对人民法院作出的确认调解协议、准许实现担保物权的裁定，当事人有异议的，应当自收到裁定之日起十五日内提出；利害关系人有异议的，自知道或者应当知道其民事权益受到侵害之日起六个月内提出"。由此可见，现有法律赋予了特别程序、确认调解协议案件，以及实现担保物权案件中的第三人于事后保护自身合法权益的异议权。有学者认为，目前《司法解释》第374条规定的第三人提出异议保护自身合法权益的方式与第三人撤销之诉没有本质区别，所以完全可以将第三人撤销之诉适用于特别程序案件中的第三人利益的事后保护，以实现民事诉讼中第三人利益事后救济程序的统一。[1] 实际上这是对第三人撤销之诉与非讼程序中第三人异议的本质的混淆。在第三人撤销之诉中，第三人享有起诉权，法院按照正常的诉讼程序进行审理，第三人享有上诉的救济权利。而《司法解释》第374条规定的第三人异议，只是简单赋予了第三人异议权，而并非起诉权，法律没有明确第三人异议的程序，更没有赋予当事人对异议裁判的上诉权。当然，两者之间的本质差别只能说明，目前我国的民事诉讼法对诉讼程序的第三人与特别程序的第三人规定了不同的事后救济方式，但并不能回答第三人撤销之诉是否应该适用于特别程序的第三人的问题。在特别程序、确认调解协议案件和实现担保物权案件中，当事人之间不存在争议，只是对某种事实的确定。如果确认某种事实的裁判错误，则法律赋予了当事人或者利害关系人提请撤销的权利，并非提起诉讼的权利。究其根源，在于程序的非讼特质。一旦在如上非讼程序中第三人利益遭受损害，如果赋予其提起撤销之诉的权利，就会与作出生效裁判的程序的非讼性相斥。在目前诉讼程序和非讼程序整体救济方式有别的前提下，在非讼程序中不适用第三人撤销之诉是一种审慎的态度。

就公示催告程序和破产程序而言，我国《民事诉讼法》、《司法解释》和《企

---

[1] 参见杨卫国：《案外第三人撤销之诉研究》，中国法制出版社2015年版，第211~213页。

业破产法》已经规定了较完善的第三人利益保护方式。我国《民事诉讼法》第219条规定了专门催告利害关系人申报权利的公告制度,“人民法院决定受理申请,应当同时通知支付人停止支付,并在三日内发出公告,催促利害关系人申报权利……”;同时,《民事诉讼法》第221条规定:“利害关系人应当在公示催告期间向人民法院申报。人民法院收到利害关系人的申报后,应当裁定终结公示催告程序,并通知申请人和支付人。申请人或者申报人可以向人民法院起诉。”《民事诉讼法》第223条规定:“利害关系人因正当理由不能在判决前向人民法院申报的,自知道或者应当知道判决公告之日起一年内,可以向作出判决的人民法院起诉。”由此可见,我国《民事诉讼法》已经在公示催告程序中规定了比较完善的第三人利益的事中和事后保护方式。不仅如此,《司法解释》第459条明确规定:“依照民事诉讼法第二百二十三条的规定,利害关系人向人民法院起诉的,人民法院可按票据纠纷适用普通程序审理。”为了解决与既有的除权判决之间的关系,《司法解释》第461条规定:“根据民事诉讼法第二百二十三条的规定,利害关系人请求人民法院撤销除权判决的,应当将申请人列为被告。利害关系人仅诉请确认其为合法持票人的,人民法院应当在裁判文书中写明,确认利害关系人为票据权利人的判决作出后,除权判决即被撤销。”从目前我国《民事诉讼法》及《司法解释》的规定来看,公示催告程序中的第三人利益的救济方式比较完备,实无再适用第三人撤销之诉的必要。就破产程序而言,目前我国《企业破产法》尚没有规定独立的第三人利益保护方式,主要是通过债权申报的方式确保第三人的利益不被破产程序损害,该法第57条规定:“管理人收到债权申报材料后,应当登记造册,对申报的债权进行审查,并编制债权表。债权表和债权申报材料由管理人保存,供利害关系人查阅。”该法第130条规定:“管理人未依照本法规定勤勉尽责,忠实执行职务的,人民法院可以依法处以罚款;给债权人、债务人或者第三人造成损失的,依法承担赔偿责任。”但目前,在我国第三人撤销之诉实践不够深入和破产程序本身处于立法与司法困境的前提下,第三人撤销之诉尚不具备直接适用于破产程序的条件。

就督促程序而言,目前我国《民事诉讼法》及《司法解释》等法律规定皆没有明确独立的第三人利益保护方式,但从理论上来讲,假设第三人利益的确存在遭受债权人与债务人之间生效的支付令损害的可能性,一旦进入执行程序,第三人可以依据《民事诉讼法》第227条的规定提起执行异议,在执行异议被驳回的情况下,可以提起案外人再审之诉。但需要指出的是,目前《民事诉讼法》第227条仅仅规定了生效判决和裁定,并没有明确包括支付令。这是第三人提起案外人再审之诉的立法障碍。当然,可以从案外人再审之诉适用于调解书而推导其同样适用于支付令。也有学者认为,支付令的效力场在执行程序,因此完全可以依据《民事诉讼法》第227条的规定通过提起执行异议或者异议之诉予以解决。[1] 显然,这与前述所言适用《民事诉讼法》第227条提起案外人再审之诉的角度完全不同,是对第三人撤销之诉是否适用于督促程序所解决的问题的误解。

讨论第三人撤销之诉是否适用于督促程序,实际上是在讨论受到债权人与债务人之间生效的支付令损害的第三人利益的救济问题,唯有撤销支付令对第三人的效力,方可实现对第三人利益的事后保护。第三人执行异议之诉,是指"第三人请求排除对于特定标的物之强制执行为目的之强制执行救济方法,亦即第三人就执行标的物有足以排除强制执行之权利,而求为宣示不许就该物执行之判决"。[2] 简言之,第三人执行异议之诉是第三人针对执行机关对特定标的物的执行而依据实体法上的权利向法院提出的、要求排除对该执行标的物执行的审判请求。如果第三人针对支付令的强制执行提起异议之诉,必然是因为在支付令执行过程中执行机关对特定执行标的物的执行损害了第三人的利益,第三人提起异议之诉要求排除对该执行标的物的执行,与支付令本身无关。由此可见,认为目前第三人可以依据《民事诉讼法》第227条的规定提起执行异议或者异议之诉来保护自身的民事利益,因此第三人撤销之诉没有必要适用于督促程序的观点是错误的,混淆了第三人撤销之诉或案外人再审之诉与第三人执行异议之诉救济第三人利益的情形之间的本质差别。第三人撤销之诉无须适用于支付令并不是因为目前已有相应的事后保护措施,而是因为在督促程序中作出的支付令本身不存在损害第三人利益的情形。债权人请求债务人给付金钱或者汇票、本票、支票、股票、债券、国库券、可转让的存款单等有价证券时才可以向有管辖权的基层人民法院申请支付令,在这些案件中,债权人和债务人之间的法律关系与第三人之间不会存在法律上的利害关系,第三人与债务人之间的法律关系对于债权人和债务人之间的法律关

---

〔1〕 参见韩艳:《第三人撤销之诉制度研究》,浙江大学出版社2017年版,第89页。
〔2〕 参见杨与龄:《强制执行法论》,中国政法大学出版社2002年版,第169页。

系来说,要么是普通债权关系,要么是有价证券的基础法律关系,但都不属于第三人撤销之诉所要保护的法律上的利害关系。可见,第三人撤销之诉不适用于督促程序,并非源于不能适用,而是因为没有必要适用。

3. 从我国既有的民事诉讼理论来看,仅适用于撤销裁判主文而不适用于裁判理由并无不妥

《司法解释》第296条明确规定,"民事诉讼法第五十六条第三款规定的判决、裁定、调解书的部分或者全部内容,是指判决、裁定的主文,调解书中处理当事人民事权利义务的结果",这使在司法实践中一度存在的、不同的法院基于对"内容"理解的不同而"同案不同判"的问题得到了解决。但学术界有关该条规定是否恰当的争论并没有终止,究其根源,在于学术界对有关裁判事由是否有拘束力尚未形成一致意见。随着争点效理论的兴起,学者们越来越倾向认为,生效裁判的事由对当事人甚至第三人具有拘束力。当生效裁判的事由对第三人发生效力时,第三人的民事权益就会受到生效裁判的影响,按照第三人利益保护理论来看,此时就应该同保护受当事人之间生效裁判的既判力影响的第三人一样,赋予第三人撤销生效裁判的权利。尽管这种观点在理论上具有合理性,然而结合我国既有的理论和目前的立法以及司法实践来看,并不具有可行性。一方面,目前我国争点效理论尚处于学术研究阶段,现有的立法并没有直接吸收该理论。《司法解释》第93条第5项有关"已为人民法院发生法律效力的裁判所确认的事实"并不能被认为是对争点效理论的直接运用。在我国尚不具备根深蒂固的争点效理论的前提下,将第三人撤销之诉适用于生效裁判的事由不妥。另一方面,将第三人撤销之诉的适用范围扩大至生效裁判事由,可能会导致第三人撤销之诉的滥用,影响生效裁判的稳定,会阻碍民事诉讼中既判力理论的前进步伐。

4. 是否适用于人身关系裁判、调解书留待司法实践深入后进行完善

目前,实务界一般依据《司法解释》第297条第2项的规定,认为对判决、裁定、调解书中涉及身份关系的内容不得提起第三人撤销之诉。但需要指出的是,由于该条规定采取列举排除式的方式限定了第三人撤销之诉适用于特定的人身关系裁判,而未直接原则性地规定第三人撤销之诉不适用于一般性的人身关系裁判。因此,学术界对第三人撤销之诉是否适用于某些人身关系的裁判尚存有争论。就这一问题,在我国第三人撤销之诉的司法实践尚不深入的情况下,给出绝对的否定答案为时尚早。对于第三人撤销之诉是否适用于

人身关系裁判,法国和我国台湾地区在司法实践深入的过程中,皆经历了从绝对否定到相对否定的过程。[1] 对我国来说,在司法实践中应该发挥法院在个案中的自由裁量权,从当事人适格角度,通过具体衡量"法律上的利害关系"作出裁判,并通过总结第三人撤销之诉的司法实践经验,为立法完善提供具体的建议。

总而言之,从立法上来看,排除第三人撤销之诉对非讼程序中的生效裁判的适用,并不会导致非讼程序中第三人利益事后救济无门的状况;从既有民事诉讼理论来看,仅适用于撤销裁判主文而不适用于裁判理由并无不妥。从我国的司法实践现状来看,是否适用于人身关系裁判、调解书,亟待司法实践深入后再行决定。结合我国目前仲裁过程中第三人利益保护的严峻形势,将仲裁裁决排除在第三人撤销之诉适用范围之外,成为第三人撤销之诉的客体范围较窄的主要表现,亦成为有关第三人撤销之诉的客体范围的规定遭受诟病的主要原因。

二、客体范围过于笼统

就第三人撤销之诉的客体而言,不仅存在较狭窄的问题,亦存在法律规定过于笼统的缺陷。我国《民事诉讼法》设置第三人撤销之诉时,较原则地规定了第三人撤销之诉适用于判决、裁定和调解书,没有对适用范围进行更具体的规定。尽管经过《司法解释》的进一步细化,第三人撤销之诉的适用范围在一定程度上得以具体和明确,但从规定来看,该诉的客体范围依然存在两个明显的模糊之处:一是该诉适用于哪些裁定?二是该诉适用于何种审级中作出的生效裁判?

(一)适用于何种裁定

尽管根据目前的法律规定,第三人可以就损害其合法权益的裁定提起第三人撤销之诉,但现有法律并没有明确第三人撤销之诉可以适用于哪些裁定。通过统计 2013 ~2018 年第三人撤销之诉的裁定可知,在目前的司法实践中,对于执行过程中作出的裁定,法院往往作出不予受理或者驳回起诉的裁定。第三人撤销之诉适用于哪些裁定?这一问题亟待明确。

---

[1] 参见巢志雄:《法国第三人撤销之诉研究:兼与我国新〈民事诉讼法〉第 56 条第 3 款比较》,载《现代法学》2013 年第 3 期。

如前所述，允许第三人对当事人之间作出的、可能损害其合法权益的判决提起撤销之诉，根源在于当事人之间的实体法律关系与第三人有法律上的利害关系，法院对当事人之间法律关系的认定会影响第三人的实体权利，在第三人没有参加到当事人之间的诉讼中去，未在诉讼中提出自身的权利主张并提出支持权利主张的证据材料的情况下，当事人之间的判决很可能会损害第三人的利益，因此允许第三人在认为其权利遭受当事人之间生效判决损害的情况下提起撤销之诉，请求法院撤销该判决对其实体权利的不利影响。如此可见，第三人之所以能够针对当事人之间的判决提起撤销之诉，直接原因是当事人之间的判决结果损害了其实体权利。对于第三人来说，其有权利质疑的是对其实体权利造成影响的判决。然而，一般而言，当事人之间的裁定不会对第三人的实体权利造成影响。

裁定是法院在民事案件的审理过程中或者执行过程中，针对程序事项和个别情况下的实体事项作出的权威判定。我国《民事诉讼法》第 154 条列举了裁定适用的情形，包括不予受理，对管辖权有异议的，驳回起诉，保全和先予执行，准许或者不准许撤诉，中止或者终结诉讼，补正判决书中的笔误，中止或者终结执行，撤销或者不予执行仲裁裁决，不予执行公证机关赋予强制执行效力的债权文书，其他需要裁定解决的事项等。从现有的裁定来看，一般针对程序事项作出，只有保全裁定、先予执行裁定、确认调解协议裁定、实现担保物权裁定和《民事诉讼法》第 227 条规定的案外人异议裁定等涉及实体问题。就针对程序事项作出的裁定而言，其主要影响的是当事人的程序权益，一般不会影响第三人的实体权益，故第三人没有提起撤销之诉的必要。针对实体事项作出的裁定，虽然隐含损害第三人的实体权益的可能性，但由于这些裁定具有临时性和假定性，并不会对第三人的实体权益产生永久影响。况且，一旦裁定损害第三人的实体权益，现有法律实际上规定了相应的救济方式。就确认调解协议裁定和实现担保物权裁定而言，前述已有论述，在此不赘述。对于保全裁定、先予执行裁定而言，我国《民事诉讼法》并没有规定相应的救济方式，但是《司法解释》第 172 条规定："利害关系人对保全或者先予执行的裁定不服申请复议的，由作出裁定的人民法院依照民事诉讼法第一百零八条规定处理。"如此赋予了第三人对抗损害其合法权益的保全裁定、先予执行裁定的救济方式。当然，复议这一方式可能并不能有效地保护第三人的实体权益，但作出裁定本身的程序设计理念和价值追求决定了，不能赋予第三人提起撤销之诉的权利。

第三人的实体权益遭受影响的程度和受到保护的力度之间应该相匹配。就《民事诉讼法》第227条规定的案外人异议裁定而言,更没有提起撤销之诉的必要,案外人异议本来就是保护第三人的临时性救济方式,不存在损害第三人利益的可能性,对其本身没有适用第三人撤销之诉的必要。

(二)何种审级中作出的生效裁判

第三人撤销之诉适用于何种审级中作出的生效裁判?造成这一问题的答案模糊的根源不在于立法而在于司法。从立法角度来说,本来没有必要讨论第三人撤销之诉适用于何种审级中作出的裁判的必要。我国《民事诉讼法》第56条第3款规定,第三人可以针对当事人之间发生法律效力的判决、裁定和调解书提起撤销之诉,可以理解为无论是针对一审生效裁判还是二审生效裁判,抑或是经过再审的生效裁判都可以提起撤销之诉。但在实务界,通过统计2013~2018年第三人撤销之诉的裁定可知,第三人针对再审生效裁判提起第三人撤销之诉时,法院作出了不予受理或者驳回起诉的裁定。由此可见,实务界对第三人撤销之诉适用于一审、二审生效裁判没有异议,但对是否适用于再审生效裁判有不同的意见。但是《司法解释》并没有明确这一问题,实务界有关第三人撤销之诉是否适用于再审生效裁判的争论依然存在,亟待明确。

第四节　具体程序构建不够明确与细化

第三人撤销之诉的程序构建存在过于原则和模糊的问题,不仅体现在该诉的主体要件和客体范围等方面,还体现在具体的程序事项之中。总体而言,主要有与第三人撤销之诉的主体要件和客体范围息息相关的立案制度、与第三人撤销之诉的诉权理论相关的管辖制度、与第三人撤销之诉的诉讼标的理论相关的裁判方式和重复诉讼等问题。

一、立案制度

《司法解释》第293条明确了第三人撤销之诉的立案条件和程序。从规定来看,对第三人撤销之诉的立案实行的是类似再审之诉的审查制。从审查方式来看,原则上实行书面审查,必要时方可询问双方当事人。这与《民事诉讼法》第203条[1]和第204条[2]规定的启动再审程序的立案有相似之处。然而，如前所述，第三人撤销之诉与当事人再审之诉甚至第三人再审之诉皆有本质区别。

当事人再审之诉是当事人针对可能存在实体错误或者程序错误而作出的损害其合法权益的生效裁判而向法院提出的再次审理的请求，就该请求而言，包括两个方面的内涵：一是向法院提起是否再审的请求；二是在法院审查发现具有再审事由之后对案件的重新审理。因此，再审之诉有两个阶段：一是再审事由审查阶段；二是具备再审事由下启动再审程序阶段。之所以将当事人再审之诉分为两个阶段，在于法院可重新审理当事人之间的纠纷，而且该生效裁判作出过程中在实体上或者程序上存在可能导致该判决错误的因素。由此，法院决定对一个案件再审，首先要判决再审事由是否存在。只有存在再审事由，方可对案件进行再审。就第三人再审之诉而言，由于其是在扩大再审之诉主体范围和有针对性地设置再审事由的基础上创建的新诉，因此，第三人再审之诉不可能突破再审之诉本身的程序框架，第三人提起再审之诉时依然需要沿着再审之诉的两个阶段进行。然而，在遵循原有再审之诉两个阶段的程序构建模式之下，第三人再审之诉又有自身特点，其突出特点体现在第一个阶段，法院审查的事由仅仅是当事人之间的生效裁判是否损害了第三人的合法利益，这里的合法权益是指实体权益而非程序权益。从我国司法实践来看，再审之诉的第一个阶段目前是通过听证程序，即合议庭当庭听取当事人双方的意见，在此基础上对有无再审事由进行裁判。对当事人再审之诉来说，由于再审事由十分明确，不采取普通的审判程序而采纳听证程序对有无再审事由进行审查并不存在较明显的程序问题，因为从明确规定的再审事由来看，无论是因为证据导致的事实认定问题，还是纯粹的程序问题，完全可以通过听证程序审查清楚。但对第三人再审之诉来说，当事人之间的生效裁判是否损害了第三人的利益，则往往涉及第三人与当事人一方或双方的实体法律关系，简单通过听证程序而不采普通审理程序能否满足再审事由认定的需要，以及能够在

[1] 《民事诉讼法》第203条规定，当事人申请再审的，应当提交再审申请书等材料。人民法院应当自收到再审申请书之日起5日内将再审申请书副本发送对方当事人。对方当事人应当自收到再审申请书副本之日起十五日内提交书面意见；不提交书面意见的，不影响人民法院审查。人民法院可以要求申请人和对方当事人补充有关材料，询问有关事项。

[2] 《民事诉讼法》第204条第1款规定，人民法院应当自收到再审申请书之日起3个月内审查，符合本法规定的，裁定再审；不符合本法规定的，裁定驳回申请。有特殊情况需要延长的，由本院院长批准。

何种程度上认定再审事由？毕竟，第三人再审之诉的再审事由与原诉讼事由往往会保持一致（虚假诉讼、诉讼欺诈除外），而明显不同于当事人再审之诉中再审事由与原诉讼事由截然区分的状况。

由于认识到第三人撤销之诉与再审之诉甚至第三人再审之诉的本质区别，所以法律对第三人撤销之诉规定了不同的诉讼程序。在立案阶段，不采纳再审之诉的两个阶段的程序构造；在审理程序方面，也没有采纳第三人再审之诉的审理程序规定，而是直接规定适用第一审普通程序。然而，从《司法解释》第293条的规定来看，对第三人撤销之诉实行的立案审查制却与再审之诉的第一个阶段没有本质区别，并结合第三人撤销之诉的立案条件，不难看出，目前规定的第三人撤销之诉的立案审查制并不合适。提起第三人撤销之诉的事由分为程序事项和实体事项，程序事项即"因不能归责于本人的事由未参加诉讼"，通过书面审查或者询问当事人可以得出结论；而实体事项即"发生法律效力的判决、裁定、调解书的全部或者部分内容错误"和"发生法律效力的判决、裁定、调解书内容错误损害其民事权益"，仅由立案庭通过书面审查即作出裁判实际上并不容易，从程序保障角度来看，也不合理。更深层的问题在于，立案审查阶段对第三人提起撤销之诉的实体事由审查的程度如何把握，如何避免在立案阶段对第三人撤销之诉进行实体审理？如果在立案审查阶段就对第三人提起撤销之诉的实体事项进行深度审查，且只有在确有撤销事由的情况下方才受理撤销之诉，那么，由于第三人提起撤销之诉的实体事由与法院判决是否撤销当事人之间生效裁判对第三人不利部分的事由往往保持一致（虚假诉讼、诉讼欺诈除外），则在立案审查阶段实质上已经对案件作出了初步审判，不利于对第三人的程序利益进行全面的保障。

如此来看，我国《民事诉讼法》及其司法解释对第三人撤销之诉立案制度的规定不够完善，甚至没有达到第三人再审之诉对第三人程序利益保障的程度。为了保障第三人提起再审之诉的诉权，法院针对第三人提起再审之诉的申请会直接受理，至于是否存在再审事由则通过听证程序进行审查，尽管不同于普通审理程序，但依然保障了当事人的参与性。但对于第三人撤销之诉来说，法院在受理之前，已经对第三人提起撤销之诉的实体事由，即法院裁判是否撤销当事人之间生效裁判对第三人不利部分的事由作出初步裁判，无法保障第三人参与到立案审查阶段的程序利益。

二、管辖法院

我国《民事诉讼法》仅原则性规定了第三人撤销之诉的管辖法院，即作出该判决、裁定和调解书的法院。然而，2015 年出台的《司法解释》并没有对此再作出细化解释。并且从目前规定来看，过于原则的规定不利于管辖法院的准确确定。

何为作出该判决、裁定和调解书的法院？如果是一审法院作出的生效裁判，则管辖法院可以直接确定。并且，从管辖级别来看，无论是作出撤销裁判还是变更裁判，都不会出现提高管辖级别的问题。如果当事人针对一审法院作出的未生效裁判提起了上诉，上诉法院作出裁判，那么第三人提起撤销之诉的管辖法院应该为哪一个？此时需要对“作出该判决、裁定和调解书的法院”进行解释。无论二审法院改判还是维持了一审法院的判决，都是“作出该判决、裁定和调解书的法院”？

从理论上来看，如果不加区分地将作出生效裁判的二审法院作为第三人撤销之诉的管辖法院，会直接导致管辖级别提高的问题。在法院仅就第三人撤销之诉一审作出撤销裁判的情况下，因为不涉及将当事人之间的法律关系和当事人一方或双方与第三人之间的法律关系作为诉讼标的进行裁判的问题，一旦当事人不服撤销裁判，则可以向上级法院提起上诉，上诉请求并不将当事人之间的法律关系和当事人一方或双方与第三人之间的法律关系作为诉讼标的进行裁判，而仅为请求上诉法院裁判在第三人撤销之诉的一审中作出的撤销裁判是否正确，不存在针对具体法律关系的裁判而发生的提高管辖级别的问题。而一旦法院就第三人撤销之诉作出变更裁判，则需要在第三人撤销之诉中就当事人之间的法律关系和当事人一方或双方与第三人之间的法律关系作为诉讼标的与第三人提出的撤销诉讼请求一并进行裁判。此时，如果当事人不服变更裁判，则可以向受理撤销之诉的上级法院提起上诉。如此，如果第三人针对二审法院作出的维持原判的判决提起了撤销之诉，那么法院对当事人之间的法律关系实际上会进行 4 次裁判，而管辖法院就会从一审法院到二审法院，再到二审法院（第三人撤销之诉的一审法院），以至于到二审法院的上级法院（第三人撤销之诉的二审法院）。即便一审法院是基层法院，最终也可能会到高级人民法院审理的阶段。对当事人之间的法律关系作为诉讼标的裁判来说，实际上被提高了管辖级别。毕竟，第三人请求撤销的是当事人之间的生效裁判，在二审法院维持原判的情况下，实际上二审法院对当事人之间的法律关系并没有作出新的认定。因此,将二审法院认定为“作出该判决、裁定和调解书的法院”并不合适,并且直接导致管辖级别的提高。

三、裁判方式

从理论上来看,审判范围以诉讼标的为限。在将第三人撤销之诉界定为诉讼法上的形成之诉的前提下,无论采“旧实体法学说”还是“诉讼法学说”,第三人撤销之诉的裁判范围皆限制在第三人提出的撤销当事人之间生效裁判、调解书中对其不利部分的主张。然而,从第三人撤销之诉的本质来看,第三人撤销之诉与普通诉讼有明显不同,即第三人得以提出撤销当事人之间生效裁判、调解书中对其不利部分的诉讼主张,是以其提出的民事权利主张为前提的。但按照目前的通说,则必然会将第三人依据的民事权利主张排除在第三人撤销之诉的诉讼标的之外。《司法解释》第 300 条显然采纳了这一理论。《司法解释》第 300 条在《民事诉讼法》规定的裁判方式基础上进行了更具体的规定。在原告诉讼请求成立的情况下,法院根据具体情形作出判决:如果请求成立且确认其民事权利的主张全部或部分成立的,改变原判决、裁定、调解书内容的错误部分;如果请求成立,但确认其全部或部分民事权利的主张不成立,或者未提出确认其民事权利请求的,撤销原判决、裁定、调解书内容的错误部分。从规定来看,只要第三人有关撤销当事人的判决的主张和作为撤销依据的民事权利主张皆成立时,法院需要对撤销主张、确认民事权利主张进行裁判,并改变原判决、裁定、调解书内容的错误部分。在此基础上,《司法解释》第 300 条第 3 款规定了法院在第三人撤销之诉中对原判决、裁定、调解书的内容未改变或者未撤销的部分继续有效,以此解决第三人撤销之诉的裁判内容与原裁判内容之间的关系问题。同时,《司法解释》第 300 条第 2 款规定了对法院作出的以上裁判,当事人可以上诉,如此对第三人撤销之诉的程序进行了定性。看似规定得非常明确,但问题在于,以上规定的裁判方式的可操作性较差,集中体现在两个方面:一是法院作出改变原判决、裁定、调解书内容错误部分的裁判时,会出现与现有民事诉讼审级制度规定相悖的程序问题;二是法院作出撤销原判决、裁定、调解书内容错误部分的裁判时,纠纷一次性解决的理念无法贯彻,后续的重复诉讼问题也可能会产生。

（一）撤销

从前面的数据统计来看，[1]绝大多数的第三人撤销之诉判决，仅对原告提出的撤销原生效裁判或调解书的请求进行了裁判，而未对当事人之间原来的纠纷进行解决。《司法解释》中有关第三人撤销之诉裁判方式的规定和司法实践中反映出来的这一司法现状，与第三人撤销之诉的直接目的相契合，但并未贯彻纠纷一次性解决的理念，同时也成为第三人撤销之诉与其他诉讼被重复提起的隐患。

从理论上来看，在第三人撤销之诉中，撤销当事人之间侵害第三人利益的生效裁判对第三人的效力就可以实现对第三人的保护，具体有3种情况：第一，全部撤销生效裁判在当事人之间的效力方可消除对第三人的不利影响；第二，部分撤销生效裁判在当事人之间的效力即可撤销对第三人不利的部分；第三，维持生效裁判在当事人之间效力的情况下仅撤销对第三人不利的部分（包括全部和部分）。在不同情况下出现的裁判问题不同。在第一种情况下，实际上将当事人之间的纠纷、当事人一方或双方与第三人的纠纷一并恢复到未解决之前的状态。在此种情况下的第三人撤销之诉面临同时解决当事人之间的权利义务之争和当事人一方或双方与第三人之间的权利义务之争的问题。第三人利益之所以会被当事人之间的生效裁判所侵害，关键在于原诉讼仅对当事人之间的权利义务之争予以解决，隔离了第三人与当事人一方或双方之间的法律关系，除当事人之间可能存在虚假诉讼或诉讼欺诈等情形外，往往是原裁判在保护当事人之间的法律关系的同时，疏忽了对第三人与当事人一方或双方之间的法律关系的保护。一旦第三人非因自身原因未参加到当事人之间的诉讼中去，且自身利益现实遭受侵害时，第三人撤销之诉则可以有效地推翻当事人之间的生效裁判对第三人不利部分的既判力，恢复到纠纷尚未解决之前的状态。而后，由当事人重新进行诉讼，第三人参与当事人之间的诉讼，于事前保护自身的合法权益。在第二种情况下，由于部分撤销生效裁判在当事人之间的效力即可撤销对第三人不利的部分，因此会出现变更原生效裁判的问题。在第三种情况下，维持生效裁判在当事人之间效力情况下仅撤销对第三人不利的部分（包括全部和部分）。在此种情况下作出的撤销判决不会影响当事人之间裁判的效力，不涉及后续对当事人之间纠纷重新解决的问题。

---

〔1〕 参见图2-55。

然而,从目前我国《民事诉讼法》和《司法解释》的规定来看,在理论上分析得出的有关撤销当事人之间侵害第三人利益的生效裁判对第三人的效力,就可以实现对第三人保护的上述3种情况并不能全部存在。按照目前的法律规定,法院针对第三人撤销之诉作出撤销裁判时,如果请求成立,但确认其全部或部分民事权利的主张不成立,或者未提出确认其民事权利请求的,会作出撤销原判决、裁定、调解书内容的错误部分的判决。然而,如前所述,由于目前的立法并没有明确"错误"的内涵,直接导致实务界对"错误"的内涵产生了不同的认识。在实务界,囿于我国《民事诉讼法》有关"错误"的既有规定而产生的惯性认识,将第三人撤销之诉所解决的"错误"等同于我国《民事诉讼法》第198条和第199条规定的已经发生法律效力的判决、裁定、调解书的错误,从而进一步认为第三人提起第三人撤销之诉所要撤销的生效裁判或者调解书在作出过程中发生了与再审事由相同的错误。按照这样的理解,必然需要撤销原生效裁判和调解书的全部或者部分的错误内容,方可撤销对第三人的不利影响,因此,只会存在上述的第一种和第二种情形,不存在维持生效裁判在当事人之间效力的情况下而仅撤销对第三人的不利部分的情形。

接下来的问题是:法院作出撤销的原判决、裁定、调解书全部或部分错误内容而不对当事人之间的纠纷一并解决时,在第三人撤销之诉中纠纷一次性解决的理念如何贯彻,后续的第三人利益如何保障,当事人之间就被撤销的部分内容如何进行救济?

前面提到,第三人撤销之诉同时面临解决当事人之间的权利义务之争和当事人一方或双方与第三人之间的权利义务之争的问题,而第三人的利益为当事人之间的生效裁判侵害的原因在于,原诉讼仅解决了当事人之间的权利义务之争,隔离了第三人与当事人一方或双方的法律关系,疏忽了对第三人实体权利的保护。从本质上来看,第三人利益遭受侵害的程序性根源在于诉讼分别解决相互联系的纠纷。相应地,如果可以有力地贯彻纠纷一次性解决原则,则能够有效地实现对第三人利益的保护。就目前我国立法和司法现状而言,法院仅作出撤销原生效裁判的判决,将纠纷恢复到未解决之前的状态,而后由原诉讼当事人、第三人就他们相互之间的纠纷通过另诉解决,并未在第三人撤销之诉中对纠纷予以一次性解决。此时存在以下3个问题:

一是原生效裁判被全部撤销之后当事人之间的权利义务之争、当事人与第三人之间的权利义务之争的解决问题。原生效裁判被全部撤销之后,后续原当事人之间必然会重新进行诉讼，此时，第三人的利益如何保障？分别进行的诉讼势必需要第三人参加进去方可实现对第三人利益的保护，此时又存在第三人非因自身原因未能参加到当事人之间新的诉讼中去的风险，第三人的利益难以保障。况且，在第三人与原诉讼一方当事人进行诉讼时，如果涉及原诉讼另一方当事人的利益，如原诉讼另一方当事人未被通知参加诉讼，则第三人与原诉讼一方当事人进行诉讼可能会损害另一方当事人的利益，此时，原诉讼另一方当事人就成为新的第三人，其利益同样需要保护。由此可见，仅撤销生效裁判而不一并解决纠纷，并没有彻底解决第三人利益的保护问题。

二是仅撤销原判决、裁定、调解书的部分错误内容而不对当事人之间的纠纷一并解决时，当事人之间如何就被撤销的部分内容进行救济的问题。自然，对法院作出撤销原判决、裁定、调解书的部分错误的裁判，当事人可以提起上诉进行救济。但在撤销原判决、裁定、调解书的部分错误的裁判生效之后，由于法院撤销原判决、裁定、调解书部分错误内容时未对当事人之间的纠纷一并解决，当事人之间原有法律关系中的部分权利义务争议被恢复至纠纷解决之前的状态，需要原诉讼当事人再次进行诉讼予以解决。此时，原当事人之间如何就被撤销部分的原权利义务之争再行解决，第三人的利益如何保护，该部分权利义务之争与已经解决的部分权利义务关系是怎样的，对部分权利义务之争提起的新的诉讼与原诉讼之间的关系又应如何处理？

三是第三人撤销之诉中对支撑撤销生效裁判的事实依据的认定对后诉的效力问题。不一并解决原纠纷，仅在第三人撤销之诉中对是否撤销原生效裁判中对第三人不利部分的诉讼请求进行裁判，但是否撤销原生效裁判的实体权利依据是第三人是否享有民事权利，只有第三人享有的民事权利是否存在得以确认，法院方可作出是否撤销原生效裁判的裁判，但该裁判生效后却对第三人是否享有民事权利的事实不具有既判力，如此，原诉讼当事人与第三人在就他们相互之间的纠纷通过另诉解决时，在裁判理由中被裁判的第三人的实体权利状况就无法在后诉中发挥效力，埋下了矛盾判决的隐患，而矛盾判决是纠纷分别解决的直接产物。总而言之，立法和司法现状反映出来的第三人撤销之诉的裁判范围问题，需要在理论上通过解决该诉的诉讼标的理论或者通过诉的强制合并理论，并分析具体的裁判情形、确定具体的裁判方式予以解决。

同时，还存在一个问题，即如果请求成立，但确认其全部或部分民事权利的主张不成立时,撤销原判决、裁定、调解书内容的错误部分时,如何认识第三人提出的撤销生效裁判的诉讼请求和其提起的民事权利主张之间的关系?在什么情况下会存在第三人提起的民事权利主张不成立但第三人提出的撤销生效裁判的诉讼请求却成立?按照目前的法律规定,仅可能存在于虚假诉讼或诉讼欺诈之中。

(二)变更

按照我国《民事诉讼法》和《司法解释》的规定,当第三人的诉讼请求成立且确认其民事权利的主张全部或部分成立的,应该改变原判决、裁定、调解书内容的错误部分。然而,从统计的情况来看,[1]2013~2018年的第三人撤销之诉的判决中,极少数的判决在撤销原生效裁判对第三人不利部分的同时对原生效裁判、调解书进行了改判,绝大部分的第三人撤销之诉判决,仅对原告提出的撤销原生效裁判或调解书的请求进行了裁判。改判这种裁判方式在实践中发生了切实的困难。

当第三人提出的撤销原生效裁判的诉讼请求成立且所依据的民事权利的主张全部或部分成立的,法院改变原判决、裁定、调解书内容的错误部分时存在两种情况:一是部分改变,即只改变原判决、裁定、调解书内容的一部分即可以消除对第三人不利的影响;二是全部改变,即需要改变原判决、裁定、调解书内容的全部,方可消除对第三人的不利影响。然而,无论是部分改变还是全部改变,当事人之间的生效裁判皆发生了变化,并且在判决主文中,一并就第三人主张的民事权利作出裁判,如此一来,实际上在第三人撤销之诉中对当事人之间的法律关系、当事人一方或双方与第三人之间的法律关系进行了全面审理。但不同的是,当事人之间的法律关系在原诉讼中已经过审理并作出了生效裁判,只是该裁判在第三人提起的撤销之诉中被撤销了,但第三人与当事人一方或者双方的法律关系初次得到审理,第三人撤销之诉就此作出的判决是一审判决。因此,从审级利益来看,就当事人一方或双方与第三人的法律关系作出的判决主文部分,按照规定进行上诉符合审级利益。然而,如果第三人针对二审法院作出的裁判提起撤销之诉,那么按照目前的法律规定依然采取普通程序审理,针对第三人撤销之诉判决主文中有关当事人之间的法律关系作出的认定,当事人依然可以上诉,这显然赋予了原纠纷当事人更多的程序

---

〔1〕 参见图2-55。

利益。

（三）重复诉讼的问题

2015 年《司法解释》第 247 条规定了重复诉讼的条件，在我国司法实践中长期存在的重复诉讼识别标准缺失的问题似乎得以解决。然而，诉讼标的这一带有浓郁学术色彩的概念的内涵的模糊，以及诉讼标的与诉讼请求之间的诸多难解之处，决定了现有的识别重复诉讼的标准的可操作性并不强。具体到第三人撤销之诉中，重复诉讼的识别问题显得更困难。在第三人撤销之诉中，重复诉讼的识别重点不在于对先后提起第三人撤销之诉的识别，因为在司法实践中，同一主体依据相同的事由提出相同的撤销请求的情况并不多见，而往往表现为更特殊的情况，即识别先后提起的第三人撤销之诉与相关认定民事权利诉讼的先后诉关系。

第三人撤销之诉与相关认定民事权利诉讼之间的先后诉关系比较常见，在目前的司法实践中多将先后提起的第三人撤销之诉和相关认定民事权利诉讼作为重复诉讼认定。[1] 究其原因，在于第三人依据自身享有的民事权利提起的第三人撤销之诉与第三人另行提起的认定其享有实体权利的诉讼之间有天然的联系。但是，从目前对第三人撤销之诉裁判范围的规定来看，如果第三人撤销之诉的原告未提出确认其民事权利请求，则法院并不会对第三人享有的民事权利进行认定。而且从目前将第三人撤销之诉界定为诉讼法上形成之诉的理论来看，第三人撤销之诉的诉讼标的不包括第三人的民事权利主张，该民事权利主张仅作为诉的理由存在。显然，在司法实践中，将之作为重复诉讼的认定与《司法解释》第 300 条的规定和目前对第三人撤销之诉的性质界定相悖。就解决第三人撤销之诉与相关认定民事权利诉讼的先后诉关系而言，亟待理论的完善和立法的明确。

总而言之，由于我国目前《司法解释》规定的重复诉讼判断标准的可操作性较差，加之在第三人撤销之诉领域，对该诉性质的认识过于浅显，未能确立完善的诉讼标的理论。因此，在司法实践中，面对被先后提起的多种诉讼类型，在判断重复诉讼时就出现了标准不统一的情况。欲解决第三人撤销之诉与相关诉讼之间的先后诉判断问题，需要在深化对第三人撤销之诉的性质认识的基础上，构建完善的第三人撤销之诉的诉讼标的理论。

---

〔1〕 参见（2017）沪 0109 民初 23853 号；（2017）琼 97 民终 746 号。

第六章　第三人撤销之诉的程序构建(上)
——制度自身的完善

通过探析第三人撤销之诉的理论基础,分析我国第三人撤销之诉的立法、司法现状不难看出,在我国第三人撤销之诉程序构建过程中,由于缺失对该诉程序性质的准确定位,目前程序构建状况不容乐观,因程序的不完善导致的司法问题较突出。就第三人撤销之诉的程序构建而言,需要在对第三人撤销之诉的程序性质准确定位的前提下,重点解决第三人撤销之诉在主体要件和客体要件两个方面存在的问题,并以此为基础,完善第三人撤销之诉的立案制度、管辖制度、裁判方式以及解决重复诉讼问题。

第一节　第三人撤销之诉的原告

我国在设置第三人撤销之诉之后,引起争论最大的莫过于该诉的原告范围和原告适格条件的问题。《民事诉讼法》对第三人的界定,限定了该诉的主体范围;法律对该诉原告适格条件的原则性规定,难以满足丰富的司法实践的需要。对第三人撤销之诉来说,原告范围的狭窄和适格条件的泛化,导致适用第三人撤销之诉的困难。欲全面发挥第三人撤销之诉的功能,需要进一步扩大原告范围和明确适格原告的条件。

一、以"与当事人之间的生效裁判有法律上利害关系之第三人"界定原告

为了解决第三人撤销之诉原告范围较窄的问题,可以采取两种方案:一是在尊重目前第三人撤销之诉立法安排的前提下,通过增加第三人制度中第三

人的类型来扩大第三人撤销之诉的原告范围。具体而言,可以借鉴德国、日本等国家的诉讼参加制度的分类规定,将防止诈害诉讼参加人作为一种类型规定在第三人制度之中,保障该类型的第三人可以作为第三人撤销之诉的原告提起诉讼,对自身的合法权益进行事后保障。二是打破原来的立法模式,直接将原告界定为"与当事人之间的生效裁判有法律上利害关系之第三人",脱离与第三人制度的联系。如此一来,在我国第三人制度有缺陷的情况下,即便不对第三人制度进行完善也不妨碍第三人撤销之诉原告的确定。从理顺立法逻辑的角度来看,采用第二种方案更合理。

将原告界定为"与当事人之间的生效裁判有法律上利害关系之第三人",参考了我国台湾地区"民事诉讼法"第507条之1有关第三人撤销之诉原告资格的规定。需要指出的是,我国台湾地区设置第三人撤销之诉时,将第三人撤销之诉的原告规定为"有利害关系之第三人"以及"非因可归责于己的事由而未参加诉讼,致不能提出足以影响判决结果之攻击或防御方法"本就是有意采取的一种原则性表述,试图将第三人撤销之诉的适格原告问题留待实务发展中逐步确认解决。[1] 在我国将第三人撤销之诉的原告直接界定为"与当事人之间的生效裁判有法律上利害关系之第三人",必然会面临对"法律上利害关系"的界定问题。对"法律上利害关系"既需要从理论上进行界定,又需要司法实践不断进行细化和具体化。

二、原告范围的具体确定

第三人撤销之诉的原告与受当事人之间生效裁判影响的第三人的范围直接相关。从目前来看,之所以认为第三人利益遭受当事人之间生效裁判的影响,主要是因为判决的既判力扩张、执行力扩张、争点效、反射效以及形成力等,其中,既判力扩张和执行力扩张是在传统理论下第三人利益遭受侵害的情形,争点效、反射效以及形成力等情形下第三人利益遭受侵害则是新兴理论。因此,对第三人撤销之诉原告资格的界定也应从传统理论和新兴理论两个方向入手进行具体分析。

(一)既判力扩张下的第三人——实质当事人

原则上,既判力只在对立当事人之间发生效力,究其根源在于,民事诉讼

---

〔1〕 参见刘君博:《台湾地区第三人撤销之诉评述》,载《台湾研究集刊》2017年第4期。

解决纠纷的相对性。民事诉讼在当事人之间展开,法院对双方之间的权利主张和提出的相应证据进行审理,在此基础上对双方之间的权利义务关系进行认定,解决相互之间的民事纠纷,因此,既判力只对当事人发生效力往往就可以达到解决民事纠纷的目的。况且,从程序保障角度来看,由于民事诉讼仅在当事人之间展开,法院在作出判决过程中也必然仅对当事人的程序权益进行保障,既判力仅在当事人之间发生效力具有必要性和合理性。但是,由于实体法律关系的牵连性和程序进行的需要,如果当事人之间判决的既判力不向与当事人之间的诉讼具有利害关系的第三人扩张,那么诉讼对当事人之间的纠纷解决的实效性将难以保障。因此,既判力在主观范围上有时会突破当事人,而向当事人之外的第三人发生效力。目前,学界一般认可的是既判力向口头辩论终结后的继受人(或称为承继人)、为了当事人或者继受人利益的请求之标的物的持有人、诉讼担当时的被担当人以及诉讼脱退人等扩张。

1. 诉讼系属后之继受人

诉讼继受,是指在诉讼系属中,当一定事由发生或当事人让与诉讼标的的法律关系给第三人,由案外第三人来继受诉讼。诉讼继受有一般继受和特定继受之分。一般继受,是由法律明确规定当一定事由发生时,依法中止诉讼,待有一定法律资格的人进入诉讼中承受原当事人诉讼权利义务的情形。比如,常见的有非人身关系诉讼的当事人死亡或者法人分立或合并、终止时,诉讼权利义务转移给继承人或其他权利义务承受人等。在一般诉讼继受之下,案外第三人作为新当事人应当继续原当事人已经开始的诉讼,原当事人所进行的一切诉讼行为,对新当事人均发生效力。特定继受,是诉讼系属中当事人让与诉讼标的的法律关系在诉讼程序上的一种处理模式,是案外第三人自愿接受有诉讼负担的法律关系的结果。

有关诉讼继受人(诉讼承担人)是否有提起第三人撤销之诉的原告资格,存在争论。有学者主张,因继承关系而发生的诉讼承担,因为该承担人实际上为诉讼当事人,其利益已经被之前的当事人所代表,因此不具有提起第三人撤销之诉的资格;因诉讼系属中诉讼标的移转而发生的诉讼承担,为保障对方当事人已获得确定终局判决结果的诉讼上和结果上的利益,承担人应承担既判力的扩张,也不能提起第三人撤销之诉。[1] 另有学者认为,对于未获机会参与原判决程序的诉讼承担人,基于对其程序权和固有实体法上权利的保护,则认为应赋予其第三人撤销诉讼原告资格。[2] 依据目前我国《民事诉讼法》对第三人撤销之诉原告范围的规定来看,从既判力扩张影响的继受人在诉前本来就不具有参加原诉讼的资格的角度出发,继受人自然不享有提起撤销之诉的资格。但是,对于继受人来说,是否具有提起撤销之诉的资格,具体类型具体分析的方案也许更合适。

(1)一般继受人不具有提起第三人撤销之诉的原告资格

在诉讼进行过程中,当事人于判决作出之前死亡的,按照法律规定,诉讼需要中止,等待继承人或者其他诉讼权利义务承受人决定是否承受诉讼权利与义务,并成为新的当事人参加到诉讼中来,以保障诉讼的顺利进行,直到判决的作出。一旦继承人承受被继承人之前的诉讼,则成为新的当事人进入诉讼中来,并受到最终作出的判决效力的影响。

在一般继受之下,继受人需要概括地继受原当事人的一切的诉讼权利和诉讼义务,继受人对于之前的诉讼进行程度以及程序保障不能提出重新保护的要求,根源在于,在原当事人死亡之前,继受权尚是一种期待利益,继受人的这一权利尚不在法律保护的范畴之内,而是作为原当事人本身的权利得到保护,并且完全由原当事人在诉讼进行过程中对自身的实体权益和程序权益进行保护,权利义务承受人在法定承受情节出现之前不具有需要法律保护的独立的实体权益和程序权益。因此,一般继受人对于之前由原当事人进行的诉讼,不具有提出第三人撤销之诉的资格。

(2)特定继承人在特定情形下具有提起第三人撤销之诉的原告资格

在特定继受之下,继受人非概括地继受被继受人的权利义务,而仅继受诉讼标的之法律关系或者诉讼标的物。有学者认为,根据实体法立法规则,诉讼系属中标的物移转而发生的诉讼承担,当受让人善意取得标的物,又非因可归责于己的事由未参加诉讼而遭受不利益时,可根据善意取得抗辩维护固有利益,就第三人撤销之诉而言视为不具有诉的利益,不能成为第三人撤销之诉的

---

〔1〕 参见陈荣宗:《第三人撤销诉讼与民事程序法》(第6册),台北,三民书局2005年版,第21页;姜世明:《民事诉讼法》(下册),台北,新学林出版股份有限公司2013年版,第555页。

〔2〕 参见邱联恭:《口述民事诉讼法讲义》(3),台北,元照出版有限公司2012年版,第353页。

适格原告。[1]

有关特定继受,理论上有不同学说,各国或地区的立法状况亦各不相同。特定继受人是否具有提起第三人撤销之诉的资格,在不同理论之下亦有不同答案。一般而言,只要特定继受人的程序权益未得以保障,而继受人利益又遭受侵害的,应该被赋予提起撤销之诉的资格。

2. 诉讼担当之被担当人

在民事诉讼程序中,原则上权利人得就自己法律上需要保护的权益,以自己名义诉至法院,诉讼实施权属于实体权益主体。因此,在诉讼中,非实体权益主体对他人的实体权益不享有诉讼实施权。但在一定的情况下,第三人可基于法律的明确规定或者授权取得为保护他人实体权益的诉讼实施权,即所谓诉讼担当。诉讼担当,是指将诉讼实施权授予实体权利义务主体以外的第三人,由该第三人以自己的名义进行诉讼,诉讼结果及于民事权利义务主体的制度。[2] 如果第三人基于法律明确规定取得为他人实体权益保护而进行的诉讼实施权,则属于法定诉讼担当。如果第三人基于他人授权取得为他人实体权益保护而进行的诉讼实施权,则属于意定诉讼担当。在诉讼担当之下,实体权利人将其诉讼实施权转移给担当人,由担当人作为形式当事人进行诉讼,自身脱离诉讼,成为实质当事人,一旦法院在担当人与他人之间的诉讼中作出裁判,该裁判对实体权利人发生效力。

(1)一般情况下,法定诉讼担当之被担当人不具有提起第三人撤销之诉的原告资格

在我国,法定诉讼担当的情形主要有,法律明确规定的死者近亲属为保护死者名誉权而享有提起诉讼的权利,财产代管人为被宣告失踪人的财产利益保护享有的诉讼实施权,遗嘱执行人、遗产代管人所享有的诉讼实施权等。尽管我国《民事诉讼法》没有明文规定诉讼担当之下判决书对实际权利人的效力,但无论是从法定诉讼担当的立法本意还是从司法实践来看,法院针对由形式当事人进行的诉讼而作出的判决对实体权利人发生效力。按照现有规定,被担当人对于担当人进行诉讼所作出的生效裁判不具有提起再审之诉的权利,即便被担当人认为生效裁判错误,其也不享有作为原诉讼当事人提起再审

---

〔1〕 参见张兴美:《第三人撤销之诉原告适格问题研究》,载《法学杂志》2016 年第 6 期。

〔2〕 参见王福华:《民事诉讼法学》,清华大学出版社 2012 年版,第 119 页。

之诉的权利。因为被担当人的诉讼实施权已经转移给担当人,如果原生效裁判确有错误,应该由担当人作为申请人提起再审之诉。但是,如果被担当人认为担当人实施诉讼时单方损害了其合法权益,或者与对方合谋损害了其合法权益,从目前的法律规定来看,被担当人能否作为无独立请求权第三人并不清晰,因此,按照无独立请求权第三人的确定标准认定第三人撤销之诉的适格原告时,显然亦不清晰。但从被担当人利益的保护需求和第三人撤销之诉设置的目的来看,被担当人在担当人实施诉讼时单方损害了其合法权益,或者担当人与对方合谋损害了其合法权益时,具有提起第三人撤销之诉的必要性和实效性,具备提起撤销之诉的诉的利益。因此,应该赋予被担当人在此特殊情况下提起撤销之诉的原告资格。

法定诉讼担当除以上的情形外,在司法实践中,还有一些常见的其他诉讼情形,但是这些诉讼情形是否归入法定诉讼担当在理论上仍有一定争议,应结合我国的立法与司法现状,进一步论证有无赋予第三人撤销之诉原告资格的必要性。

(2)意定诉讼担当之被担当人不具有提起第三人撤销之诉的原告资格

在我国,本来对意定诉讼担当就没有相应的法律规定,加之第三人撤销之诉尚处于初步运行阶段,因此,暂不赋予其提起第三人撤销之诉的资格更合适。

(二)反射效情形下的第三人

反射效理论完成于德国,后在日本有了进一步发展。完成反射效概念的德国学者 Kuttner 认为,反射效与既判力的差异主要有五个方面:第一,既判力是诉讼法上的效力,而反射效是实体法上的效力。第二,既判力属于职权调查的事项,而反射效则属于辩论主义范畴,须经当事人主张方可。第三,既判力所及的第三人往往属于共同诉讼参加(或独立参加),而反射效所及的第三人则属于从参加之列。第四,当事人之间同谋进行虚假诉讼时,受既判力所及的第三人不得以此事由主张当事人之间的判决无效,而受反射效所及的第三人则可以据此主张判决无效。第五,既判力伴随执行力的扩张而扩张,而反射效则不存在执行力扩张的效果。[1] 从分析来看,似乎反射效与既判力主观范围

〔1〕 参见林瑞成:《民事判决既判力与程序保障原则的理论与实证研究》,中国政法大学 2000 年博士学位论文,第 105 页。

扩张之间有明确的界限,而实际上上述分析是建立在既判力本质论的论争之上的。反射效是为了应对“诉讼法说”无法用既判力扩张说明的某些判决效力向第三人扩张的情形而提出的一种学说,如果采“实体法说”,则可以直接用既判力主观范围扩张理论来说明上述判决效力向第三人扩张的情形。

抛开反射效理论与既判力主观范围扩张理论之间的争论,在认可反射效理论的前提下,一旦当事人之间的判决对第三人产生反射效力,则意味第三人实体上的权利义务受到当事人之间判决效力的拘束,顺应正当性需要,就应该对第三人的程序权益进行保障,反射效情形下的第三人享有提起第三人撤销之诉的权利。

三、明确起诉条件

从前面的分析可知,现有立法对第三人撤销之诉提起条件的模糊规定,加剧了原告适格的判断困难。一方面,有关起诉条件的严格规定和解释进一步限缩了原告范围;另一方面,起诉的客体条件不清晰导致了原告适格条件的模糊与泛化。有关起诉条件的严格规定和解释进一步限缩了原告范围的问题,主要体现在有关第三人提起撤销之诉的程序事项要件——“因不能归责于本人的事由未参加诉讼”,和有关第三人提起撤销之诉的实体事项要件——“有证据证明发生法律效力的判决、裁定、调解书的部分或者全部内容错误,损害其民事权益的”的规定。有关起诉的客体条件不清晰导致了原告适格条件的模糊与泛化的问题,具体体现在如何界定“损害其民事权益”中的“民事权益”范围和如何认识“发生法律效力的判决、裁定、调解书的部分或者全部内容错误”中的“错误”以及“错误”与“损害其民事权益”之间的逻辑关系。

为了解决目前第三人起诉条件不清晰导致的原告适格条件模糊与泛化的问题,需要结合之前对第三人撤销之诉适格原告的规定来重新界定第三人撤销之诉的起诉条件,即在我国提起第三人撤销之诉需要满足 3 个条件:第一,原告是与当事人之间的生效裁判有法律上利害关系的第三人;第二,该第三人非因可归责于己之事由而未参加诉讼;第三,第三人受当事人之间生效裁判的不利影响。至于第三人受当事人之间生效裁判的影响是否源于当事人之间的生效裁判错误,并不作出要求。当确定了第三人提起撤销之诉的事由之后,即可对该诉的审查和受理的规定进行细化。在满足起诉事由的第二个条件的前提下,第三人只要有初步证据证明当事人之间的生效判决损害了其利益,其提起的第三人撤销之诉即可得到受理,而不需要进一步证明当事人之间发生法律效力的裁判存在错误而损害了其利益。且从第三人撤销之诉的性质来看,不应按照再审之诉这一特殊救济诉讼的审查条件对第三人提起的撤销之诉进行审查。但第三人撤销之诉毕竟为一种特殊救济之诉,对其进行审查需要严于一般的诉讼,因为其会直接动摇当事人之间生效裁判的既判力。如此一来,只要第三人有初步证据证明存在足以对抗生效裁判对其不利部分的实体权利主张,该诉讼即可被受理。至于第三人是否确实存在足以对抗生效裁判对其不利部分的实体权利,则需要进入诉讼中经过审判方能查明,并将其作为裁判的依据。

但需要指出的是,在我国第三人制度中缺乏诉讼告知相关规定的前提下,第三人需要证明“非因可归责于己之事由而未参加诉讼”这一程序事项的难度较大,难以针对影响其合法权益的当事人之间的生效裁判提起撤销之诉。因此,在第三人制度之中确立诉讼告知制度是实现第三人制度与第三人撤销之诉制度紧密相连的关键。

第二节　第三人撤销之诉的适用范围

一、扩大至仲裁裁决书（包括仲裁调解书）

目前,法律规定中缺失对仲裁中第三人利益的事后保护,未赋予第三人撤销当事人之间损害其合法权益的生效仲裁裁决的权利。然而,如前所述,实体法律关系的交叉性决定了当事人之间的纠纷解决往往与第三人有法律上的利害关系,而不因当事人之间通过仲裁解决两者之间的纠纷就割裂了其与第三人的法律上的利害关系。一旦第三人的利益遭受当事人之间仲裁裁决的影响,赋予第三人保护自身合法权益的途径显然是必然选择。

我国《仲裁法》未对仲裁程序中第三人参加当事人之间的仲裁程序进行规定,第三人无法于事前对自身的合法权益进行保护,当事人之间的仲裁裁决损害第三人利益的情况比较常见。尽管 2018 年出台的最高人民法院《关于人民法院办理仲裁裁决执行案件若干问题的规定》首次明确赋予了仲裁案外人享有申请不予执行仲裁裁决、仲裁调解书的权利,但从该司法解释第 9 条规定的案外人向人民法院申请不予执行仲裁裁决、仲裁调解书的条件和第 18 条规定的人民法院支持案外人不予执行仲裁裁决、仲裁调解书的条件来看,案外人申请不予执行仲裁裁决、仲裁调解书这一救济方式并不能对遭受当事人之间生效仲裁裁决、仲裁调解书损害的案外人的合法权益进行有效保障。首先,现有规定将案外人申请救济的阶段限定在执行程序之中,未进入执行程序的仲裁裁决、仲裁调解书损害了案外人的合法权益时,案外人没有相应的救济方式。其次,将案外人申请不予执行仲裁裁决、仲裁调解书的情形限定为“有证据证明仲裁案件当事人恶意申请仲裁或者虚假仲裁,损害其合法权益”这一情形,进一步限缩了案外人通过申请不予执行仲裁裁决、仲裁调解书来保护自身合法权益的范围。最后,申请不予执行仲裁裁决、仲裁调解书本身并不属于严格意义上的诉讼,其审理程序本身就存在无法全面救济当事人合法权益的缺陷,更无法应对未参加当事人之间仲裁程序的案外人的合法权益保护的需要。总之,针对当事人之间损害第三人利益的仲裁裁决,赋予第三人事后提起第三人撤销之诉的权利实为必要。

二、取消适用于裁定书的规定

从现有的裁定来看,一般是针对程序事项作出,唯有保全裁定、先予执行裁定、确认调解协议裁定、实现担保物权裁定和《民事诉讼法》第 227 条规定的案外人异议裁定等涉及实体问题。就针对程序事项作出的裁定而言,主要影响当事人的程序利益,一般不会影响第三人的利益,故第三人没有对此提起撤销之诉的必要性。针对实体事项作出的裁定,虽然隐含损害第三人利益的可能性,但由于这些裁定具有临时性和假定性,并不会对第三人的利益产生永久的影响。况且,一旦裁定损害第三人的利益,现有法律实际上规定了相应的救济方式。对确认调解协议裁定和实现担保物权的裁定,前文已有论述,在此不赘述。对于保全裁定、先予执行裁定来说,我国《民事诉讼法》并没有规定相应的救济方式,但是《司法解释》第 172 条规定:“利害关系人对保全或者先予执行的裁定不服申请复议的,由作出裁定的人民法院依照民事诉讼法第一百零八条规定处理。”如此赋予了第三人对抗损害其合法权益的保全裁定、先予执行裁定的救济方式。当然,复议这一方式并不能有效地保护第三人的民事权益,但作出裁定本身的程序设计理念和价值追求决定了,不能赋予第三人提起撤销之诉的权利,第三人的实体权益遭受影响的程度和受到保护的力度之间应该相匹配。就我国《民事诉讼法》第 227 条规定的案外人异议裁定而言,更没有提起撤销之诉的必要,案外人异议本来就是保护第三人的临时性救济方式,不存在损害第三人利益的可能性,对其本身没有适用第三人撤销之诉的必要。更何况,案外人异议是前置程序,如果案外人异议裁定损害了债权人利益,债权人可以提起许可执行之诉。从目前来看,我国的第三人撤销之诉没有适用于撤销裁定书的必要性。

三、明确适用的判决书的范围

在现有法律规定明确第三人撤销之诉仅适用于撤销判决主文而不适用于判决理由的基础上,应进一步明确以下 3 点:第一,排除第三人撤销之诉适用于撤销非讼程序中作出的生效裁判,包括《司法解释》未曾列明的确认调解协议案件和实现担保物权案件中作出的生效裁判。第二,现阶段第三人撤销之诉暂不适用于人身关系裁判、调解书,包括《司法解释》未曾列明的人身关系裁判、调解书。第三,第三人撤销之诉适用于一审、二审和再审中作出的生效判决。目前,实务界对第三人撤销之诉适用于一审、二审生效判决没有疑问,但对适用于再审生效判决有不同的意见,由于《司法解释》作出时并没有明确这一问题,实务界有关第三人撤销之诉是否适用于再审生效判决的争论依然存在。需要指出的是,《司法解释》之所以没有明确第三人撤销之诉适用于再审生效判决,并非疏漏而是因为没有规定的必要。从第三人撤销之诉的本质来看,其实质上是对第三人的实体权利的初次救济,此前,第三人在与当事人之间的民事法律关系中享有的民事权利不曾被救济。因此,当事人之间的诉讼无论经过了一审、二审还是再审而作出了生效判决,第三人的实体权益未经保护的事实不会发生任何改变,故,第三人撤销之诉适用于一审、二审和再审中做出的生效判决。

第三节　第三人撤销之诉的具体程序完善

一、立案制度

从目前的法律规定来看,对第三人撤销之诉的立案实行的是类似再审之诉的审查制。然而,由于第三人撤销之诉与再审之诉具有本质区别,对第三人撤销之诉采取类似再审之诉的审查制度不够合理。

第三人撤销之诉的立案条件包括程序事项要件和实体事项要件。从目前有关第三人撤销之诉立案审查的规定来看,对程序事项要件的审查比较容易,仅凭当事人提交的证据即可作出相对恰当的判断。然而针对实体事项,仅通过审查即作出裁判则并不容易,从程序保障角度来看,亦满足不了程序利益保障的需要。第三人撤销之诉的立案审查制度遭遇如此困境的原因在于,第三人撤销之诉与再审之诉具有本质区别。第三人提起撤销之诉的原因在于其与当事人之间的诉讼有法律上的利害关系,但非因自身的原因没有参加诉讼,导致法院对当事人之间的诉讼作出了未顾及第三人利益的裁判而损害了第三人的利益。因此,第三人依据当事人之间的生效裁判损害了其合法权益而提起诉讼时,第三人提起撤销之诉的实体事由与诉讼请求或者诉讼请求依据的事实理由实际上保持了一致。在立案审查阶段,对第三人提起撤销之诉的实体事由审查的程序直接决定了第三人的程序利益保障程度。换言之,由于第三人提起撤销之诉的实体事由与法院判决是否撤销当事人之间生效裁判对第三人不利部分的事由往往保持一致(虚假诉讼、诉讼欺诈除外),如果在立案审查阶段就对第三人提起撤销之诉的实体事项进行深度审查,只有在确有撤销事由的情况下方受理撤销之诉,那么在立案审查阶段实质上已经对案件作出了初步审判,但由于第三人参与立案审查阶段的程度有限,因此难以对第三人的程序利益进行全面保障。为了全面保障第三人提起撤销之诉的程序利益,应该重新设计该诉的立案制度。

首先,第三人撤销之诉作为特殊救济之诉的定性决定了对其应采纳立案审查而非立案登记制度。2015 年《司法解释》明确了在民事诉讼中实行立案登记制,当然,在起诉条件没有发生实质改变的情况下,简单通过《司法解释》规定的立案登记制难免有流于形式之憾。然而,明确实行立案登记制,在司法实践中的确起到了简化立案、方便立案等重要作用,一般而言,当前立案阶段不再针对实体法律关系以及所依据的证据多作要求。但是,第三人撤销之诉不同于一般的诉讼,其面临推倒当事人之间生效裁判的既判力或至少对第三人的效力,因此将其定位为特殊救济之诉。特殊救济之诉的定位决定了对该诉不宜适用立案登记制。但需要指出的是,第三人撤销之诉与当事人再审之诉在立案制度方面应有明显区别。当事人再审之诉分为两个阶段:一是再审事由审查阶段;二是具备再审事由下启动再审程序阶段。再审之诉的申请,首先是请求法院审判是否具有再审事由,在该请求成立的情况下方进入第二个阶段。如此一来,对于当事人提起的再审之诉之申请,理应实行立案登记制,即只要当事人提起了再审之诉的申请,法院理应受理。法院审查的核心在于是否具有再审事由,以此作为是否再次审理的依据。然而,第三人提起撤销之诉的原因在于其与当事人之间的诉讼有法律上的利害关系,只是非因自身的原因没有参加诉讼,导致法院对当事人之间的诉讼作出了未顾及第三人利益的裁判而损害了第三人的利益,因此,第三人依据当事人之间的生效裁判损害了其合法权益而提起诉讼。所以,第三人撤销之诉无法借鉴再审之诉两个阶段的划分方式,不存在单独的审理是否应该启动撤销之诉程序的阶段,而将审查是否启动撤销之诉的工作置于立案阶段。且由于第三人撤销之诉属于事后的特殊救济之诉,因此,在立案阶段需要对程序事项和实体事项同时审查,不宜适用立案登记制,只能适用立案审查制度。

其次,重新设定起诉条件。如前所述,如果重新设定第三人撤销之诉的原告资格,起诉条件也会发生相应调整。如此一来,在调整第三人撤销之诉的适格原告条件的前提下,第三人撤销之诉的起诉条件应明确为3项:第一,原告是与当事人之间的生效裁判有法律上利害关系的第三人;第二,该第三人非因可归责于己之事由而未参加诉讼;第三,第三人受当事人之间生效裁判的不利影响。在此基础上,区分起诉条件中的程序事项要件和实体事项要件,对程序事项进行完全审查,对实体事项进行初步审查。具体而言,起诉条件的第一项和第三项属于实体事项,第二项属于程序事项,在第二项被完全证明的前提下,只要第三人有初步证据证明其与当事人之间的生效裁判有法律上的利害关系且其受当事人之间生效裁判的不利影响,法院即可受理。至于第三人是否确实存在足以对抗生效裁判对其不利部分的实体权利,则需要进入诉讼程序中经过审判方能查明,以此作为裁判依据。

最后,由审判监督庭组成合议庭对立案与否进行审查。由于第三人提起撤销之诉的事由既有程序事项,又有实体事项,因此对第三人撤销之诉的立案审查不适合由立案庭进行,而应由审判监督庭进行。由于第三人撤销之诉属于事后特殊救济之诉,因此,对第三人撤销之诉的立案由审判监督庭组成合议庭进行审查,更有利于对第三人的诉权和实体权益的保护。

二、管辖制度

目前,第三人撤销之诉的管辖制度存在的问题集中在第三人针对二审生效裁判提起的撤销之诉。如果是一审法院作出的生效裁判,则管辖法院可以直接确定,并且从级别管辖来看,无论是作出撤销裁判还是变更裁判,都不会出现提高管辖级别的问题。如果当事人针对一审法院作出的未生效裁判提起了上诉,上诉法院作出了裁判,按照目前的法律规定来看,第三人提起撤销之诉的管辖法院应为作出二审生效裁判的法院,这样就会直接导致管辖级别提高的问题。

该问题的解决途径有两种:一种是区分二审法院是否针对一审判决进行了改判从而认定“作出该判决、裁定和调解书的法院”为哪一法院。当二审法院针对一审判决作出维持原判的判决时,则“作出该判决、裁定和调解书的法院”应认定为一审法院;当二审法院针对一审判决进行改判时,则“作出该判决、裁定和调解书的法院”应认定为二审法院。另一种是结合审级利益均衡保护的需要和审级利益赋予的限定性,合理设置第三人撤销之诉的裁判程序,灵活运用发回重审的裁判方式,尽可能仅通过第三人撤销之诉推倒生效裁判的既判力,将纠纷解决退回原点,重回第三人利益事前保护阶段。结合我国的具体司法实践,第二种方式更合适。

具体而言,如果第三人提起撤销之诉要求撤销的是一审法院作出的生效裁判,则管辖法院是一审法院,管辖法院可以根据案件的其他具体情况作出撤销或者变更生效裁判对第三人不利影响部分的裁判。如果第三人提起撤销之诉要求撤销的是二审法院作出的生效裁判,则管辖法院为二审法院,但是要区分生效裁判的不同情况规定不同的裁判方式。在管辖法院发现第三人提请撤销的是二审法院针对一审判决作出维持原判的判决时,且认为需要在第三人撤销之诉中就当事人之间的法律关系和当事人一方或双方与第三人之间的法律关系作为诉讼标的,与第三人提出的撤销诉讼请求一并进行裁判并作出变更判决时,宜将案件发回一审法院重审;如果仅是作出撤销裁判,则不需要发回重审,可以直接裁判。如果管辖法院发现,第三人提请撤销的是二审法院作出的改变一审判决的判决时,可以根据案件的其他具体情况作出撤销或者变更生效裁判对第三人不利影响部分的裁判。

三、裁判方式

目前,我国《民事诉讼法》和《司法解释》中规定的第三人撤销之诉的裁判方式,主要存在三个方面的问题:一是目前法律规定的“原判决、裁定、调解书内容的错误部分”中的“错误”内涵未被明确,实务界囿于《民事诉讼法》有关“错误”的既有规定而产生的惯性认识,导致仅存在撤销原生效裁判和调解书的全部或者部分的错误内容方可撤销对第三人的不利影响的裁判情形,而不存在维持生效裁判在当事人之间效力的情况下而仅撤销对第三人的不利部分的裁判情形。二是法院作出撤销原判决、裁定、调解书内容的错误部分的裁判时,不仅纠纷一次性解决的理念无法贯彻,而且后续的重复诉讼问题也可能产生。三是法院作出改变原判决、裁定、调解书内容的错误部分的裁判时,会与现有民事诉讼审级制度规定相悖。欲解决以上问题,可以在认识第三人撤销之诉的性质的基础上重新认识“错误”的内涵,并在重构第三人撤销之诉的诉讼标的的基础上,具体规定在不同情形下的裁判方式。

(一)明确“原判决、裁定、调解书内容的错误部分”中“错误”的内涵

如前所述,第三人撤销之诉得以提起的最终原因在于,第三人在实体上的权利主张足以对抗原生效裁判。第三人所享有的诉权来自第三人与当事人之间存在的民事法律关系,对于第三人来说,原生效裁判是否需要撤销,重点不在于原生效裁判作出时在程序上存在瑕疵或者缺乏实体上的依据,而在于第三人存在实体法上的权利主张,且权利主张足以对抗生效裁判中对其不利的部分。从第三人撤销之诉的性质来看,只要发生法律效力的判决、裁定、调解书损害了第三人的合法权益,对于第三人来说即为“错误”,而无论对当事人之间法律关系的认定是否属于错误。由此可见,“原判决、裁定、调解书内容的错误部分”中的“错误”,是指生效裁判对第三人民事权益的损害。因此,才会出现仅撤销生效裁判、调解书对第三人的效力而在当事人之间依然保持原有效力的情况。

(二)重构诉讼标的理论

立法和司法现状反映出来的第三人撤销之诉的裁判范围问题,包括纠纷一次性解决的理念得不到贯彻的问题和重复诉讼问题,从目前来看,理论上有两种可行的思路:一种是制度优化的思路,即在原有法律规定和诉讼标的理论不变的基础上,按照广义的重复诉讼识别标准和规制方式,将诉的强制合并运用到第三人撤销之诉的裁判范围扩张中来,以迎合目前的法律规定;另一种是制度改良的思路,即在理论上重构第三人撤销之诉的诉讼标的理论,以此扩大第三人撤销之诉的裁判范围。

通过诉的强制合并来扩张第三人撤销之诉的裁判范围,以达到纠纷一次性解决和避免矛盾判决产生的目的,是一种对原有制度规定无影响的方式。广义的禁止重复诉讼,亦称为“扩大说”,是指前后两诉的诉讼标的不具有共通性,但主要争点是共通的,后诉法院对于该争点的审理也形成重复审理,在内容上也有可能产生实质性矛盾的判决,因此,后诉法院应禁止另行起诉并进行

强制合并。[1] 按照广义的重复诉讼争点共通性的识别标准，则第三人撤销之诉与第三人另行提起的民事权利确认诉讼属于重复诉讼，应将后者进行强制合并。如此，在第三人在撤销之诉中，首先第三人要提出撤销原生效裁判、调解书中对自身不利的部分的主张，由此提出了第三人撤销之诉；但同时，第三人必须提出确认其民事权利的主张。如果第三人请求成立且确认其民事权利的主张全部或部分成立的，则由法院改变原判决、裁定、调解书内容的错误部分；如果请求成立，但确认其全部或部分民事权利的主张不成立，由法院撤销原判决、裁定、调解书内容中的错误部分。这样就扩大了第三人撤销之诉附带裁判的范围，有效解决了第三人撤销之诉中纠纷分别解决和作出矛盾判决的问题。

在理论上重构第三人撤销之诉的诉讼标的理论，以此扩大第三人撤销之诉的裁判范围是一种对原有理论和制度影响较大的制度完善方案。就我国而言，由于之前并没有诉的强制合并的相应理论和司法实践，加之目前《司法解释》第247条已经对重复诉讼的判断标准进行了明确规定，因此，从诉讼标的的内涵入手，如前所述，重构第三人撤销之诉的诉讼标的，是一种更系统和可行的、解决第三人撤销之诉的重复诉讼问题的方案。按照之前的论证，在重构后的诉讼标的理论之下，第三人撤销之诉的诉讼标的由诉的声明与作为诉的理由的法律事实关系两个要素构成。两个要素只要一个是单数，诉讼标的即为单数，前后诉的两个要素只有都不相同时，诉讼标的才不同，前后诉才不会构成重复起诉。诉的声明是第三人提出的撤销当事人之间生效裁判对自身不利影响的主张，作为诉的理由的法律事实关系是第三人对当事人一方或双方提出的实体权利主张。按照重构后的第三人撤销之诉的诉讼标的理论，前后诉的两个要素只有都不相同时，诉讼标的才不同，前后诉才不构成重复起诉，在法律事实相同的情况下，即为相同的诉讼标的，构成重复起诉，法院不予受理。由此可见，在新诉讼标的理论之下，第三人撤销之诉的裁判范围被扩大，包括第三人提出的撤销当事人之间生效裁判对自身不利影响的主张和第三人提出的作为诉的理由的实体权利主张两部分。如此一来，纠纷一次性解决的理念得以贯彻，后续的重复诉讼问题也同时得以解决。

---

[1] 参见[日]高桥宏志：《民事诉讼制度与理论的深层分析》，林剑锋译，法律出版社2003年版，第102～115页。

(三)"撤销+重新审理"的裁判方式

重构第三人撤销之诉的诉讼标的之后,之前存在的直接撤销原生效裁判对第三人不利部分的裁判方式不再有适用空间,因为第三人提出的作为诉的理由的实体权利主张作为诉讼标的的一部分,法院必须一并作出裁判。由于在第三人撤销之诉中直接作出变更裁判又极易产生过度赋予程序利益的问题,因此更适合运用"撤销+重新审理"的裁判方式,即法院认为第三人提出的撤销当事人之间的生效判决对自身不利影响的主张成立时,可以撤销原生效裁判,裁定一审法院重审。最终,重审法院对当事人之间的法律关系以及当事人一方或双方与第三人的法律关系统一裁判解决。如此一来,解决单纯作出撤销生效裁判的判决后第三人利益的保护问题。

(四)谨慎适用变更裁判

目前,在第三人撤销之诉的裁判中,法院适用变更这一裁判方式时非常谨慎。究其原因,在于无论作出部分改变还是全部改变生效裁判的判决,皆需要同时裁判当事人之间的法律关系、当事人一方或双方与第三人之间的法律关系,更复杂的是,当事人之间的法律关系在原诉讼之中已经过审理并作出了生效裁判,只是该裁判之后被撤销了,但第三人与当事人一方或者双方的法律关系初次得到审理,第三人撤销之诉就此作出的判决是一审判决。因此,从审级利益来看,就当事人一方或双方与第三人的法律关系作出的判决主文部分,按照规定进行上诉符合审级利益;然而,如果第三人针对二审法院作出的裁判提起撤销之诉,那么按照目前法律的规定依然按照普通程序进行审理,针对第三人撤销之诉判决主文中有关当事人之间的法律关系作出的认定,当事人依然可以上诉,这显然赋予了原纠纷当事人更多的程序利益。

面对这一问题,在第三人撤销之诉中,应谨慎适用变更这一裁判方式。如果第三人提起撤销之诉要求撤销的是一审法院作出的生效裁判,则管辖法院是一审法院,管辖法院可以根据案件具体情况作出撤销或者变更生效裁判对第三人不利的影响。如果第三人提起撤销之诉要求撤销的是二审法院作出的生效裁判,则管辖法院为二审法院,但是要根据生效裁判的不同情况规定不同的裁判方式。如果管辖法院发现,第三人提请撤销的是二审法院针对一审判决作出的改判判决时,可以根据案件的其他具体情况作出撤销或者变更生效裁判对第三人不利的影响。在管辖法院发现第三人提请撤销的是二审法院针对一审判决作出维持原判的判决时,不宜作出变更判决,应将案件发回一审法院重审。

第七章　第三人撤销之诉的程序构建(下)
——外部环境的优化

对第三人撤销之诉的外部运行环境进行优化,实为对第三人利益保护体系整体进行系统化构建,即将各个阶段的第三人利益保护制度加以完善并消除制度之间的矛盾以构建一个系统的体系。

第一节　完善第三人制度,以实现与第三人撤销之诉的有效连接

一、第三人制度的完善

(一)理论界有关第三人制度完善的方案

通过对我国第三人制度构建现状的分析不难看出,该制度存在的问题集中在无独立请求权的第三人制度。在此基础上,理论界对第三人制度的批评和探讨亦主要针对无独立请求权第三人制度,并提出了诸多建构和完善的方案。从目前来看,学者们多从无独立请求权第三人制度的渊源以及制度建构现状着手,借鉴大陆法系辅助参加制度和美国的诉讼第三人制度对我国无独立请求权第三人制度进行改造。具体来看,主要存在以下方案。[1]

1. 有学者主张,第三人与当事人之间诉讼结果的利害关系既包括义务性关系也包括权利性关系,因此,第三人可以通过主动申请参加当事人之间的诉讼,也可以受当事人的申请或者法院的通知参加当事人之间的诉讼。[2] 这种

---

〔1〕 参见蒲一苇、张卫平:《民事诉讼第三人制度研究》,厦门大学出版社 2009 年版,第 167 页。

〔2〕 参见廖永安:《论民事诉讼中无独立请求权的第三人》,载《湖南省政法管理干部学院学报》2001 年第 3 期。

模式与法国的诉讼参加制度和美国的诉讼参加制度相似，而与大陆法系国家或地区的辅助参加制度表现出了较大差异。还有学者主张限缩第三人与当事人之间诉讼结果的利害关系，将之限定为义务性关系，引入第三人制度来改造无独立请求权第三人制度。[1]

2. 追根溯源，以大陆法系国家或地区的辅助参加制度改造无独立请求权第三人制度。按照这一方案，去除我国无独立请求权第三人制度的追责功能，将之恢复辅助参加制度之原貌。[2] 该方案更多地重视避免作出矛盾判决，但未注重复杂纠纷的一次性解决。因此，去除我国无独立权第三人制度构建过程中加入的"追责"功能，回归制度本源，利用大陆法系国家或地区的辅助参加制度原理建构无独立请求权第三人制度。

3. 根据第三人与当事人之间诉讼结果利害关系的不同将之解构为两种不同的第三人类型，即有独立当事人地位的第三人和辅助性第三人。该模式的理论基础为，针对不同的第三人赋予其不同的诉讼地位以相应地保护第三人受当事人之间诉讼结果影响程度不同的利益。借鉴模式主要为美国的引入第三人制度、日本的独立当事人制度和大陆法系国家或地区的辅助参加制度。既有的立法基础为，我国无独立请求权第三人制度分为被判令承担民事责任的无独立请求权第三人和不承担民事责任的无独立请求权第三人两种类型。具体来说，该模式对辅助第三人制度的构建，主要借鉴了大陆法系国家或地区的辅助参加制度，设置参诉根据、方式、效力以及诉讼地位等；但在构建独立当事人地位的第三人时，则形成了各种不同的模式。比如，有学者将有独立当事人地位的第三人限定为与当事人之间的诉讼结果存在义务性关系的第三人，从而借鉴引入第三人制度来构建独立当事人制度。该第三人以被诉的方式参加诉讼，在参加之诉中处于被告地位。还有学者将第三人与当事人之间的诉讼结果的利害关系广泛地界定为权利义务关系，并赋予其以参加之诉的方式来参加诉讼的权利，其既可能属于权利参加而处于原告地位，也可能属于义务参加而处于被告地位。在此基础上，有独立地位当事人进一步可区分为第三人向原告起诉、第三人向被告起诉、被告引入第三人和原告引入第三人 4 种

---

〔1〕 参见宋振玲：《无独立请求权的第三人制度之比较》，载《沈阳大学学报》2003 年第 1 期。

〔2〕 参见赵信会、李祖军：《无独立请求权第三人制度的内部冲突与制衡》，载《现代法学》2003 年第 6 期。

情形。[1]

4. 整体重构方案。该方案与以上 3 种方案的最大区别在于从整体上重构第三人制度。以上 3 种方案主要针对无独立请求权第三人制度存在的问题,对该制度进行改革,而整体重构方案则是着眼第三人制度之整体。比如,张卫平教授主张,根据纠纷解决的需要将第三人划分为原告型第三人、被告型第三人和辅助型第三人。[2] 原告型第三人与之前有独立请求权第三人的内涵与外延相同,被告型第三人取代了原来无独立请求权第三人中被强制拉入诉讼并承担民事责任的第三人,辅助型第三人则是剥离承担民事责任的第三人部分后,与当事人之间的诉讼结果有利害关系的无独立请求权第三人的部分。从制度构建来看,原告型第三人实为对有独立请求权第三人制度的"改名",并未进行制度改革。被告型第三人是在借鉴美国的引入第三人制度的基础上对一部分无独立请求权第三人进行了改造,而辅助型第三人则是利用大陆法系国家或地区的辅助参加制度构建了另一部分的无独立请求权第三人。如此看来,此种方案与第三种方案无本质区别。还有学者主张,将第三人在整体上划分为权利参加型第三人、义务参加型第三人和辅助参加型第三人。[3] 但总体来说,未脱离该方案的基本观点。

以上各种方案都是在审视我国第三人制度构建现状、诉讼实践与借鉴域外制度构建经验的基础上提出的,只是各自的侧重点不同而已。从总体上来看,前 3 种方案只针对我国无独立请求权第三人制度中存在的问题进行改革,而第四种方案则是对包括有独立请求权第三人制度在内的第三人制度整体进行改革和建构,以保证整个诉讼第三人制度内在的系统性。但无论是着力对无独立请求权第三人制度进行改革的前 3 种方案,还是整体建构第三人制度的第四种方案,其核心都是对无独立请求权第三人制度的改革。关于无独立请求权第三人制度的改革,学者们提出的方案介于美国的引入第三人制度、法国的诉讼参加制度与大陆法系的辅助参加制度之间,并在是否抛弃无独立请求权第三人制度的追责功能之间徘徊,最终形成了不同方案。就我国目前无独

---

[1] 参见肖建华:《民事诉讼当事人研究》,中国政法大学出版社 2002 年版,第 263 页。

[2] 参见张卫平:《"第三人":类型划分及展开》,载《民事诉讼法研究》(第 1 辑),中国法制出版社 2004 年版,第 58 ~ 97 页。

[3] 参见蒲一苇、张卫平:《民事诉讼第三人制度研究》,厦门大学出版社 2009 年版,第 188 ~ 189 页。

立请求权第三人的内涵来看,其与当事人之间的诉讼结果的利害关系主要表现为义务性关系、权利性关系和权利义务性关系。针对与当事人之间的诉讼结果存在不同利害关系的第三人,学者们存在两种截然不同的制度构建方向:一种方向是直接赋予第三人当事人地位,第三人通过参加之诉的方式进行诉讼。该方案重视复杂纠纷一次性解决。另一种方向是去除无独立请求权第三人制度的追责功能,利用大陆法系或地区的辅助参加制度进行制度构建。这是建立在不同的理论基础之上的两种方向,在两种方向之间,存在不同的、具体的构建方案。比如,第三种和第四种构建方案就是通过解构无独立请求权第三人的方式,分别借鉴美国的第三人制度和大陆法系国家或地区的辅助参加制度区分义务性关系第三人与权利性或者权利义务性第三人,并对其进行了制度重建。总体而言,各种方案各有其理论基础和所偏重的诉讼理念,但从我国民事诉讼中第三人利益保护体系的构建来看,应该在统一的理论基础之上对具体制度进行构建。

(二)完善第三人制度的可行方案

在整个第三人利益保护体系之中,对第三人利益保护来说,最重要的是于事前对第三人的利益进行完善的保护。对我国来说,目前已经在形式上建构了完善的第三人利益保护体系,因此在各阶段具体制度完善时,就需要注意制度之间的连接与契合。制度之间的连接非简单的各环节相扣,更是制度构架理念的一致或者相融合,而不至于发生冲突导致整个体系的无序。尽管目前可借鉴的标本并不多,但依然可以看出事前保障制度与事后保障制度之间在制度设置时的密切关系。法国对第三人利益进行事前保护的制度是诉讼参加制度,与德国、日本等国家的诉讼参加制度不同,法国的诉讼参加制度均通过赋予第三人诉权的方式对其进行保护,因此当事人可以自由选择是否参加当事人之间的诉讼。与此同时,在法国的第三人撤销之诉中,并未对第三人提起撤销之诉有程序事项的规定,重在对第三人实体权益的救济,并不仅仅给予第三人程序保障。在我国的第三人制度与第三人撤销之诉的连接方面,中间存在脱节之处。因此,需要确立一定的诉讼理念,在将事前保障制度与事后保障制度相衔接的基础上完善第三人制度。

我国"重实体、轻程序"的观念需要在第三人利益保护体系完善的过程中被进一步矫正。从既有的审判监督程序来看,其重在对当事人实体权益的保障,最终造成了审判监督程序由一种非常救济措施演变为普通救济措施,造成了生效判决的不稳定性，甚至造成了我国民事诉讼中从未真正确立过既判力。在当事人利益保障方面，过于重视当事人实体权益保障的最终结果是，要求较高、标准不一的实体权益保障目标难以实现，而要求较低、标准固定的程序保障亦无法得到实现。对于第三人撤销之诉这一非常救济制度，理应吸取既有的制度构建教训，着力于程序保障而非追求实体权益保障。与此相适应，我国的第三人制度回归制度本源最合适，即按照大陆法系国家或地区的辅助参加制度对无独立请求权第三人制度进行改造。具体而言，需要从以下三个方面着手。

第一，明确第三人的辅助参加地位，去除无独立请求权第三人制度的责任追究功能。如前所述，无独立请求权第三人制度存在问题的根源在于，我国在参考苏联第三人制度构建无独立请求权第三人制度之时，增加了追责功能，使之进一步异于大陆法系国家或地区的辅助参加制度。在实践过程中，基于各种原因，无依据地扩大无独立请求权第三人的范围以便在诉讼中直接判令其承担民事责任的现象一度曾普遍存在。为此，1994 年 12 月 22 日最高人民法院发布了《关于在经济审判中严格执行〈中华人民共和国民事诉讼法〉的若干规定》，以排除的方式限制追加无独立请求权第三人承担民事责任的范围。然而，直至今日，随意追加无独立请求权第三人并判令其承担民事责任的现象依然存在。尽管有学者顾及我国无独立请求权第三人制度既有的责任追究功能的定位和诉讼实践而主张参照引入第三人制度对之进行改造，以实现对无独立请求权第三人全面的程序保障，但我国第三人制度既有的大陆法系渊源以及后来设置的第三人撤销之诉的大陆法系渊源决定了，参照引入第三人制度改造无独立请求权第三人制度必然会导致第三人制度内部的复杂与摩擦，导致在外部难以与其他第三人利益保护制度相契合。与其费力融合两种渊源不同的制度，不如直接去除无独立请求权第三人制度的责任追究功能，暂时搁置第三人与本诉当事人一方的利益冲突，寻找其利益共同点，最终使第三人能以辅助参加人的地位，与对方当事人进行对抗。

第二，确立判决的参加效力。与确立第三人的辅助地位相对应，应该明确第三人辅助参加诉讼的效力。从我国民事诉讼法对无独立请求权第三人的规定来看，法律除对承担民事责任的第三人参加当事人之间诉讼的效力作出规定外，并未对无独立请求权第三人参加当事人之间诉讼的效力作出明确规定。对于未被直接判令承担民事责任的无独立请求权第三人来说，使之受制于主诉判决的既判力自然是不合理的,但如果其不受当事人之间判决任何效力的约束,将使原诉讼同与其牵连的、潜在的后诉缺乏相互牵制,进而无法实现第三人制度促进诉讼经济、避免矛盾裁判的制度目的。而反观辅助参加制度的法律效力,大陆法系各国或地区的立法均基本明确规定了辅助参加人参加诉讼后在具体情形下的效力。从理论上来看,学者们对辅助参加的效力一直存在争议,主要存在"既判力说"、"参加效力说"和"新既判力说"等。从目前来看,学者多数认为,辅助参加的效力为参加效力,即在保持现有既判力理论之下,使当事人之间的判决对第三人发挥与第三人辅助地位相适应的法律效力。参加效力不同于既判力,其非旨在以当事人之间的前诉排除当事人一方与第三人之间的后诉,而是将前诉对有关作为判决基础的事实和法律上争执的判断,约束当事人一方与第三人之间的后诉中对该事实或者法律争执点的认定,避免矛盾判决的作出。同时,也是第三人与所辅助一方当事人对诉讼结果责任共担的体现。参加效力是辅助参加制度的核心,当我国按照大陆法系国家或地区的辅助参加制度建构无独立请求权第三人时,法律应明确规定第三人参加诉讼后的参加效力。

目前,理论界对于参加效力发生在何方当事人之间存在争议。按照参加效力理论,一般认为,参加效力仅发生在第三人与所辅助一方当事人之间,目的是避免第三人与所辅助一方当事人在后诉中就同一事实或者法律关系再行认定。但是,如前所述,该观点备受质疑,原因在于限制辅助参加的效力及于参加人与对方当事人之间,很可能会存在第三人与对方当事人在后诉中就相同的事实或者法律关系作出相反认定的情况。不仅如此,学者们多认为,既然辅助参加人协助一方当事人进行诉讼,且对方当事人也获取了同等的程序保障,那么,当事人之间的判决有必要在第三人与对方当事人之间发挥效力。〔1〕笔者认为,在我国对第三人辅助参加诉讼的参加效力不适宜一步扩大至第三人与对方当事人之间,而应该在制度确立之时将参加效力限定为第三人与所辅助一方当事人之间为宜。尽管扩大参加效力范围有利于发挥第三人辅助参加制度的效用,但毕竟该制度中第三人未享有完整的诉权,对抗时需要同其所辅助一方当事人一并进行,而非单纯就第三人与对方当事人之间的法律关系提出主张和提供所依据的证据,从程序保障来看,限制参加效力的范围是有必

〔1〕 参见陈荣宗、林庆苗:《民事诉讼法》,台北,三民书局 1996 年版,第 234 页。

要的。况且,我国之前并不存在类似的明确规定,限制参加效力的范围对制度构建来说更具可行性。

就参加效力而言,考虑第三人的诉讼地位,基于对第三人利益的保护需要,有必要规定一定的排除参加的事由。总体而言,包括3种情形:第一,根据第三人参加诉讼的进展程度,其已无法实施必要的诉讼行为的情形;第二,第三人因与所辅助一方当事人之间的行为相抵触而不能实施必要行为的情形;第三,所辅助一方当事人因故意或者过失而未实施第三人所不能实施的诉讼行为的情形。总而言之,存在以上3种情形时,允许第三人主张本诉裁判不当,而使第三人不受当事人之间判决的拘束。

第三,构建完善的诉讼告知制度。所谓诉讼告知,是指在诉讼系属过程中,由当事人按照法定方式将诉讼已经系属的事实通知与案件有利害关系的第三人。[1] 尽管诉讼告知制度并非大陆法系国家或地区的辅助参加制度所特有的,但该制度却是保障辅助参加制度顺畅运行、参加效力得以实现的关键。从大陆法系国家或地区的辅助参加制度的运行来看,第三人参加诉讼是通过向法院申请参加的方式启动的。但从第三人角度来看,其主动参加诉讼的前提必然是参加当事人之间的诉讼有利于对其自身利益的保护。但就辅助参加制度设置的目的而言,不仅包括给予第三人以完善的程序保障,避免损害第三人的合法权益,同时包括统一解决纠纷、避免作出矛盾判决等。为普遍发挥辅助参加制度的作用,赋予当事人一定的通知第三人参加诉讼的权利是必要的。在此基础上设置的诉讼告知制度就表现出了明显的增强辅助参加制度效用的意味。在依照辅助参加制度改造我国无独立请求权第三人制度之时,一并规定诉讼告知制度是必要的。诉讼告知是平衡当事人利益与第三人利益的一个中间环节。欲使当事人之间的判决对第三人发生效力,则第三人必须被赋予参加当事人之间诉讼的机会,第三人获得该机会的机制即为诉讼告知制度。就第三人而言,其一旦被告知参加诉讼,在获得程序保障的同时,其负有参加当事人之间诉讼的责任,以保证辅助参加制度实现统一解决纠纷、避免作出矛盾判决的功能。如果没有诉讼告知制度,则第三人就无从知晓当事人之间正在进行的诉讼,第三人的权益难以得到保障,辅助参加制度也就名存实亡。

---

〔1〕 参见[日]高桥宏志:《重点讲义民事诉讼法》,张卫平、许可译,法律出版社2007年版,第316页。

二、第三人制度与第三人撤销之诉的有效连接

从第三人撤销之诉与第三人制度的衔接来看,有必要依照辅助参加制度对我国的无独立请求权第三人制度进行完善的同时,确立配套的机制——诉讼告知制度,以真正实现辅助参加的普遍效用,在当事人与第三人之间寻求利益保护平衡点。不仅如此,从第三人利益保护体系的构建来看,规定诉讼告知制度并对之予以细化亦是必要之举。如前所述,我国对第三人的事前保护与事后保护是脱节的,中间缺失连接两个阶段之间的纽带。目前,我国的无独立请求权第三人参加诉讼的方式主要是通过自己申请参加或者由法院通知参加两种情形,而法院通知参加与判令第三人承担民事责任交织在一起,难以保障第三人总能获得参加诉讼的机会,无法对第三人进行完善的保障。而从我国第三人撤销之诉的规定来看,第三人提起撤销之诉的事由有程序事项的要求,即第三人需要证明其是否"非因可归责于己之事由而未参加诉讼"。该程序事由的规定因未顾及制度的契合性,最终导致了我国第三人利益保护体系中事前保护阶段与事后保护阶段的脱节。在我国第三人制度中缺失诉讼告知相关规定的前提下,第三人需要证明"非因可归责于己之事由而未参加诉讼"这一程序事项的难度较大,难以针对影响其合法权益的当事人之间的生效判决提起撤销之诉。在第三人制度之中确立诉讼告知制度是实现第三人制度与第三人撤销之诉制度紧密相连的关键。

从诉讼告知制度本身来看,其更有利于第三人利益保护体系的系统化。从诉讼告知制度的效力来看,其实为对辅助参加制度参加效力的贯彻。受告知人被告知后,其有选择是否参加诉讼的权利,但是诉讼告知作为一项事实通知制度,如果第三人未选择参加当事人之间的诉讼,当事人之间的生效判决仍会对第三人发生参加效力。如此看来,诉讼告知实为当事人的一项权利,当事人根据诉讼的需要、自身利益的衡量,最终决定是否告知第三人参加诉讼。一旦当事人选择了将该程序告知第三人,则第三人就需要被动选择是否参加诉讼并承受当事人之间生效判决的效力。尽管从这一点来看,诉讼告知制度与第三人利益的保护并非直接相关,但就第三人利益保护体系的整体构建而言,诉讼告知制度的存在,首先,保障了事前对第三人利益的保障,使第三人获得了参加当事人之间诉讼的机会。毕竟,当事人一方通知第三人参加诉讼,并不限于当事人之间的判决对第三人产生不利影响这一种情况,还包括一方当事人基于收集诉讼证据材料、增加胜诉概率等考虑而通知第三人参加诉讼的情

况。其次,诉讼告知制度与第三人撤销之诉或者其他事后保障制度结合在一起,系统、有力地保障了第三人的利益。因为,一旦当事人未对第三人进行诉讼告知,在当事人之间的判决对第三人产生不利影响时,第三人可以选择提起撤销之诉,或者在允许事后抗辩的情况下,因未参加当事人之间的诉讼而在后诉中对前诉判决进行抗辩。

第二节 取消案外人再审之诉,彻底改变制度重合格局

一、并未彻底解决的制度重合问题

随着2015年《司法解释》的颁行,虽然第三人撤销之诉与第三人再审之诉被重复提起的矛盾有所缓解,但重复救济的问题并没有得到彻底解决。

如前所述,按照《司法解释》第303条第1款的规定,当第三人提起撤销之诉后,可以针对未中止的生效判决、裁定、调解书的执行提出执行异议。一旦执行法院作出驳回执行异议的裁定,第三人对裁定不服,并对原判决、裁定、调解书申请再审的,人民法院不予受理。根据《司法解释》第303条第2款的规定,案外人如果不服人民法院驳回其执行异议的裁定,认为原判决、裁定、调解书内容错误损害其合法权益的,只能根据《民事诉讼法》第227条的规定申请再审,而不得提起第三人撤销之诉。由此看来,《司法解释》直接规定了第三人撤销之诉与第三人再审之诉被先后提起时的矛盾解决方案,看似对第三人重复救济的问题已得到解决,但实际上深层次的问题依然存在。按照目前《司法解释》的规定,在生效判决作出之后、强制执行程序开始之前和在强制执行程序开始之后,分别给予了第三人以提起第三人撤销之诉和第三人再审之诉两种不同的、对第三人利益保护力度不同的事后救济方式。

二、取消第三人再审之诉解决重复局面

第三人撤销之诉是一种独立的、对第三人利益进行特殊救济且基本能实现程序自足的制度,而第三人再审之诉则是通过扩张再审之诉的主体范围而设置的、对第三人利益进行事后特殊救济的程序,其依附当事人再审之诉的相关程序规定。第三人再审之诉与第三人撤销之诉同为对第三人利益进行事后保障的特殊程序,其皆面临推倒当事人之间损害或影响第三人利益的生效裁判效力的问题,两者表现出了诸多相似之处。然而,第三人再审之诉与第三人撤销之诉具有本质差异。第三人再审之诉沿用的是再审之诉的原理,从判决

的效果来看,在第三人再审之诉中,一旦作出撤销裁判,其效果及于整个民事纠纷,需要对整个民事纠纷重新作出解决结果,而第三人撤销之诉中作出的撤销裁判的效果,仅及于原生效裁判侵害第三人合法权益的部分,且对于第三人实体权利来说,是初次救济。第三人再审之诉通过赋予第三人再审诉权来对第三人的权益进行保护,而第三人撤销之诉则通过赋予第三人起诉权来对第三人的利益进行保护。相较而言,第三人撤销之诉对第三人利益的保障更全面和完善。

不仅如此,结合目前有关第三人撤销之诉与案外人再审之诉的法律规定及其司法解释来看,案外人再审之诉的适用范围完全可以被第三人撤销之诉所涵盖,案外人再审之诉实无存在之必要。一方面,案外人再审之诉仅适用于第三人针对当事人之间的给付判决行使撤销权,而第三人撤销之诉则没有适用判决类型的限制;另一方面,按照《民事诉讼法》第 227 条的规定,案外人再审之诉仅适用于强制执行过程中发生的第三人利益因原生效裁判错误认定执行标的物遭受损害而需要进行救济的情形,而第三人撤销之诉可以适用于当事人之间的裁判生效后整个过程。

更何况,维持第三人撤销之诉与案外人再审之诉的并存局面,造成了第三人寻求事后救济的繁杂。首先,第三人面对两种撤销权行使方式,需要进行程序选择。其次,一旦第三人选择程序不慎,第三人就需要承担程序选择不慎导致的法律效果,比如,第三人在执行程序中提起执行异议则失去了提起第三人撤销之诉的资格而只能提起再审之诉。最后,即使第三人选择在执行阶段直接提起撤销之诉,由于第三人提起撤销之后原则上不停止生效判决的执行,按照《司法解释》第 303 条的规定,面对生效判决的执行,第三人依然享有按照《民事诉讼法》第 227 条执行异议的权利,从而造成了程序的累赘。

总而言之,案外人再审之诉的适用范围小于第三人撤销之诉。2 种适用于不同阶段、处于不同位阶的第三人撤销权行使方式的交叉,造成了立法的杂乱和诉讼实践的无序。尽管学者提出了诸多解决方案,或并列,或选择,但其前提皆是保留案外人再审之诉这一救济途径。但是,既然第三人撤销之诉无论是从适用阶段还是适用范围上均可以涵盖案外人再审之诉,则实无保留案外人再审之诉之必要。不如取消案外人再审之诉,以完善的第三人撤销之诉作为第三人行使撤销权的唯一方式。

第三节 案外人执行异议之诉的本原回归

以案外人异议为前置程序,我国形成了独具特色的案外人执行异议之诉,短期内,案外人异议这一前置程序的存在保证了执行效率,适应了我国目前强制执行形势的需要。应该肯定,设置案外人异议这一前置程序在执行实践中确有必要,其在过滤案外人异议理由、避免案外人执行异议之诉与确权诉讼重复提起方面起到了非常重要的作用,有利于提高执行效率和避免作出矛盾判决。但是该制度的设置依然存在由执行机关通过形式审查判断案外人提出的实体权利主张的风险,为了避免这一问题的存在,《民事诉讼法》第 227 条规定,法院认为案外人异议理由存在的,作出中止执行的裁定,而不对案外人与债务人之间的实体权益作出最终判断。这样的规定避免了执行机关通过形式审查判断案外人提出的实体权利主张情况的发生。但同时应该看到,案外人异议这一前置程序的存在导致不得不设置许可执行之诉以对债权人的相应利益进行保护,造成了程序的繁杂。从执行程序中案外人利益保护制度的发展来看,待我国"执行难"形势有所缓解之后,应该取消案外人异议这一前置程序,设置独立的案外人执行异议之诉。

一旦案外人异议这一前置程序的取消,债权人许可执行之诉的功能需要被重新认识。债权人许可执行之诉的设置以具体请求权所为理论基础,但从目前对强制执行请求权的认识来看,"抽象请求权说"更符合强制执行理论和执行实践。因此,从债权人申请许可执行之诉规定的背景来看,将其看作一种权宜之计更恰当,这是一种囿于案外人异议这一前置程序而不得不设立的诉讼。况且,其增加了债权人实现给付请求权的负担,缺陷十分明显。在给付之诉中,作为债权人的原告向法院主张给付请求权,如果法院作出胜诉判决,则债权人的给付请求权即得以确定。如果债务人不主动履行该给付判决,则债权人可以申请强制执行。对于执行机关来说,只要存在合法有效的执行名义,就要依照债权人的申请进行强制执行。至于执行程序的具体进行,包括执行标的物的确定等,属于执行机关职权范围内的事宜。即便债权人向执行机关提出执行标的物,是否执行最终也是经过执行机关的审查才决定。对于债权人来说,只要提出的执行标的物在名义上属于债务人所有即可,而没有进一步证明该执行标的物属于债务人的义务。但是,在债权人申请许可执行之诉中,债权人实质上是向法院提起诉讼,要求确认该执行标的物为债务人所有,从而请求法院许可就该执行标的物继续执行。这无疑增加了债权人实现给付请求权的成本和负担。

《民事诉讼法》第227条规定,债权人具有提起许可执行之诉的权利,立法最初是为了应对案外人异议这一前置程序造成的制度困境,未来随着案外人异议这一前置程序的取消,债权人许可执行之诉的临时使命也将完成,并最终回归债权人许可执行之诉的本原。在我国强制执行的实践中,案外人与债务人(被执行人)制造虚假合同、虚假争议和虚假诉讼的现象并不少见,如果不赋予债权人提起许可执行之诉的权利,一旦虚假的案外人异议或者虚假异议之诉得到法院的认可,势必会损害债权人的利益。因此,一旦案外人执行异议这一前置程序被取消,债权人许可执行之诉的功能需要被重新认识,将其作为遏制执行过程中案外人与债务人勾结在一起损害债权人利益的情形的法律制度。

就案外人执行异议之诉的应然结构而言,不仅应该取消案外人异议这一前置程序,同时应该在立法上,摆脱目前与案外人再审之诉的"一揽子"规定的模式,而且应该随着案外人再审之诉的取消,确立独立的案外人执行异议之诉的立法模式。如前所述,既然从案外人撤销权行使方式的优化选择来看,实无再保留案外人再审之诉的必要,案外人再审之诉的历史使命已经完成,那么,取消案外人再审之诉,以目前已有的、单独设置的案外人撤销之诉对因当事人之间生效裁判损害的案外人利益进行救济,实际上同时解决了案外人再审之诉与案外人执行异议之诉并列设置的问题,以在我国确立独立的案外人执行异议之诉。

参考文献

著作类:

[1]陈荣宗:《民事程序法与诉讼标的理论》,台北,台湾大学法学丛书编辑委员会1977年版。

[2]杨与龄:《强制执行法论》,中国政法大学出版社2002年版。

[3][日]高桥宏志:《民事诉讼法——制度与理论的深层分析》,林剑锋译,法律出版社2003年版。

[4][日]三月章:《日本民事诉讼法》,江一凡译,台北,五南图书出版股份有限公司1997年版。

[5]崔玲玲:《诉的类型研究》,法律出版社2018年版。

[6]杨卫国:《案外第三人撤销之诉研究》,中国法制出版社2015年版。

[7]韩艳:《第三人撤销之诉制度研究》,浙江大学出版社2017年版。

[8]郑玉波:《民法总则》,中国政法大学出版社2003年版。

[9]江伟、邵明、陈刚:《民事诉权研究》,法律出版社2002年版。

[10][日]新堂幸司:《新民事诉讼法》,林剑锋译,法律出版社2008年版。

[11]黄国昌:《民事诉讼理论之新开展》,北京大学出版社2008年版。

[12]蒲一苇:《民事诉讼第三人制度研究》,厦门大学出版社2009年版。

[13][日]高桥宏志:《重点讲义民事诉讼法》,张卫平、许可译,法律出版社2007年版。

[14]李龙:《民事诉讼标的理论研究》,法律出版社2003年版。

[15]江伟主编:《中国民事诉讼法专论》,中国政法大学出版社1998年版。

[16]段厚省:《民事诉讼标的论》,中国人民大学出版社2004年版。

[17]柴发邦主编:《民事诉讼法学》,法律出版社1987年版。

[18][法]让·文森、[法]塞尔日·金沙尔:《法国民事诉讼法要义》(下),罗结珍译,中国法制出版社2001年版。

[19][法]艾涅斯特·格拉松:《法国民事诉讼程序的起源》,巢志雄译,北京大学出版社2012年版。

[20]陈荣宗:《第三人撤销诉讼与民事程序法》(第6册),台北,三民书局2005年版。

[21]姜世明:《民事诉讼法》(下册),台北,新学林出版股份有限公司2013年版。

[22]王福华:《民事诉讼法学》,清华大学出版社2012年版。

[23]许士宦:《新民事诉讼法》,北京大学出版社2013年版。

[24]邱联恭:《口述民事诉讼法讲义(三)》,台北,元照出版有限公司2012年版。

[25]肖建华:《民事诉讼当事人研究》,中国政法大学出版社2002年版。

[26]陈荣宗、林庆苗:《民事诉讼法》,台北,三民书局1996年版。

[27]全国人大常委会法制工作委员会民法室编:《民事诉讼法立法背景与观点全集》,法律出版社2012年版。

[28]沈德咏主编:《最高人民法院民事诉讼法司法解释理解与适用(下)》,人民法院出版社2015年版。

[29]全国人大常委会法制工作委员会民法室编:《〈中华人民共和国民事诉讼法〉条文说明、立法理由及相关规定》(2012年修订版),北京大学出版社2012年版。

[30]罗结珍:法国《民事诉讼法典》,法律出版社2008年版。

论文类:

[1]张卫平:《中国第三人撤销之诉的制度构成与适用》,载《中外法学》2013年第1期。

[2]崔玲玲:《第三人撤销之诉的事由——与再审之诉的事由比较》,载《社科纵横》2011年第9期。

[3]肖建国:《论案外人申请再审的制度价值与程序设计》,载《法学杂志》2009年第9期。

[4]吕太郎:《第三人撤销之诉:所谓由法律关系上利害关系之第三人》,载《月旦法学杂志》2003 年第 8 期。

[5]丁宝同:《执行异议之诉:比较法视野下的谱系解读》,载《比较法研究》2015 年第 4 期。

[6]张晋红:《论无独立请求权的第三人》,载《西北政法学院学报》1986 年第 3 期。

[7]张卫平:《案外人异议之诉》,载《法学研究》2009 年第 1 期。

[8]俞灵雨、赵晋山:《对执行程序中若干法律问题的理解》,载《人民司法》2010 年第 5 期。

[9]廖永安、陈逸飞:《意大利民事诉讼第三人裁判异议之诉初探——兼述对完善我国第三人撤销之诉制度的启示》,载《现代法学》2018 年第 6 期。

[10]董少谋:《借鉴与反思:依托再审程序解决案外人救济——第三人撤销之诉的冷思考》,载《民事程序法研究》第 11 辑,厦门大学出版社 2014 年版。

[11]丁宝同:《案外人撤销诉讼程序之立法方案透析——品新〈民事诉讼法〉第 56 条第 3 款》,载《时代法学》2013 年第 2 期。

[12]王福华:《第三人撤销之诉适用研究》,载《清华法学》2013 年第 4 期。

[13]陈彬:《对无独立请求权的第三人参加诉讼若干问题的探讨》,载《法律科学》1989 年第 4 期。

[14]邱联恭:《民事诉讼法修正后的程序法学(一)》,载《月旦法学杂志》2003 年第 9 期。

[15]任重:《回归法的立场:第三人撤销之诉的体系思考》,载《中外法学》2016 年第 1 期。

[16]肖建华、杨兵:《论第三人撤销之诉——兼论民事诉讼再审制度的改造》,载《云南大学学报(法学版)》2006 年第 4 期。

[17]蔡虹:《民事再审程序立法的完善:以〈中华人民共和国民事诉讼法修正案(草案)〉为中心的考察》,载《法商研究》2012 年第 2 期。

[18]巢志雄:《法国第三人撤销之诉研究:兼与我国新〈民事诉讼法〉第 56 条第 3 款比较》,载《现代法学》2013 年第 3 期。

[19]张兴美:《第三人撤销之诉原告适格问题研究》,载《法学杂志》2016 年第 6 期。

[20]廖永安:《论民事诉讼中无独立请求权的第三人》,载《湖南省政法管

理干部学院学报》2001 年第 3 期。

[21]宋振玲:《无独立请求权的第三人制度之比较》,载《沈阳大学学报》2003 年第 1 期。

[22]赵信会、李祖军:《无独立请求权第三人制度的内部冲突与制衡》,载《现代法学》2003 年第 6 期。

[23]张卫平:《"第三人":类型划分及展开》,载《民事诉讼法研究》第 1 辑,中国法制出版社 2004 年版。

[24]林瑞成:《民事判决既判力与程序保障原则的理论与实证研究》,中国政法大学 2000 年博士学位论文。

[25]张妮:《第三人撤销之诉研究》,西南政法大学 2012 年博士学位论文。

后　记

写下“后记”两字，心中满是忐忑，似乎看到学生时代的自己，考试结束铃声响起时恋恋不舍地提交试卷，心里总觉得自己还可以做得更好，正如此刻的心情。

2010 年的冬天，我开始撰写博士学位论文《诉的类型研究》，在质疑“诉讼法上形成之诉”的基础上，不断探究诉的类型“三分法”的理论缺憾，试图构建新的诉的类型体系。在当时，我国《民事诉讼法》尚未规定第三人撤销之诉，但由于探究第三人撤销之诉的本质对质疑“诉讼法上的形成之诉”和构建新的诉的类型体系具有决定性意义，因此，我开始对第三人撤销之诉展开研究，并于 2011 年发表了第一篇有关第三人撤销之诉的论文《第三人撤销之诉的事由——与再审之诉的事由比较》（载《社科纵横》2011 年第 9 期）。在论文中，我提出“第三人撤销之诉作出的撤销生效判决的效果在于对第三人实体权利的第一次救济和保护，第三人撤销之诉功能定位应该是对第三人实体权益的救济，第三人撤销之诉的诉权本原不在于对异议权程序性权利的救济而是通过异议权的主张保护其背后的第三人的实体权益”。自此，竟然与第三人撤销之诉结下了不解之缘。

2012 年博士毕业后我进入西北大学法学院工作，适逢《民事诉讼法》修改，第三人撤销之诉正式进入学术界的研究视野，我接连主持了司法部、中国法学会有关第三人撤销之诉和民事诉讼中第三人利益保护的研究课题。完成课题的压力促使我克服了自身惰性，不断发表有关第三人撤销之诉的论文，并于 2014 年完成书稿《民事诉讼中第三人利益保护体系构建研究》、2016 年完成书稿《第三人撤销之诉的程序构建研究》。之后，我并没有急于出版著作，而是等待司法实践的深入,以期对民事诉讼中第三人利益保护体系的构建和第三人撤销之诉的程序构建有更深入的认识。

为了深入了解第三人撤销之诉的司法实践,我带领硕士研究生先后 3 次收集中国裁判文书网上传的所有第三人撤销之诉的裁判。数据收集和分析的道路一波三折,尤其是第三次数据收集,实际上是对第一次收集过的数据进行重新收集和分析。在此,特别感谢我的学生们,感谢我的硕士研究生秦中瑜、段麟威、江欣燕、曹敏娜、陈祖杰、于川钧、刘婷、王天玥,爱你们与我一起组建的这个学术大家庭。在我出国访学的这一年,你们毫无怨言地收集数据,并出色地完成了各项科研项目的辅助工作。感谢你们晚上一次次和我在线讨论,感谢你们寒假的不休息,感谢初春时你们自如应对突然的连夜加班,感谢你们在数据分析道路上面对诸多次数据分析结果被推倒重来时表现出来的乐观、积极和严谨的治学精神,感谢你们一路陪伴着我。在国外几次想家想到崩溃,也是你们不断地安慰我,虽然发美食图片给我并不恰当,我还是选择原谅了你们的“故意”。在线看你们聚会、拍毕业照、备考,心中满是欣慰。

本书的出版亦是一波三折。我于 2018 年年底开始修改书稿,本以为短期内可以完成,没想到时隔 2 年之后,我在细节之处不断调整分析思路,重新论证已有结论。在进行了 2016 年下半年、2017 年和 2018 年的数据的收集和分析工作之后,追求“更好”的性格使我无法忽略在 2016 年 8 月 8 日将 2013 年和 2014 年的全部数据以及 2015 年和 2016 年的部分数据收集之后时隔近 3 年裁判数据发生了变化的事实,与我的硕士研究生商定后决定于 2019 年 5 月重新收集 2013 年、2014 年、2015 年 1 月 1 日 ~ 2015 年 8 月 8 日、2015 年 11 月 11 日 ~ 2015 年 12 月 31 日、2016 年 1 月 1 日 ~ 2016 年 8 月 8 日的数据,书稿的修改节奏因数据收集和分析又一次放缓。书稿的修改工作进行得紧张有序,但依然缓慢。在这个过程中没有煎熬,只有忐忑,忐忑于自身的学识疏浅。让我不愿放弃努力的是我对科研的喜爱,让我不能放弃的是在我背后默默支持我的师长、同仁、学生和家人。感谢我的母校西北政法大学和西北政法大学的诸位老师。感谢我的母校西南政法大学和西南政法大学的诸位老师。感谢西北大学和法学院的同仁、学生。感谢我的家人,感谢你们一直以来的疼爱和鼓励。感谢法律出版社,感谢你们提供给我出版本书的平台。

感谢法律出版社法治与经济分社沈小英分社长和毛镜澄编辑,感谢你们一直来对我交稿拖延的包容和编辑稿件的专业、认真和负责。感谢所有人。

9月的教堂山,秋日的阳光没有了夏日时的刺目,变得柔和起来,仰望天空的日子又回来了。天空格外蓝,蓝过往日的“北卡蓝”。

2019年9月20日

于美国教堂山